图说

山海

宋建忠 编译
李欣怡 绘

文化发展出版社
Cultural Development Press
·北京·

图书在版编目（CIP）数据

图说山海 / 宋建忠编译；李欣怡绘. —北京：文化发展出版社，2024.4
ISBN 978-7-5142-3911-9

Ⅰ.①图… Ⅱ.①宋… ②李… Ⅲ.①《山海经》－通俗读物 Ⅳ.①K928.626-49

中国国家版本馆CIP数据核字（2024）第055602号

图说山海

编　　译：宋建忠　绘：李欣怡

出 版 人：宋　娜	责任印制：杨　骏
责任编辑：孙豆豆	责任校对：岳智勇　马　瑶
特约编辑：冠　诚	封面设计：仙　境

出版发行：文化发展出版社　（北京市翠微路2号　邮编：100036）
网　　址：www.wenhuafazhan.com
经　　销：全国新华书店
印　　刷：三河市龙大印装有限公司

开　本：710mm×1000mm　1/16
字　数：308千字
印　张：26.5
版　次：2024年4月第1版
印　次：2024年4月第1次印刷

定　价：78.00元
ＩＳＢＮ：978-7-5142-3911-9

◆ 如有印装质量问题，请电话联系：13321165353

前言

　　《山海经》在我国古代文化典籍中，是非常特殊的一部。它包含了历史、天文、地理、神话、民俗、动物、植物、医药、宗教、矿藏等诸多方面的内容，可以说是最古老的一部地理人文百科全书。《山海经》自古以来就被视为一部奇书，具有独一无二的价值，对于研究和认识上古时期华夏文明具有举足轻重的作用。《山海经》中保存了大量人们所熟知的神话传说，如"大禹治水""精卫填海""刑天舞干戚""夸父逐日""后羿射日""黄帝战蚩尤"等，还有许多大家所不熟悉的内容，如祭山礼仪等。这些内容为我们研究上古先人的生活方式、宗教信仰及部落战争等提供了极为珍贵的历史资料。

　　《山海经》以山为经，以海为纬，为人们展示了海内华夏和四海之外的广大世界，是上古时期先民对世界的记述。《山海经》中的"经"是经历、经过的意思，有别于儒家经典的意思。全书共有十八卷，其中《五藏山经》五卷与《海外经》四卷为一组，《海内经》四卷为一组，《大荒经》四卷及《海内经》一卷为一组，每组结构前后贯串，纲目分明，全书共三万一千余字。据统计，全书记载山名五千三百多处，水名二百五十余条，动物一百二十多种，植物五十多种。袁珂先生称赞《山海经》："非特史地之权舆，亦乃神话之渊府。"

　　自古以来，《山海经》既是重要的历史典籍，也是神话资料的传世经典。在《山海经》中，可以看到大量光怪陆离的神仙和奇珍异兽，也折射出上古先民的意识形态及对自然现象的认知。司马迁在《史记》中说："至《禹本纪》《山海经》所有怪物，余不敢言之也。"现代科学的发展让我们对上古时期的历史有了更加清晰的认识，许多动植物可以追溯到几万年前甚至几十万年前。现代科学的发展可以帮助我们更加客观地理解这部著作中所描述的内容。

古人一直将《山海经》当作真实历史来看待。由于这部著作成书年代久远，许多记载已经没有办法考证。根据汉代学者刘歆所说，《山海经》是大禹及其属臣益所著，认定《山海经》成书时间为上古的虞夏时期。根据书中所描述的内容来看，大量神话的确源自上古时期的口耳相传，但说全书都是虞夏时期所成，明显证据不足。现代学者经过大量研究指出，《山海经》的作者并非一个人在一段时间内完成，而是经过漫长时间的增益才成此书。《山海经》中也有一些图画和神话故事早已失传，甚为可惜。

为了让广大读者能够轻松读懂这本充满想象力、创造力，蕴藏着无穷智慧的典籍，我们对《山海经》原文做出了全面而系统的整理，重点参照郭璞注等古代本和袁珂先生的《山海经校注》等当代研究成果。本书将原文、注释、白话译文相互对照印证，增添"四海八荒考"栏目，让读者能够更加轻松地读懂这本深奥的《山海经》。对《山海经》中所描述的动植物、山川河流的地理位置及神话故事做出延伸解析，力求将《山海经》中所描述的神奇世界完美地呈现给读者。《山海经》成书年代久远，所记述内容也存在诸多争议。本书中如有错讹之处，敬请读者不吝赐教。

目录

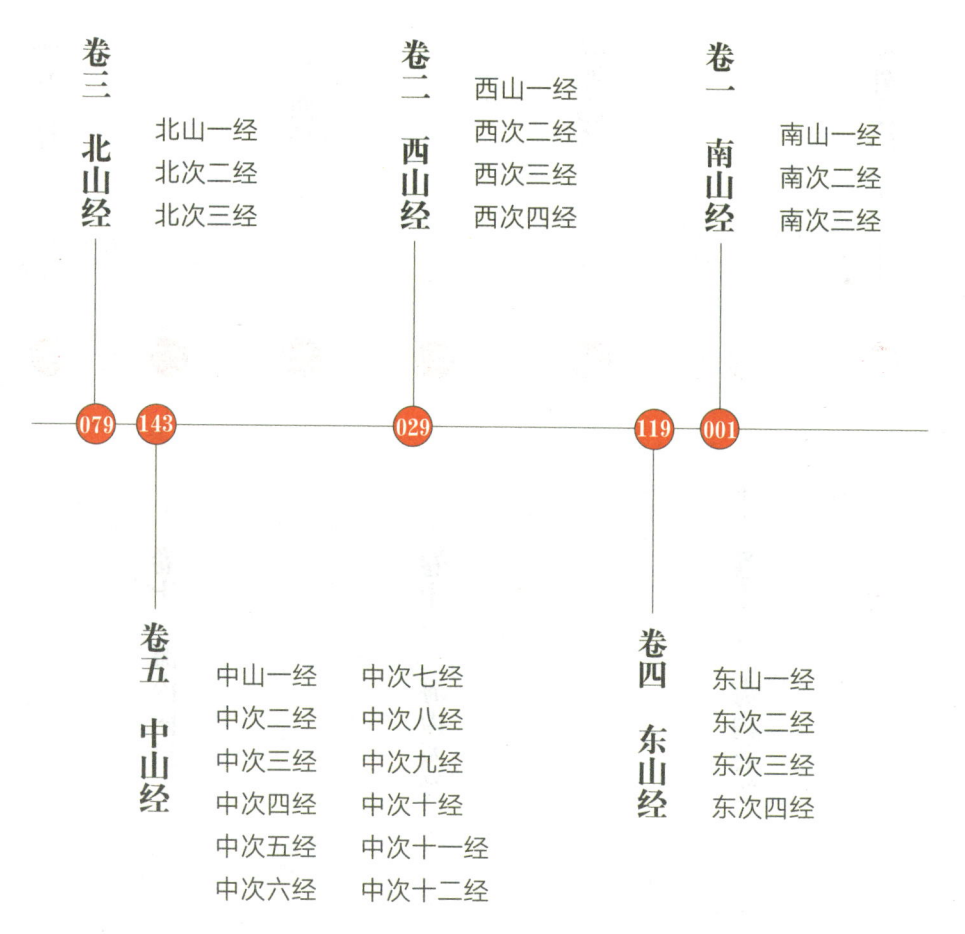

山经

卷一 南山经 — 001
- 南山一经
- 南次二经
- 南次三经

卷二 西山经 — 029
- 西山一经
- 西次二经
- 西次三经
- 西次四经

卷三 北山经 — 079
- 北山一经
- 北次二经
- 北次三经

卷四 东山经 — 119
- 东山一经
- 东次二经
- 东次三经
- 东次四经

卷五 中山经 — 143
- 中山一经
- 中次二经
- 中次三经
- 中次四经
- 中次五经
- 中次六经
- 中次七经
- 中次八经
- 中次九经
- 中次十经
- 中次十一经
- 中次十二经

03

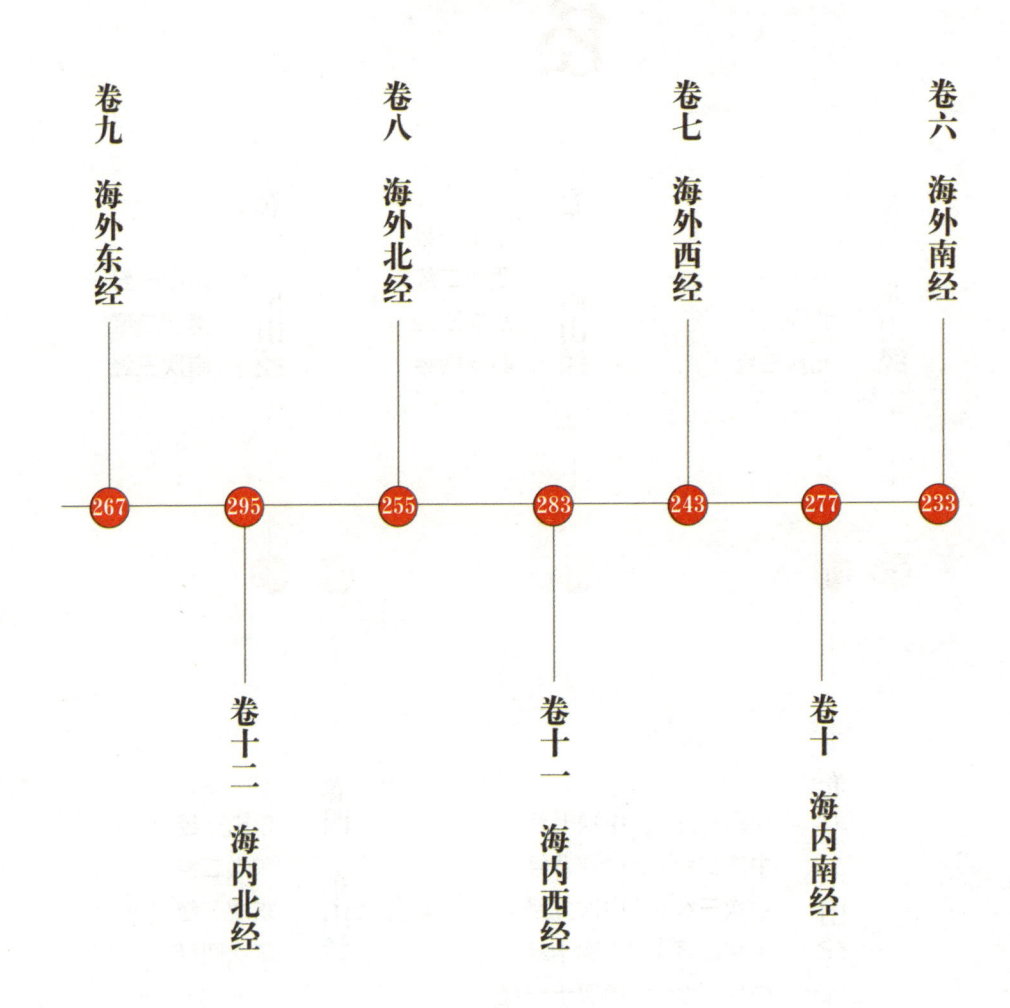

海经

卷六 海外南经	233
卷七 海外西经	243
卷八 海外北经	255
卷九 海外东经	267
卷十 海内南经	277
卷十一 海内西经	283
卷十二 海内北经	295

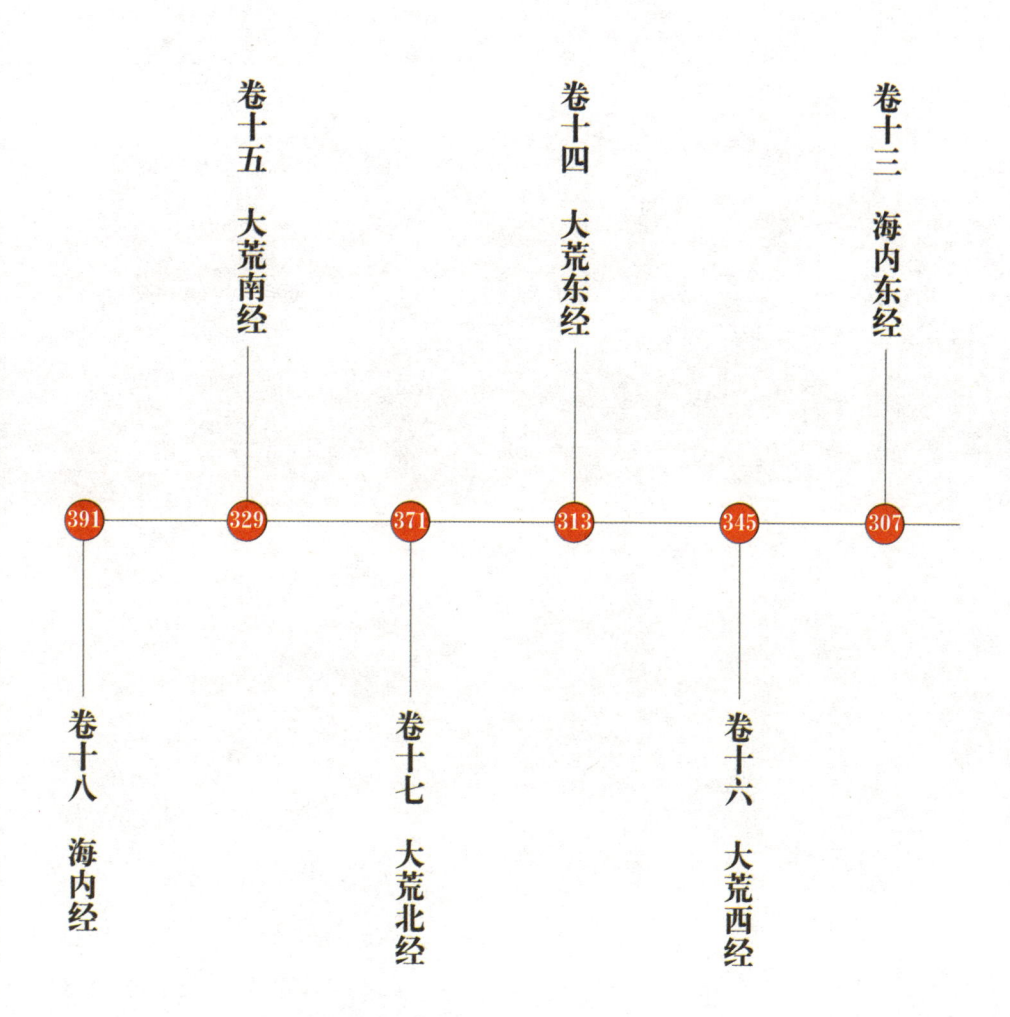

- 卷十三　海内东经　307
- 卷十四　大荒东经　313
- 卷十五　大荒南经　329
- 卷十六　大荒西经　345
- 卷十七　大荒北经　371
- 卷十八　海内经　391

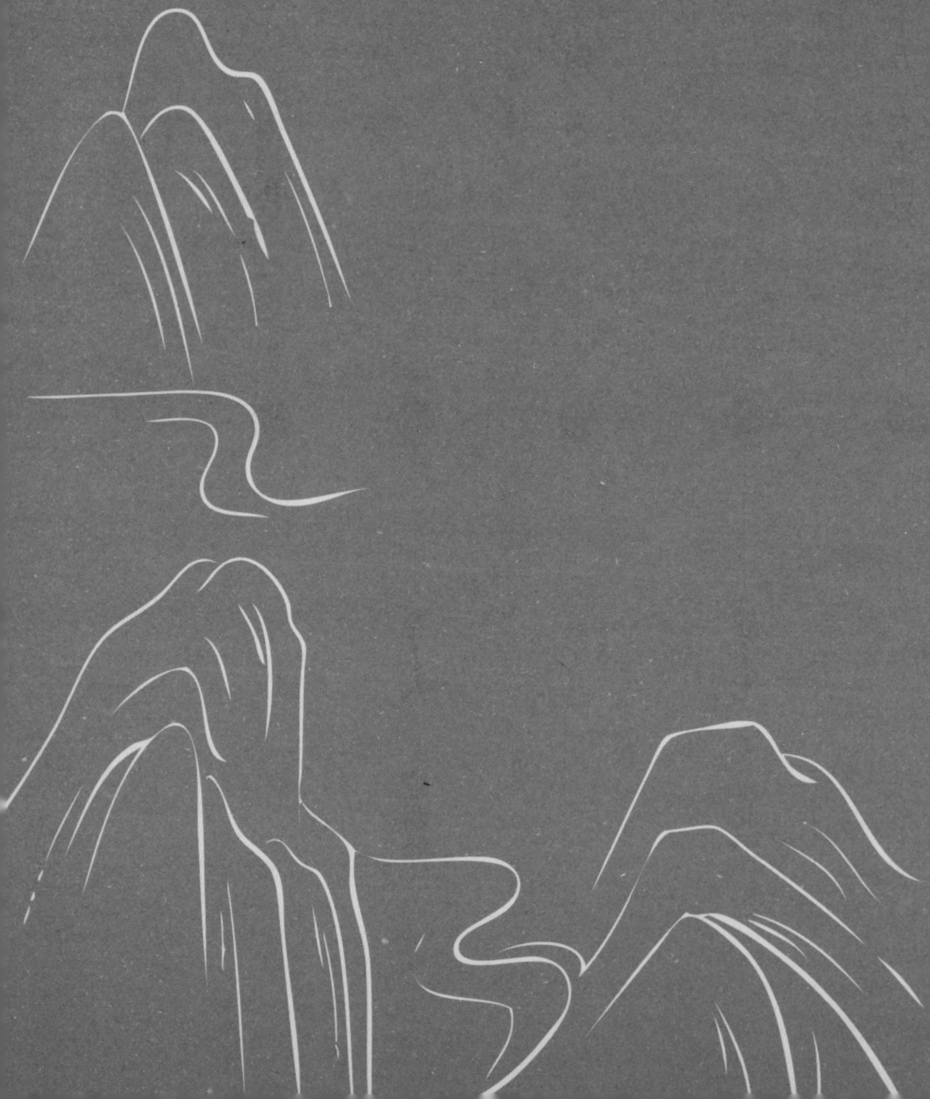

山经

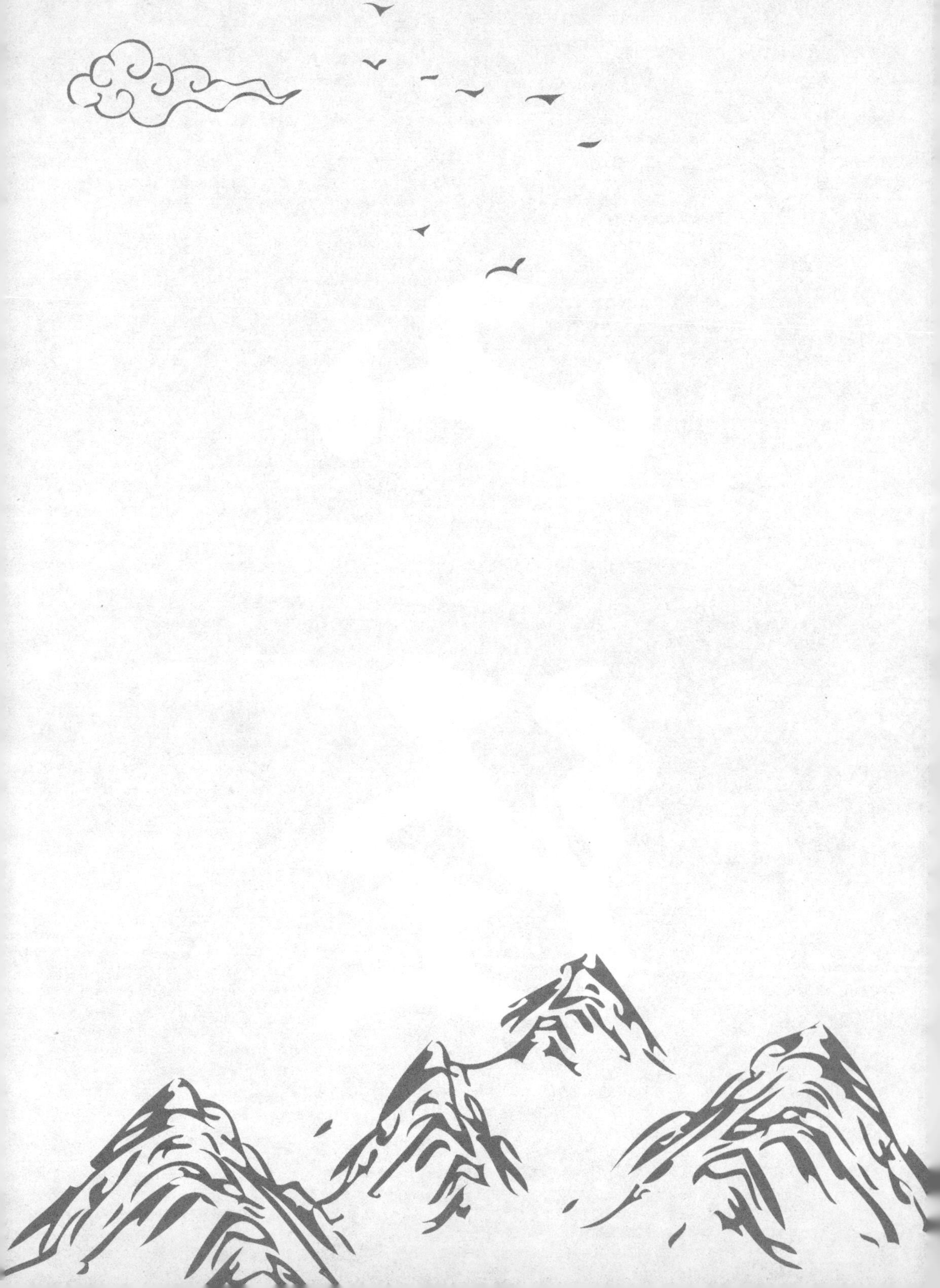

卷一 南山经

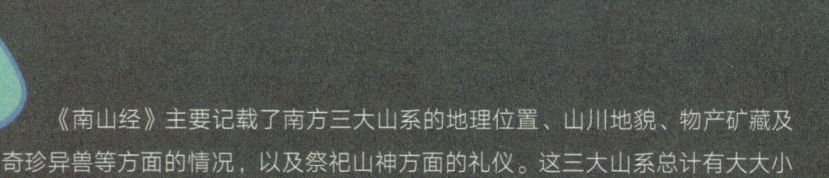

《南山经》主要记载了南方三大山系的地理位置、山川地貌、物产矿藏及奇珍异兽等方面的情况，以及祭祀山神方面的礼仪。这三大山系总计有大大小小四十座山脉，总长度为一万六千三百八十里。

第一列山系总计有九座山：招摇山上有人吃了不会感到饥饿的神草祝余；杻阳山上有会吟唱的怪兽鹿蜀；柢山上有长着翅膀的鲑鱼，人吃了它的肉可以防治疾病；青丘山上有传说中的九尾狐……

第二列山系总计有十七座山，这些山中多出产金属矿物和玉石，还有食人的猛兽。

第三列山系总计记录了十四座山：丹穴山与南禺山上栖息着德鸟凤凰，它出现后就会天下太平安宁；昆仑山上有神木白䓘，人吃了它不仅不会饥饿，还能够解除疲劳。

《南山经》中记录的许多山脉现今所处的地理位置已经很难考证，尤其是许多奇珍异兽的真伪更加难以考证，但是却为我们展现出了一个瑰丽而奇异的世界。这些山脉及发源的河流，大致分布在我国现今的浙江、湖南、广东等地。

南山一经

原文

南山之首曰䧿山（山名。䧿，què）。其首曰招摇之山，临于西海之上，多桂，多金玉（这里指未经过提炼和磨制的天然金属矿物和玉石）。有草焉，其状如韭（jiǔ）而青华（通"花"），其名曰祝余，食之不饥。有木焉，其状如榖（gǔ，即构树，落叶乔木，长得很高大，适应性强。木材可做器具等用，而树皮可作为桑皮纸的原料）而黑理，其华四照，其名曰迷榖，佩之不迷。有兽焉，其状如禺（传说中的一种野兽，像猕猴但比猕猴大，红眼睛，长尾巴）而白耳，伏行人走，

狌狌

其名曰狌狌（xīng xīng，传说是一种长着人脸的野兽，能知道往事，却不能知道未来），食之善走。丽䴇之水（古代传说中的水名。䴇，jǐ）出焉，而西流注于海，其中多育沛（水中生长的一种植物名称），佩之无瘕（jiǎ，中医学指腹内结块，即现在所说的鼓胀病）疾。

又东三百里，曰堂庭之山，多棪（yǎn，一种乔木，结出的果实像苹果，表面红了即可吃）木，多白猿，多水玉（古时也叫水精，即现在所说的水晶石），多黄金（这里指金沙，不是经过提炼了的纯金）。

又东三百八十里，曰猿翼之山，其中多怪兽，水多怪鱼，多白玉，多蝮虫（传说中的毒蛇名。虫，"虺"huǐ 的本字），多怪蛇，多怪木，不可以上。

译文

南方的第一列山系叫䧿山。䧿山的第一座叫招摇山。它高高屹立在西海岸边。那里生长着很多桂树，山里还出产大量的金属和玉石。山里有一种草，形状像韭菜，开着青色的花朵，名字叫祝余。人吃了它，就不会感到饥饿。山里还有一种树，形状像构树，有黑色的纹理，其光华照耀四方，名字叫迷榖。把它佩戴在身上，就不会迷路。山中有一种野兽，样子很像长尾猿，头上长着白色耳朵，既能匍匐前行，也能像人一样直立行走，名叫狌狌。吃了它的肉，能走得很快。丽䴇水发源于这座山，然后向西注入大海。附近水中，生长着大量育沛。把它佩戴在身上，就不会得鼓胀病。

再向东走三百里，有一座山叫堂庭山。山上长着茂盛的棪木，也有很多白色猿猴，还生产水晶和黄金。

再向东三百八十里，有一座山叫猿翼山。山上生活着很多怪兽，水中生活着大量怪鱼，山中还盛产白玉，有很多反鼻虫、奇蛇和怪树，山势险峻无法攀登。

解析

这几段内容主要介绍了三座山，分别为雎山、堂庭山、猿翼山，其中重点介绍了招摇山。这三座山不仅有奇花异草，更有奇珍异兽。这些事物的存在让这三座山更显神秘，令人神往，想要一睹其风采。

四海八荒考

招摇山是《山海经》中记载的第一座山。关于它的地理位置，有四种说法：一为今岷山；二是今雅鲁藏布江源头的狼阡喀巴布山；三指今广东省连县的方山；四即今广西壮族自治区兴安县的苗儿山。其中，认为招摇山为广西壮族自治区苗儿山的说法最可信。苗儿山海拔2141米，是广西壮族自治区乃至华南地区的第一高峰，山中及附近一带以产桂著称。由此，从招摇山发源的丽䴨水当是漓江。

原文

又东三百七十里，曰杻阳（山的名字，一说是现在广东省连县北的方山，一说是现在广东的鼎湖山。杻，niǔ）之山，其阳多赤金，其阴多白金。有兽焉，其状如马而白首，其文如虎而赤尾，其音如谣（yáo，古代指不用乐器伴奏的歌唱），其名曰鹿蜀（古代神话传说中的兽类），佩之宜子孙。怪水出焉，而东流注于宪翼之水。其中多玄龟，其状如龟而鸟首虺（huǐ，古书记载中的一种毒蛇）尾，其名曰旋龟，其音如判（剖开，一分为二）木，佩之不聋，可以为底。

又东三百里，曰柢（dǐ）山，多水，无草木。有鱼焉，其状如牛，陵居，蛇尾有翼，其羽在鮭（qū，即"胠"的同声假借字，指从腋下到肋骨尽处的部分）下，其音如留牛，其名曰鲑（lù，古代传说中的一种怪鱼），冬死而复生，食之无肿疾。

又东四百里，曰亶爰（chán yán）之山，多水，无草木，不可以上。有兽焉，其状如狸而有髦，其名曰类，自为牝（pìn）牡，食者不妒。

又东三百里，曰基山，其阳多玉，其阴多怪木。有兽焉，其状如羊，九尾四耳，其目在背，其名曰猼訑（bó shì，古代传说中长得像羊的一种怪兽），佩之不畏。有鸟焉，其状如鸡而三首六目、六足三翼，其名曰𪃹𩿨（chǎng fū，传说中一种鸟的名字），食之无卧。

鹿蜀

译文

再往东三百七十里，为杻阳山。这座山的南面盛产赤金，山北面盛产白金。山中有一种形状像马，却长着白色脑袋的野兽。它身上的斑纹像老虎，尾巴是红色的，叫声就像人在吟唱。这种野兽名字叫鹿蜀。将它的皮毛穿戴在身上，可以让子孙繁衍不息。怪水从这座山发源，向东流入宪翼水。怪水中生长着许多暗红色的乌龟，样子像普通乌龟，却长着鸟的头和蛇的尾巴，它的名字叫旋龟。旋龟的叫声像劈开木头时所发出的响声。将它佩戴在身上，能使人的耳朵不聋，还能治疗脚底的老茧。

再往东三百里，是柢山。柢山中多流水，没有花草树木。有一种形状像牛的鱼栖息在山坡上，长着蛇一样的尾巴，生有翅膀，翅膀长在胁下。它鸣叫的声音像犁牛，这种怪鱼的名字叫鯥。它冬天蛰伏，夏天苏醒。吃了它，能使人不患痈肿疾病。

再往东四百里，有一座亶爱山。山间多水，没有花草树木。这座山非常险峻，无法攀登上去。山中有一种野兽，形状像野猫，头上长着人一样的头发，它的名字叫类，身具雄雌两种性器官，可以自行交配。吃了它的肉，让人不会心生嫉妒。

再往东三百里，有一座基山。这座山的南面盛产玉石，山北面生长着许多奇怪的树木。山中有一种形状像羊的野兽，生有九条尾巴、四只耳朵，眼睛长在背上，它的名字叫猼訑。人穿戴上它的毛皮，就不会心生恐惧。山中还有一种鸟，形状像鸡，却长着三个脑袋、六只眼睛、六只脚、三只翅膀，它的名字叫𪃑𪄀。人吃了它的肉，就会精神亢奋，不会打瞌睡。

原文

又东三百里，曰青丘之山，其阳多玉，其阴多青䕅（qīng huò，一种青色矿物颜料，古代常做涂饰）。有兽焉，其状如狐而九尾，其音如婴儿，能食人；食者不蛊。有鸟焉，其状如鸠，其音若呵，名曰灌灌，佩之不惑。英水出焉，南流注于即翼之泽。其中多赤鱬（chì rú，传说中人面鱼身的异鱼名），其状如鱼而人面，其音如鸳鸯，食之不疥。

又东三百五十里，曰箕尾之山（现今黄山与天目山的合称），其尾踆于东海，多沙石。汸水（现今的昌江。汸，fāng）出焉，而南流注于淯（yù，现今的鄱阳湖），其中多白玉。

凡䧿山之首，自招摇之山，以至箕尾之山，凡十山，二千九百五十里，其神状皆鸟身而龙首，其祠之礼：毛用一璋玉瘗（yì，掩埋、埋葬），糈（xǔ，古代祭神用的精米）用稌（tú，稻米）米，白菅为席。

译文

再往东三百里，有一座青丘山，山的南面盛产玉石，山北面大量出产青䕅。山中有一种形状像狐狸的怪兽，长着九条尾巴，叫声就像婴儿的啼哭声，能吃人。人如果吃了它的肉，就能不沾染妖邪毒气。山中有一种禽鸟，形状像雉鸡，叫声就像人在互相斥骂，它的名字叫灌灌。将它的羽毛佩戴在身上，可以使人不迷惑。英水就发源于这座山，然后向南流入即翼泽。附近水中大量出产赤鱬。它的形状像普通的鱼，却长着一副人的面孔，声音如同鸳鸯的叫声。人吃了它的肉，可以不生疥疮。

再往东三百五十里，有一座箕尾山，山的尾部坐落于东海岸上，山里砂石很多。汸水就从这座山发源，向南流入淯水，附近水中多产白色玉石。

䧿山山系之首尾，从招摇山起，到箕尾山止，一共有十座山，长约

赤鱬

二千九百五十里。这些山中的山神都是鸟身龙头。祭祀礼仪如下：将一块璋、一块玉和祭祀山神的毛物（猪、狗、羊、鸡等）一同埋入地下，祭祀用的米是稻米，座席用白茅做成。

解析

南山一经中记载了䧿山、猿翼山、基山等九座山，以及宪翼水、泜水等七个水系，描述了生长在其中的各种珍稀奇特的植物和奇异的飞禽走兽。这些山峦和水系大体分布在今广西壮族自治区、广东省和福建省境内，但具体位置目前难以考证。

南次二经

原文

南次二山之首，曰柜（jǔ）山，西临流黄，北望诸𣲘（山的名字，也是水的名字。𣲘，pí，通"毗"），东望长右。英水出焉，西南流注于赤水，其中多白玉，多丹粟（dān sù，细粒的丹砂）。有兽焉，其状如豚，有距（这里指的是鸡足），其音如狗吠，其名曰狸力，见则其县多土功。有鸟焉，其状如鸱（chī）而人手，其音如痺（bēi，鸟名，与鹌鹑类似），其名曰鴸（zhū，传说中的一种鸟），其名自号也，见则其县多放士（被放逐的人士）。

东南四百五十里，曰长右之山，无草木，多水。有兽焉，其状如禺（yù）而四耳，其名长右，其音如吟，见则其郡县大水。

译文

南方第二列山系的首座山叫作柜山，山的西边临近流黄酆氏国，山的北面与诸𣲘山相望，东边与长右山相望。英水就从这座山发源，然后向西南流入赤水。附近水中大量出产白色玉石，还出产大量粟粒般的丹砂。山中有一种形状像普通小猪的野兽，长着一双鸡足，叫声如同狗叫，它的名字叫狸力。它出现在哪里，哪里就会有繁重的治水工程。山中还

狸力

有一种鸟，形状像鹞鹰，脚却像人手一样，啼叫就像雌鹌鹑，名字叫鸰，名字就是它自己鸣叫时的声音。它出现在哪个地方，哪个地方就会有众多才智之士被流放。

　　往东南四百五十里，有一座长右山。山上没有花草树木，但水源非常丰富。山中有一种野兽，形状像猿猴，却长着四只耳朵，名字叫长右，它的叫声就好像人在呻吟。它出现在哪个郡县，哪个郡县就会发生大水灾。

原文

又东三百四十里，曰尧光之山，其阳多玉，其阴多金。有兽焉，其状如人而彘鬣（zhì liè，猪身上长得长而刚硬的毛），穴居而冬蛰，其名曰猾褢（huá huái，传说中像人，却全身长满猪样鬣毛的怪兽），其音如斫木（砍伐树木。斫，zhuó），见则县有大繇（yáo，力役，通"徭"，这里指徭役）。

又东三百五十里，曰羽山，其下多水，其上多雨，无草木，多蝮虫（反鼻虫）。

又东三百七十里，曰瞿父之山，无草木，多金玉。

又东四百里，曰句余之山，无草木，多金玉。

又东五百里，曰浮玉之山，北望具区，东望诸毗。有兽焉，其状如虎而牛尾，其音如吠犬，其名曰彘，是食人。苕水出于其阴，北流注于具区，其中多鮆鱼（现今太湖中生长的刀鱼，鱼头狭长。鮆，cǐ）。

又东五百里，曰成山，四方而三坛，其上多金玉，其下多青䨼，㶡水（水的名字。㶡，音zhuō）出焉，而南流注于虖勺（hū shuò，水的名称，古人认为是南滹沱水），其中多黄金。

狻

译文

再往东三百四十里，有一座尧光山。这座山的南面多产玉石，山的北面大量出产金属。山中有一种野兽，形状像人，脖子上却长着猪一样刚硬的鬣毛。它冬季里蛰伏在洞穴中不出来，名字叫猾褢，叫声像砍木头时发出的声音。它出现在哪个郡县，哪个郡县将会有繁重的徭役。

再往东三百五十里，是羽山。羽山的下面有很多流水，山上经常下雨，却不生长任何花草树木，山中的反鼻虫非常多。

再往东三百七十里，有一座山叫瞿父山。这座山上没有任何花草树木，但盛产金属矿物和玉石。

再往东四百里，有一座山叫句余山。这座山上没有任何花草树木，但盛产金属矿物和玉石。

再往东五百里，有一座山叫浮玉山。这座山向北可以望见具区泽，东面可以看见诸𣬬水。山中有一种野兽，样子像老虎，却长着牛的尾巴，叫声像狗吠声，名字叫彘，能吃人。苕水从这座山的北麓发源，之后向北注入具区泽，水中盛产鲨鱼。

再往东五百里，有一座成山。山的形状呈四方形，很像垒起来的三层土坛，山上盛产金属和玉石，山下多产青䨼。闲水从这座山发源，向南流入虖勺水，水中盛产黄金。

四海八荒考

现今，羽山位于我国江苏省东海县与山东省临沭县的交界处，也是东海县的最高峰。羽山东西长约3千米，南北宽约1.5千米，是一座名山。《元和郡县志》《通典》均记载："羽山在朐山县。"《辞海》中记载："羽山在山东郯城县东北。"

传说中，羽山上有一种珍贵的鸟，羽毛非常美丽，古代部落首领都用这种鸟的羽毛做饰品，黄帝就用"羽"为此山命名。羽山北侧有泉名殛鲧泉，《书·舜典》记载，舜"殛鲧于羽山"。羽山还是古人类羽民的居住地，早在4000年前的原始社会，就有"羽民所居"的记载，传说羽民后来迁至美洲，创造了印第安羽蛇文化。

关于殛鲧泉，传说在上古时代，洪水滔天，民不聊生，尧帝就任命鲧去治水。鲧治水采用的方法是不断加高堤防，却使河床越淤越高，最终决堤，导致无数黎民百姓被淹死。鲧也因此被舜帝杀死在羽山。后来，鲧的儿子禹接替父亲继续治水，采用与父亲不同方式的疏导法，三过家门而不入，一心扑在治水上，终于将洪水引入大海。后来，禹接替舜为帝。羽山顶原本有泉名殛鲧泉，常年都不会干涸。传说鲧死后变成三条腿的鳖，就住在这个泉水中。因此，殛鲧泉每到阴雨天，就会变得腥臭无比。

遗憾的是有人异想天开想要引羽山的水灌溉农田，用炸药轰炸殛鲧泉，最终导致千古名泉毁于一旦。因为地质构造被严重破坏，就再也没有泉水流出来了。羽山上还有高10米的三缝石，石头上有3道整齐的劈缝，据传说是舜杀鲧时的试剑痕迹。

还有一种传说，说玉帝的妹妹下凡与一个杨姓的书生相恋，生了3个孩子。玉帝知道后，勃然大怒，将这个妹妹抓回压在华山之下。后来，就有了二郎神杨戬劈山救母的故事。二朗神想让被压了很多年的母亲晒晒太阳，结果玉帝就派出9个太阳来晒杨戬的母亲。杨戬为了保护母亲，就去追赶太阳，将9个太阳都压在大山之下。杨戬在追赶太阳的时候，觉得鞋子中有沙子不舒服，就把沙子倒了出来。于是，就形成了两座山，一座是羽山，另一座是磨山。

原文

又东五百里，曰会稽之山，四方，其上多金玉，其下多砆石（像玉的石头，即武夫石。砆，fū，通"玞"）。勺水出焉，而南流注于湨（jú，水的名称，疑似现今的瓯江）。

又东五百里，曰夷山。无草木，多沙石，湨水出焉，而南流注于列涂。

又东五百里，曰仆勾之山，其上多金玉，其下多草木，无鸟兽，无水。

又东五百里，曰咸阴之山，无草木，无水。

又东四百里，曰洵山，其阳多金，其阴多玉。有兽焉，其状如羊而无口，不可杀也，其名曰㺍（huàn，传说中类似山羊的一种没有嘴的怪兽）。洵水出焉，而南流注于阏（è，湖泊名）之泽，其中多茈蠃（zǐ luó，同"紫螺"，紫色的螺）。

又东四百里，曰虖勺之山，其上多梓枏（nán，通"楠"，即楠树），其下多荆杞。滂水出焉，而东流注于海。

又东五百里，曰区吴之山，无草木，多沙石。鹿水出焉，而南流注于滂水。

又东五百里，曰鹿吴之山，上无草木，多金石。泽更之水出焉，而南流注于滂水。水有兽焉，名曰蛊雕，其状如雕而有角，其音如婴儿之音，是食人。

东五百里，曰漆吴之山，无草木，多博石，无玉。处于海，东望丘山，其光载出载入，是惟日次（停留、休息）。

凡南次二山之首，自柜山至于漆吴之山，凡十七山，七千二百里。其神状皆龙身而鸟首。其祠：毛用一璧瘗，糈（xǔ，祭祀用的精米）用稌（tú，稻米）。

译文

再往东五百里，有一座会稽山。这座山呈四方形，山上盛产金属和玉石，山下盛产像玉石般晶莹透亮的武夫石。勺水从这座山发源，向南注入湨水。

再往东五百里，有一座夷山。山上不生长任何花草树木，到处都是细沙和石子。溴水从这座山发源，然后向南注入列涂水。

再往东五百里，有一座仆勾山。山上盛产金属和玉石，山下草木茂密，但没有任何飞禽走兽，也没有水。

再往东五百里，有一座咸阴山。山上没有任何花草树木，也没有水。

再往东四百里，有一座洵山。山南面盛产金属，山北面多出产玉石。山中有一种野兽，形状像普通的羊，但是没有嘴巴，无法吃东西也能生活自如，名叫𩢋。洵水就从这座山发源，之后向南注入阏泽，水中多出产紫色的螺。

再往东四百里，有一座虖勺山。山上生长着许多梓树和楠树，山下长着大量的牡荆树和枸杞类的灌木。滂水从这座山发源，之后向东流入大海。

再往东五百里，有一座区吴山。山上不生长任何草树，盛产金属和玉石。鹿水就从这座山发源，向南流入滂水。

再往东五百里，有一座鹿吴山，山上没有花草树木，但盛产金属和玉石。泽更水从这座山发源，之后向南注入滂水。水中有野兽，名叫蛊雕，形状像大雕，头上却长着角，发出的声音如同婴儿啼哭，能吃人。

再往东五百里，有一座漆吴山。山上不生长草树，却盛产可以用来做围棋子的博石，山中不产玉石。这座山靠近大海，向东远望可以看见一片丘陵，远处光影忽明忽暗，那是太阳休息之处。

南方第二列山系，从柜山起到漆吴山止，一共有十七座山，逶迤七千二百里。诸山山神都是龙身鸟头。祭祀礼仪：将鸡鸭放在玉器中，一同埋入地下，祭祀的米用精选的稻米。

蛊雕

解析

南山第二经中记载了从柜山到漆吴山的十几座山的地理位置和山川形貌。这些山主要分布在现今的浙江省一带，我国最著名的中华名山会稽山就在这个山系中。在这些山中，生长着各种各样的植物，栖息着各种各样的异兽，如猪身鸡足的狸力、四只耳朵的水怪长右、长着牛尾巴能吃人的彘等。这列山系中还盛产美丽的玉石和金属矿物。

南次三经

原文

南次三山之首，曰天虞之山，其下多水，不可以上。

东五百里，曰祷过之山，其上多金玉，其下多犀、兕，多象。有鸟焉，其状如䴔（jiāo，鸟的名字），而白首、三足、人面，其名曰瞿如，其鸣自号也。泿（yín，古代水名，上游是今广西壮族自治区东北部的洛清江，中下游是柳江、黔江、西江）水出焉，而南流注于海。其中有虎蛟，其状鱼身而蛇尾，其音如鸳鸯，食者不肿，可以已痔。

又东五百里，曰丹穴之山，其上多金玉。丹水出焉，而南流注于渤海。有鸟焉，其状如鸡，

虎蛟

五采而文，名曰凤皇，首文曰德，翼文曰义，背文曰礼，膺（yīng，胸腔，胸）文曰仁，腹文曰信。是鸟也，饮食自然，自歌自舞，见则天下安宁。

译文

南方第三列山系的第一座山是天虞山，山下到处是水，山势险峻，人无法攀登。

往东五百里，有一座祷过山。山中盛产金属和玉石，山下生长着大量犀牛、兕，还有很多的大象。山中有一种鸟，形状像鸡，长着白色的脑袋、三只脚，有人一样的脸，名字叫瞿如。它的鸣叫声就是自己的名字。浪水从这座山发源，之后向南注入大海。水中有虎蛟，长着鱼的身子，却拖着一条蛇的尾巴，叫声与鸳鸯的叫声类似。人吃了它的肉，可以不生痈肿病，还能治疗痔疮。

再往东五百里，有一座丹穴山。山上盛产金属矿物和玉石。丹水发源于这座山，向南注入渤海。山中有一种鸟，形状像鸡，全身披着五彩羽毛，名叫凤凰。它头上的花纹呈"德"字状，翅膀上的花纹呈"义"字状，背部的花纹呈"礼"字状，胸部的花纹呈"仁"字状，腹部的花纹呈"信"字状。这种叫凤凰的鸟，饮食自然从容，悠然自得，自己唱歌，自己跳舞。只要它出现，就会天下太平。

凤凰

原文

又东五百里，曰发爽之山，无草木，多水，多白猿。汎水（古代水名，流入渤海。汎，fàn）出焉，而南流注于勃海。

又东四百里，至于旄（máo）山之尾，其南有谷，曰育遗，多怪鸟，凯风（南风）自是出。

又东四百里，至于非山之首，其上多金玉，无水，其下多蝮虫。

又东五百里，曰阳夹之山，无草木，多水。

又东五百里，曰灌湘之山，上多木，无草；多怪鸟，无兽。

又东五百里，曰鸡山，其上多金，其下多丹雘。黑水出焉，而南流注于海。其中有鱄鱼（古代传说中体形与鲫鱼相似，却长着猪毛的一种怪鱼。鱄，tuán。），其状如鲋（fù，鲫鱼）而彘毛，其音如豚，见则天下大旱。

又东四百里，曰令丘之山，无草木，多火。其南有谷焉，曰中谷，条风（东北风）自是出。有鸟焉，其状如枭（xiāo，猫头鹰一类的鸟），人面四目而有耳，其名曰颙（yú，传说中形状像猫头鹰的一种怪鸟），其鸣自号也，见则天下大旱。

译文

再往东五百里，有一座发爽山。山上不生长花草树木，到处是水，有很多白色猿猴。汎水就从这座山发源，然后向南注入渤海。

再往东四百里，便到了旄山的尾端。此山的南面有一道山谷，叫育遗谷，生长着许多怪鸟，南风就从这里吹出。

再往东四百里，就到了非山的头部。山上盛产丰富的金属矿物和玉石，没有水，山下到处都是反鼻虫。

再往东五百里，有一座阳夹山。山上不生花草树木，到处是水。

再往东五百里，有一座灌湘山。山上树木茂盛，但不生草。山中有

颙

许多奇怪的禽鸟，但没有野兽。

　　再往东五百里，有一座鸡山。山上盛产金属矿物，山下盛产丹雘。黑水就从这座山发源，之后向南流入大海。水中生长着一种鱼，名叫鱄鱼，形状像鲫鱼，身上却长着猪毛，发出猪一样的叫声。它一出现，天下就会大旱。

　　再往东四百里，有一座令丘山。山上没有花草树木，经常喷出火焰。山南边有一道深深的峡谷，名叫中谷，东北风就是从这里吹出来的。山中有一种鸟，形状像枭，长着一副人脸和四只眼睛，还长着一对耳朵，名字叫颙。它的叫声和它的名字相同。一出现这种鸟，天下就会发生大旱。

四海八荒考

浙江鸡山位于玉环县漩门湾外，处于坎门镇东的海上，是漩门湾的要冲，在古代海防中，处于前哨位置，现今还存在着军事营寨。鸡山在明朝时叫作鸡脐山，面积大约为1.57平方千米，海拔约88.8米，岛形狭长，冈峦起伏，有鸡南、鸡北、大小火等山丘，是岛民聚居之地。鸡山岛屿由于地理位置特殊，在玉环沿海岛屿解放过程中扮演过重要角色，发生的大小战斗不下十次。

莒县鸡山位于山东省日照市莒县洛河镇，面积大约有1.5平方千米，主要由小汇泉村管辖。

珠海鸡山村位于珠海市北部，珠江入海口的西岸，与香港隔水相望，与澳门陆路相连，坐南向北，背靠凤凰山麓，面向南中国海，景色如画，气候温和，物产丰富。

原文

又东三百七十里，曰仑者之山，其上多金玉，其下多青雘。有木焉，其状如榖而赤理，其汗如漆，其味如饴，食者不饥，可以释劳，其名曰白䓘（这里指一种树的名字。䓘，gāo），可以血玉（将玉染成血色）。

又东五百八十里，曰禺稿（山的名字。稿，gǎo）之山，多怪兽，多大蛇。

又东五百八十里，曰南禺之山，其上多金玉，其下多水。有穴焉，水出（这里应该是"春"字之讹）辄入，夏乃出，冬则闭。佐水出焉，而东南流注于海，有凤皇、鹓雏（yuān chú，民间传说中，鹓雏与凤凰、鸾鸟属于同类的瑞鸟）。

凡南次三山之首，自天虞之山以至南禺之山，凡一十四山，六千五百三十里。其神皆龙身而人面。其祠皆一白狗祈（古代祭祀山神之礼），稌用稌。

右南经之山志，大小凡四十山，万六千三百八十里。

译文

再往东三百七十里，有一座仑者山。山上盛产金属矿物和玉石，山下盛产青雘。山中有一种树，形似普通构树，却有红色纹理，树身流出的汁液像漆，味道像糖浆。人吃了不会感到饥饿，还能解除忧愁。它的名字叫白䓘，可以用来染红玉石。

再往东五百八十里，有一座禹稿山。山中有很多怪兽，还有很多大蛇。

再往东五百八十里，有一座南禺山。山上蕴藏丰富的金属矿物和玉石，山下到处是流水。山中有一个洞穴，水在春天会流入洞穴，夏天从洞穴流出，到了冬天，洞穴就闭塞不通了。佐水从这座山发源，之后向东南流入大海，沿海一带有凤凰和鹓雏栖息。

南方第三列山系，从天虞山起到南禺山止，一共有十四座山，逶迤六千五百三十里。居住在这些山中的神都是龙身人面。祭祀礼仪如下：用白色狗的血涂在钟鼓宝器的缝中，陈牲祭祀，祭祀的米用从稻米中选出的精米。

以上所记载《南山经》中的山，大大小小总共四十座，总长一万六千三百八十里。

解析

南山第三经记载了从天虞山到南禺山的地理分布和物产风貌，记载有十四座山。这列山系位于南山第二经的南面，每座山的地理位置都难以考证，只知道它们主要分布在今广西壮族自治区、广东省境内。这列山系中栖息着诸多奇珍异兽，如五彩的凤凰、被古人奉为神兽的犀牛等，同时还盛产玉石、青䨼等矿物。

四海八荒考

鹓雏在我国民间传说中指的是凤凰一类的瑞鸟，经常用来比喻贤才或高洁之士。李商隐在《定安城楼》中说："不知腐鼠成滋味，猜意鹓雏竟未休。"南禺山中有凤凰和鹓雏，而凤凰与鹓雏属于同一类鸟。鹓雏从南海起飞，往北海飞去，沿途不是梧桐树不歇止，不是甘泉不饮用。

《庄子·秋水篇》有云："惠子相梁，庄子往见之，或谓惠子曰：'庄子来，欲代子相。'于是惠子恐，搜于国中，三日三夜。庄子往见之，曰：'南方有鸟，其名为鹓雏，子知之乎？夫鹓雏发于南海，而飞于北海，非梧桐不止，非练实不食，非醴泉不饮。于是鸱得腐鼠，鹓雏过之，仰而视之曰："吓！"今子欲以子之梁国而吓我耶？'"

庄子以鹓雏自比，表明自己心志高远，并不是贪恋官位的苟且之辈，但谗佞之徒却以小人之心度之。

卷二 西山经

《西山经》主要记载四大山系总计七十七座山的地理位置、山川地貌、物产矿藏及奇珍异兽等方面的情况，也记录了掌管这些山的山神形貌及祭祀这些山神所用的礼仪等。这些山脉大致位于现今陕西省、山西省、甘肃省、宁夏回族自治区、青海省、新疆维吾尔自治区、内蒙古自治区等地，但大约三分之二山脉的具体位置已经无法确定。

《西山经》中记录的很多山脉无论在神话传说中还是在现实中，都可谓是名山。如《西山经》中的第一列山系就是华山山系，这也证明西岳华山在很久以前就是非常重要的形胜。而《西山经》中记载的许多矿物及应用，也表明当时人们对矿物质的理解和应用已经发展起来。

《西山经》中关于昆仑山、玉山等山脉的描写充满了神话色彩，也记述了关于西王母、黄帝、后稷等神话人物的相关事迹，还描述了在这些山脉中栖息的诸多神兽和禽鸟，令人神往。《西山经》中关于西方流沙和沼泽的描写，也暗示着西方曾经湿热的气候。同时，对于发源于这些山脉的河流及动植物的形状和特点都有充分的描述。

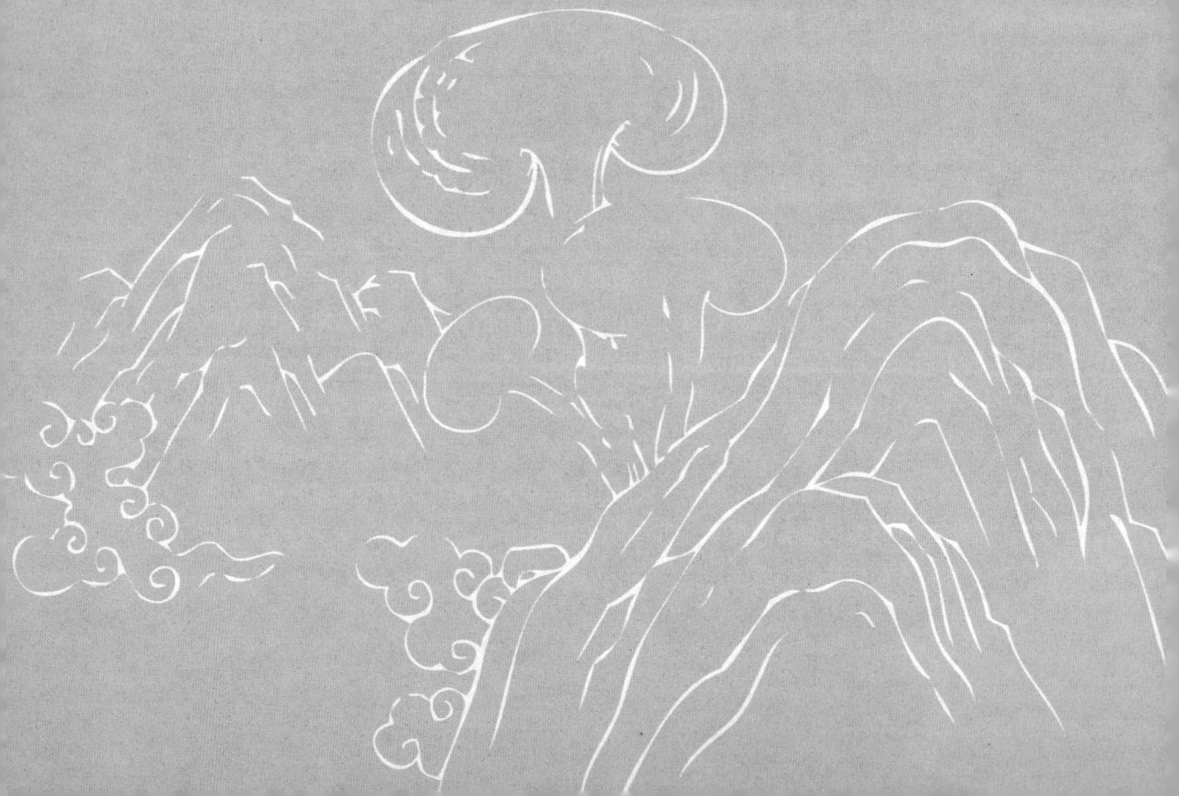

西山一经

原文

西山华山之首，曰钱来之山，其上多松，其下多洗石（洗澡时用来擦洗身上污垢的石头）。有兽焉，其状如羊而马尾，名曰羬羊（传说中形状像羊，长着马尾的一种野兽。羬，qián），其脂可以已腊（xī，这里指皮肤像风干了一样起皱皱）。

西四十五里，曰松果之山。濩水出焉，北流注于渭，其中多铜。有鸟焉，其名曰螐渠（鸟的名字。螐，tóng），其状如山鸡，黑身赤足，可以已曝（báo，这里指的是皮肤爆皮的现象）。

又西六十里，曰太华之山，削成而四方，其高五千仞（古代长度单位，周代八尺为一仞，汉代七尺为一仞），其广十里，鸟兽莫居。有蛇焉，名曰肥遗，六足四翼，见则天下大旱。

又西八十里，曰小华之山，其木多荆杞，其兽多㸲牛（体型硕大的牛。㸲，zuó），其阴多磬石，其阳多㻬琈（tū fú，美玉）之玉。鸟多赤鷩（山鸡的一种，有美丽多彩的毛。鷩，bì），可以御火。其草有萆荔（传说中的一种香草。萆，bì），状如乌韭，而生于石上，赤缘木而生，食之已心痛。

又西八十里，曰符禺之山，其阳多铜，其阴多铁。其上有木焉，名曰文茎，其实如枣，可以已聋。其草多条，其状如葵，而赤华黄实，如婴儿舌，食之使人不惑。符禺之水出焉,而北流注于渭。其兽多葱聋,其状如羊而赤鬣(liè,动物脖子上的鬃毛)。其鸟多鴖(mín,鸟类的名字),其状如翠而赤喙,可以御火。

又西六十里,曰石脆之山,其木多棕、枏,其草多条(条草,植物的名字),其状如韭,而白华黑实,食之已疥(一种因潮湿引起的传染性皮肤病)。其阳多㻬琈之玉,其阴多铜。灌水出焉,而北流注于禺水。其中有流赭(zhě),以涂牛马无病。

译文

西方第一列山系是华山山系,第一座山叫作钱来山。山上有许多松树,山下有大量洗石。山中生长着一种野兽,形状像羊,却长着马的尾巴,它的名字叫羬羊。羬羊的油脂能够滋润干裂的皮肤。

往西四十五里,有一座松果山。濩水就从这座山发源,之后向北流入渭水,沿岸盛产铜。山中有一种鸟,名字叫螐渠,形状像普通的野鸡,有黑色的身体和红色的爪子,可以治疗皮肤干皱。

再往西六十里,有一座太华山,山崖陡峭,像刀削一样,呈现四方形,高五千仞,宽十里,飞禽走兽都无法栖身。山中生长着一种蛇,名叫肥遗,长着六只脚与四只翅膀。只要它一出现,天下就将发生大旱灾。

再往西八十里,有一座小华山。山中生产牡荆树和枸杞树,山中野兽多是牸牛。山北面盛产磬石,山南面盛产㻬琈玉。山中栖息着许多赤鷩鸟,将它饲养在身边可以躲避火灾。山中还有一种叫作草荔的草,形状像乌韭,但生长在石头上面,也沿着树木生长,人吃了能治愈心痛病。

再往西八十里,有一座符禺山。山的南面盛产铜,山北面盛产铁。山上生长着一种树木,名叫文茎,果实像枣子,可以治疗耳聋。山中生长的草多是条草,形状与葵菜相似,开的花是红色,结的果实是黄色,果实的样子像婴儿的舌头,人吃了后就不会迷惑。符禺水就从这座山发源,

肥遺

之后向北注入渭水。山中的野兽多是葱聋。这种野兽形状像羊，却长着红色的鬣毛。山中的禽鸟多数是䳅鸟，形状像普通的翠鸟，有红色的嘴巴，养在身边可以预防火灾。

再往西六十里，有一座石脆山。山上生长着大量的棕树和楠树，草大多是条草。条草的样子与韭菜类似，开白色的花，结黑色的果实。人吃了，能治愈疥疮。山的南面盛产㻬琈玉，山的北面盛产铜。灌水从这座山发源，之后向北注入禺水。水中有丰富的流赭，涂在牛马的身上，能够预防牛马生病。

原文

又西七十里，曰英山，其上多杻（niǔ，一种像棣树的树，可以用来造弓）、橿（jiāng，一种木材坚韧的树，能用来做车轮），其阴多铁，其阳多赤金。禺水出焉，北流注于招水（古代河名。招，sháo），其中多䱱鱼（鱼的名字。䱱，bàng），其状如鳖，其音如羊。其阳多箭、𥳑（mèi，一种竹节很长、根很深的竹子），兽多㸲牛、羬羊。有鸟焉，其状如鹑，黄身而赤喙，其名曰肥遗，食之已疠（lì，因感受时气导致的瘟疫），可以杀虫。

又西五十二里，曰竹山，其上多乔木，其阴多铁。有草焉，其名曰黄雚（guàn，一种像芦苇的植物，可以用来编苇席），其状如樗（chū，臭椿树，一种落叶乔木），其叶如麻，白华而赤实，其状如赭，浴之已疥，又可以已胕（fú，浮肿）。竹水出焉，北流注于渭，其阳多竹箭，多苍玉。丹水出焉，东南流注于洛水，其中多水玉，多人鱼。有兽焉，其状如豚而白毛，毛大如笄（jī，古代的一种簪子，用来插住挽起的头发，或插住帽子）而黑端，名曰豪彘（zhì）。

又西百二十里，曰浮山，多盼木，枳叶而无伤（尖刺），木虫居之。有草焉，名曰薰草，麻叶而方茎，赤华而黑实，臭如蘼芜（一种香草名），佩之可以已疠。

又西七十里，曰羭（yú，母羊；黑毛羊）次之山，漆水出焉，北流注于渭。

其上多棫（yù，一种丛生，茎上有刺的小树）、橿，其下多竹箭，其阴多赤铜，其阳多婴垣（一种玉石。垣，yuán）之玉。有兽焉，其状如禺而长臂，善投，其名曰嚣。有鸟焉，其状如枭，人面而一足，曰橐𪇹（tuó féi，古代传说中的一种鸟），冬见夏蛰，服之不畏雷。

又西百五十里，曰时山，无草木。逐水出焉，北流注于渭，其中多水玉。

豪彘

译文

再往西七十里，有一座英山。山上生长着大量杻树和橿树，山的北面蕴藏着大量的铁，山南面盛产黄金。禺水发源于这座山，向北注入招水。水中有很多鲜鱼，形状与鳖类似，声音如同羊叫。山南面还生长着很多低矮的箭竹和䉋竹，山中野兽多数是体形较大的牦牛和羬羊。山中生活着一种鸟，形状与鹌鹑相似，黄色身体，红色嘴巴，名字叫肥遗。人吃了它的肉，能治愈麻风病，还能杀死身体内的寄生虫。

再往西五十二里，有一座竹山。山上生长着很多高大的树木，山的北面蕴藏大量的铁。山中有一种草，名叫黄藿，形状像樗树，叶子像麻叶，开白色的花朵，结红色的果实，果实颜色为赭色。用它洗浴，能够治愈疥疮，还能治疗浮肿病。竹水发源于这座山，向北流入渭水。竹水向阳的岸边有许多低矮的小竹丛，盛产青色玉石。丹水也发源于这座山，之后向东南注入洛水。水中大量出产水晶，还有很多人鱼。山中有一种野兽，形状与小猪很像，长着白色的毛，毛有簪子粗细，尖端呈黑色，这种野兽的名字叫豪彘。

再往西一百二十里，有一座浮山。山上到处都生长着盼木。盼木长着枳树一样的叶子，没有刺，许多虫子寄生在树叶上。山中还有一种草，名叫薰草，叶子与麻的叶子类似，茎干呈方形，开红色的花朵，结黑色的果实。这种草的气味像蘼芜。将它佩戴在身上，可以治疗麻风病。

再往西七十里，有一座羭次山，是漆水的发源地，向北流入渭水。山中有很多棫树和橿树，山下生长着茂密的小竹丛。山的北面盛产赤铜，山的南面蕴藏着丰富的婴垣玉。山里有一种野兽，形状与猿猴类似，长着很长的双臂，擅长投掷，这种野兽的名字叫嚣。山中还有一种鸟，形状像猫头鹰，长着人一样的面孔，只有一只脚，名字叫橐䲹。这种鸟冬天出现，而夏天蛰伏。将它的羽毛披在身上，就不怕打雷。

再往西一百五十里，有一座时山，山上没有花草树木。逐水从这座山发源，之后向北注入渭水。附近的水中盛产水晶。

四海八荒考

传说肥遗是一种居住在浑夕山山麓的怪蛇,出现的地方会有大旱灾。

明人朱国桢《诵幢小品》中记载,万历十四年,建昌县的先民在山林中碰见一条长着六只脚的大蛇,很可能就是《山海经》中记载的肥遗。记载曰:"万历丙戌年,建昌乡民樵于山,逢一巨蛇,头端一角,六足如鸡距,见人不噬亦不惊。民因呼群往视,亦不敢伤;徐徐入深林去。《华山记》云:'蛇六足者,名曰肥遗,见则千里之内大旱!'戊子、己丑之灾,其兆已先见之矣。"

光绪《京山县志》中记载,明朝末年,在湖北京山县的一所民宅的水沟中,也发现了这种"六足如鸡距"的怪蛇。记载曰:"崇祯六年癸酉年,彭杨畈民家沟中见蛇出,长六尺,围尺许,身红绿色,六足如鸡距,不噬人。郝楚望曰:'肥遗也,主千里旱。'果验。"

还有另外一种传说,认为肥遗实际上是我们所说的黄鹂鸟。《山海经》描述:"有鸟焉,其状如鹑,黄身而赤喙,其名曰肥遗,食之已疠,可以杀虫。"按照这种记载,查看鹌鹑和黄鹂的图片,不难看出黄鹂长得很像鹌鹑,而且黄鹂的叫声与"肥遗"两字的音很相似,古人用黄鹂鸟的叫声为黄鹂命名,但由于我国很多地方的发音不同,"黄鹂"和"肥遗"两词的读音也很相近,于是也就有了这种猜测。实际上,许多民间传说与《山海经》中的记载都有不符的地方,《山海经》中所记载的动物和植物也有很多已经没有办法考证。

原文

又西百七十里，曰南山，上多丹粟。丹水出焉，北流注于渭。兽多猛豹，鸟多尸鸠（鸟的名字）。

又西百八里，曰大时之山，上多榖、柞，下多杻、橿，阴多银，阳多白玉。涔水（古代水名。涔，cén）出焉，北流注于渭。清水出焉，南流注于汉水。

又西三百二十里，曰嶓冢（古山名，在现在甘肃省天水市和礼县之间。嶓，bō）之山，汉水出焉，而东南流注于沔（miǎn）；嚣水出焉，北流注于汤水。其上多桃枝钩端，兽多犀、兕、熊、罴，鸟多白翰、赤鷩。有草焉，其叶如蕙，其本如桔梗，黑华而不实，名曰蓇蓉（一种草的名字。蓇，gū），食之使人无子。

又西三百五十里，曰天帝之山，上多棕、枏，下多菅（jiān，一种茅草）、蕙。有兽焉，其状如狗，名曰谿边，席其皮者不蛊。有鸟焉，其状如鹑，黑文而赤翁（鸟脖子上的毛），名曰栎（lì，古代传说中的一种鸟），食之已痔。有草焉，其状如葵，其臭如蘼芜，名曰杜衡（一种香草名），可以走马，食之已瘿（yǐng，囊状肿瘤）。

西南三百八十里，曰皋涂之山，蔷水（古水名。蔷，sè）出焉，西流注于诸资之水；涂水出焉，南流注于集获之水。其阳多丹粟，其阴多银、黄金，其上多桂木。有白石焉，其名曰礜（yù，是制砷和亚砷酸的原料，可用来毒老鼠），可以毒鼠。有草焉，其状如藁茇（gǎo bá，根茎可入药的一种香草），其叶如葵而赤背，名曰无条，可以毒鼠。有兽焉，其状如鹿而白尾，马足人手而四角，名曰玃如（jué rú，传说中的兽名）。有鸟焉，其状如鸱（chī，传说中类似鹰类的一种猛禽）而人足，名曰数斯，食之已瘿。

獙如

译文

再往西一百七十里，有一座南山，山上到处是粟米粒大小的丹砂。丹水就从这座山发源，然后向北流入渭水。山中野兽多数是猛豹，鸟类多数是尸鸠。

再往西一百八十里，有一座大时山。山上生长着许多构树和栎树，山下生长着许多杻树和橿树。山北面大量地出产银，而山南面蕴藏着丰富的白色玉石。这座山是浊水的发源地，之后向北注入渭水。清水也从这座山发源，向南流入汉水。

再往西三百二十里，有一座嶓冢山。汉水发源于此，之后向东南注入沔水。嚣水也从这座山发源，向北流入汤水。山上到处都生长着桃枝竹和钩端竹，山中野兽以犀牛、兕、熊、罴为多，鸟类以白翰和赤鷩居多。山中生长着一种草，叶子与蕙草叶相似，茎干像桔梗，开黑色花朵，却不结果实，它的名字叫蓇蓉。人吃了它，则无法生育。

再往西三百五十里，有一座天帝山。山上生长着茂密的棕树和楠树，山下茅草和蕙草丛生。山中有一种野兽，形状像狗，名叫谿边。人坐在用谿边皮毛做成的垫子上，不会中毒蛊。山中有一种鸟，形状与鹌鹑类似，长着黑色的花纹和红色的颈毛，名字叫栎。人吃了它的肉，可以治疗痔疮。山中生长着一种草，形状像葵菜，散发着与蘪芜相同的气味，名字叫作杜衡。给马佩戴这种草，可以让马跑得飞快。人吃了，可以治愈颈部的肿瘤。

西南三百八十里，有一座皋涂山。蔷水就发源于此，之后向西流入诸资水。涂水也从这座山发源，向南注入集获水。山的南面遍布着粟米粒大小的丹砂，山的北面盛产银和黄金，山上到处都长满了桂树。山中出产一种白色的石头，名叫礜，可以用来毒死老鼠。山中生长着一种草，形状像藁茇，叶子与葵菜叶子类似，背面是红色的，名字叫作无条，也可以用来毒死老鼠。山中有一种野兽，形状很像普通的鹿，长着白色的尾巴，马一样的蹄子，有人一样的手，还长着四只角，名字叫獂如。山中还有一种鸟，形状像鹞鹰，却长着人一样的脚，名字叫数斯。人吃了它的肉，能治愈脖子上的肿瘤。

四海八荒考

嶓冢山又称作汉王山，现在位于陕西省汉中市宁强县境内。《尚书·禹贡》记载："嶓冢导漾，东流为汉；又东，为沧浪之水；过三澨，至于大别，南入于江。"按照记载来看，此山就是汉江的源头。《水经注》中又有记载："汉中记曰，嶓冢以东水皆东流。嶓冢以西水皆西流，故以嶓冢为分水岭。"

嶓冢山山势巍峨，呈东西走向，横跨宁强县境内的大安、代家坝及略阳县的部分地区。相关史书记载显示，嶓冢山是汉水的发源地。汉江全长1532千米，从长度上来说，是长江的第一大支流。随后，向东南穿越秦巴山地的陕南汉中、安康等市，流经鄂西后，北过十堰，最终注入丹江水库，经过丹江水库后，继续向东南流，流经襄阳、荆门等市，于武汉市注入长江。

汉江是汉朝的发祥地，源头有着无法估量的历史意义。"大汉民族""汉文化""汉学""汉语"等称谓，都因有了汉朝才出现，汉朝又得名于汉江，汉江就发源于嶓冢山。如今，汉江依然如诗如画，清澈、安宁、美丽。它的沉寂让它比中国其他许多河流显得更接近自然，更体现出人文的原生态。

原文

又西百八十里，曰黄山，无草木，多竹箭。盼水出焉，西流注于赤水，其中多玉。有兽焉，其状如牛，而苍黑大目，其状曰𦝠（mǐn，一种长得像牛的野兽）。有鸟焉，其状如鸮（xiāo，猫头鹰一类的猛禽），青羽赤喙，人舌能言，名曰鹦䳇（鹦鹉）。

又西二百里，曰翠山，其上多棕、枬，其下多竹箭，其阳多黄金、玉，其阴多旄牛、羬（líng，兽名）、麝。其鸟多鸓（lěi，类似飞鼠的异鸟），其状如鹊，赤黑而两首、四足，可以御火。

又西二百五十里，曰䰠山（山名，今河南省密县附近有大䰠山。䰠，guī），是錞（通"蹲"）于西海，无草木，多玉。凄水出焉，西流注于海，其中多采石、黄金，多丹粟。

凡西经之首，自钱来之山至于䰠山，凡十九山，二千九百五十七里。华山，冢也，其祠之礼：太牢（在古代祭祀活动中，牛、羊、猪三牲全备为太牢）。羭山，神也，祠之用烛，斋百日以百牺，瘗用百瑜（yú，美玉），汤（这里指用热水温酒的意思）其酒百樽，婴（围绕）以百珪、百璧。其余十七山之属，皆毛牷（quán，古代用作祭品的纯色全牲）用一羊祠之。烛者，百草之未灰，白席采等纯之。

译文

再往西一百八十里，有一座黄山，山上不生长花草树木，到处都生长着郁郁葱葱的低矮竹丛。盼水就发源于此，向西注入赤水，水中盛产玉石。山中有一种野兽，形状很像普通的牛，有青黑色毛皮，眼睛很大，名字叫作𦝠。山中有一种鸟，长得与鸮很像，有着青色的羽毛和红色的嘴，舌头与人的一样，能够学人说话，名字叫作鹦䳇。

再往西二百里，有一座翠山。山上长满了棕树和楠树，山下到处是

低矮的竹丛。山的南面蕴藏着大量的黄金和玉石，山的北面有很多牦牛、羚羊和香獐。山中禽鸟以鹠鸟居多，形状与喜鹊类似，长着红黑色的羽毛，有两个脑袋和四只脚，饲养它能够预防火灾。

再往西二百五十里，有一座騩山，坐落在西海边上。山上不生长任何草树，有很多玉石。凄水就从这座山发源，向西流入大海。水中蕴藏着许多彩色的石头与黄金，还有很多粟米粒大小的丹砂。

鹠鸟

西方第一列山系，自钱来山起到騩山止，一共有十九座山，长达二千九百五十七里。华山是诸山的宗主，祭祀华山时要用猪、牛、羊三牲齐全的太牢。羭山是有神威的，祭祀羭山要用烛火，斋戒一百天后，用一百只毛色纯正的牲畜，随一百块瑜埋入地下，再烫上一百樽美酒，环绕陈列一百块玉珪和一百块玉璧。祭祀其余十七座山的礼仪相同，都是用一只完整的羊做祭品。所谓烛，就是用百草制作而成的火把，没有燃尽时称作烛。祭祀的席是用各种颜色次第有序地装饰边缘的白茅草席。

解析

西山第一列山系记录了自钱来山到騩山的近二十座山的位置和风貌。这些山主要分布在今天的陕西省、甘肃省、青海省一代，著名的西岳华山就在这列山系之中，但许多山的具体位置已经无法考证。其中，记载了许多具有药用价值的植物，如能治疗恶疮的薰草，记录了当时人们用羬羊的油脂涂在身上防止皮肤干裂等。在这列山系中，还记录了各种奇珍异兽，有娃娃鱼、鹦鹉等。

西次二经

原文

西次二经之首，曰钤山（qián shān，山名。），其上多铜，其下多玉，其木多杻、檀。

西二百里，曰泰冒之山，其阳多金，其阴多铁。洛水出焉，东流注于河，其中多藻玉（带有彩色纹理的美玉），多白蛇。

又西一百七十里，曰数历之山，其上多黄金，其下多银，其木多杻、檀，其鸟多鹦鹉。楚水出焉，而南流注于渭，其中多白珠。

又西百五十里，曰高山，其上多银，其下多青碧（青绿色美玉）、雄黄（中医用来解毒杀虫的矿物质），其木多棕，其草多竹。泾水出焉，而东流注于渭，其中多磬石、青碧。

西南三百里，曰女床之山，其阳多赤铜，其阴多石涅（黑石脂的别名，古时用来画眉），其兽多虎、豹、犀、兕。有鸟焉，其状如翟而五采文，名曰鸾鸟，见则天下安宁。

又西二百里，曰龙首之山，其阳多黄金，其阴多铁。苕水出焉，东海流注于泾水，其中多美玉。

又西二百里，曰鹿台之山，其上多白玉，其下多银，其兽多㸲牛、䍙羊、白豪（白色豪猪）。有鸟焉，其状如雄鸡而人面，名曰凫徯（fú xī，传说中的鸟名），其鸣自叫也，见则有兵。

西南二百里，曰鸟危之山，其阳多磬石，其阴多檀、楮（chǔ，也就是构树，落叶乔木，树皮是制造桑皮纸和宣纸的原料），其中多女床（一种草本植物）。鸟危之水出焉，西流注于赤水，其中多丹粟。

鴦
鸂

译文

西方第二列山系的首座山叫作钤山。山上盛产铜，山下蕴藏丰富的玉，山中生长的树木以杻树和檀树居多。

向西二百里，有一座泰冒山。山的南面盛产黄金，山的北面盛产铁。洛水从这座山发源，之后向东流入黄河。水中有很多藻玉，也有大量的白色水蛇。

再往西一百七十里，有一座数历山。山上黄金储量丰富，山下盛产银。山中树木大多数是杻树和檀树，禽鸟以鹦鹉居多。楚水就发源于此，然后向南注入渭水，水中大量出产白色的珍珠。

再往西一百五十里，有一座高山。山上盛产白银，山下到处是青碧和雄黄。山中生长的树木多为棕树，草类多是低矮的小竹丛。泾水就从这座山发源，向东流入渭水，水中有大量的磬石和青碧。

往西南三百里，有一座女床山。山的南面蕴藏大量赤铜，山的北面大量出产石涅，山中野兽多是老虎、豹、犀牛和兕。山中有一种鸟，形状类似野鸡，长着色彩斑斓的羽毛，名字叫作鸾鸟。鸾鸟出现，则天下安宁。

再往西二百里，有一座龙首山。山的南面盛产黄金，山的北面盛产铁。苕水就从这座山发源，向东南注入泾水，水中出产大量美玉。

再往西二百里，有一座鹿台山。山上白玉储量丰富，山下多产白银，山中野兽以㸲牛、羬羊、白豪居多。山中有一种鸟，形状与雄鸡类似，却长着人一样的面孔，名字叫作凫徯，叫声就是它自己的名字。凫徯出现，天下将会发生战争。

往西南二百里，有一座鸟危山。山的南面盛产磬石，山的北面到处都生长着檀树和构树，还生长着许多女床草。鸟危水就发源于这座山，向西流入赤水，水中有许多粟米粒般大小的丹砂。

原文

又西四百里，曰小次之山，其上多白玉，其下多赤铜。有兽焉，其状如猿，而白首赤足，名曰朱厌，见则大兵。

又西三百里，曰大次之山，其阳多垩（è，白土，泛指泥土），其阴多碧，其兽多㸲牛、麢羊。

又西四百里，曰薰吴之山，无草木，多金玉。

又西四百里，曰底阳（古代山名。底，zhǐ）之山，其木多櫻（jì，一种形状类似松树，纹理很细的树）、楠、豫章，其兽多犀、兕、虎、犳、㸲牛。

又西二百五十里，曰众兽之山，其上多㻬琈之玉，其下多檀、楮，多黄金，其兽多犀、兕。

又西五百里，曰皇人之山，其上多金玉，其下多青（青雘，一种可以作为染料的矿物质）、雄黄。皇水出焉，西流注于赤水，其中多丹粟。

又西三百里，曰中皇之山，其上多黄金，其下多蕙棠（棠梨树）。

又西三百五十里，曰西皇之山，其阳多金，其阴多铁，其兽多麋、鹿、

牂牛。

又西三百五十里，曰莱山，其木多檀、楮，其鸟多罗罗，是食人。

凡西次二山之首，自钤山至于莱山，凡十七山，四千一百四十里。其十神者，皆人面而马身。其七神，皆人面牛身，四足而一臂，操杖以行，是为飞兽之神。其祠之，毛用少牢（古代祭祀活动中，用猪和羊祭祀，称为少牢），白菅为席，其十辈神者，其祠之，毛一雄鸡，钤而不糈。

译文

再往西四百里，有一座小次山。山上出产白玉，山下盛产赤铜。山中有一种野兽，形状与猿猴很像，脑袋是白色的，脚是红色的，名字叫作朱厌。它一出现，就会有大的战争发生。

再往西三百里，有一座大次山。山的南面盛产垩土，山的北面出产大量碧玉，山中野兽多为牂牛、麢羊。

再往西四百里，有一座薰吴山。山上不生长花草树木，却蕴藏着丰富的金属矿物和玉石。

再往西四百里，有一座厎阳山。山中树木以水松树、楠树、樟树居多，野兽以犀牛、兕、虎、豹、牂牛居多。

再往西二百五十里，有一座众兽山。山上遍布着㻬琈玉，山下长满檀树和构树，大量出产黄金，山中野兽多为犀牛和兕。

再往西五百里，有一座皇人山。山上蕴藏着大量的金属矿物和玉石，山下生产石青和雄黄。皇水就从这座山发源，然后向西流入赤水，水中有许多粟米粒大小的丹砂。

再往西三百里，有一座中皇山。山上生产黄金，山下生长着大量蕙草和棠梨树。

再往西三百五十里，有一座西皇山。山的南面出产大量黄金，山的北面盛产铁，山中野兽多为麋、鹿、牂牛。

再往西三百五十里，有一座莱山。山中树木以檀树和构树居多，而鸟大多是罗罗鸟，能吃人。

西方第二列山系，自钤山起到莱山止，总计有十七座山，逶迤四千一百四十里。其中十座山的山神都是人面而马身。另外七座山的山神都是人面而牛身，有四只脚和一条手臂，需要拄着拐杖行走，这七位神就是所谓的"飞兽之神"。祭祀礼仪如下：将猪和羊作为祭品，放在白茅草席上。另外十座山的祭祀礼仪如下：用一只杂色公鸡祭祀，祭祀时不用精米。

解析

西山第二列山系记载了从钤山到莱山十七座山的地理位置、山川风貌及物产等，大致分布在今山西省、陕西省、宁夏回族自治区、甘肃省及青海省一带，其中有些山的具体位置已经无法考证。这列山系内，有神话传说中的凤凰，有传说中人们熟悉的神祇，也记载了各种奇珍异兽和丰富的物产。

四海八荒考

太行山的崇山峻岭之中，有一奇绝山峰，名叫凤凰山。此峰孤立于群山之间，形似屏风，色如蕴黛，古称中皇山。中皇山位于现今河北省邯郸市西南部，清漳河的左岸。我国建筑规模最大、肇建时间最早的奉祀女娲的古建筑群娲皇宫就坐落在中皇山，被誉为华夏的祖庙。中皇山的来历，按照当地的传说，是因为当初女娲就居住在这里。山上有一凿于崖壁上的石碑，碑上字迹为"古中皇山"。

传说上古时代三皇之一的女娲氏就发源于这里。关于女娲氏的故事，在《山海经》《冲虚真经》《春秋世谱》《世本姓氏篇》《史记·补三皇本纪》《太平御览》《淮南鸿烈》《舆地纪胜》等多种典籍中都有记述。

典籍中记载，女娲是人类的始祖。关于女娲，有传说认为她是远古时代一位德治天下的女皇，也有传说她是炼石补天，杀水怪、治洪水的英雄。

我国古代人敬仰女娲，很早就在中皇山修建了庙宇，供奉香火。五代蜀杜光庭《录异记》中载："房州上庸界，有伏羲女娲庙，云是抟土为人民之所，古迹在焉。"后来，女娲庙经历多年风雨，多有破损。清乾隆元年，平利知县古沣主持重修，女娲庙一时香火鼎沸，盛况空前。清代王惠民在《登女娲山》中诗云："径曲盘青蹬，峰高耸碧天。云深樵指路，涧落鸟窥泉。古寺筠捎雪，疏林树杪烟。因思炼补事，延伫万山巅。"可见中皇山当时胜景空前。

经历了战乱和风雨的侵蚀，遗憾的是，现今能看到的只是女娲庙的遗迹。女娲的故事只是传说而已，但在这块土地上，肯定有远古人类留下的足迹，很可能有一个像女娲氏这样拥有极高声望的部落首领，率领其族众生息繁衍在中皇山。目前，从文物考察方面而言，已在女娲山发现了许多石器时代的石制刀斧，周边的水田河、汝河等地域发现有古人类聚居的遗址，也证实了上述观点。

西次三经

原文

西次三山之首，曰崇吾之山，在河之南，北望冢遂，南望䍃之泽（湖泊名），西望帝之搏兽之山，东望螞渊（渊薮名。螞，yān）。有木焉，员（通"圆"）叶而白柎（fū，花萼，亦指草木子房），赤华而黑理，其实如枳，食之宜子孙。有兽焉，其状如禺而文臂，豹尾而善投，名曰举父。有鸟焉，其状如凫，而一翼一目，相得乃飞，名曰蛮蛮，见则天下大水。

西北三百里，曰长沙之山。泚水（古代水名。泚，zǐ，形容水声）出焉，北流注于泑水（古水名。泑，yōu），无草木，多

举父

青、雄黄。

又西北三百七十里，曰不周之山。北望诸毗之山，临彼崇岳之山，东望泑泽，河水所潜也，其原浑浑泡泡（形容大水涌出来的样子。浑，gǔn；泡，páo）。爰（yuán，这里）有嘉果，其实如桃，其叶如枣，黄华而赤柎，食之不劳。

又西北四百二十里，曰峚山（山名。峚，mì），其上多丹木，员叶而赤茎，黄华而赤实，其味如饴（yí，饴糖），食之不饥。丹水出焉，西流注于稷泽，其中多白玉。是有玉膏，其原沸沸汤汤（液体快速涌出，四处流散的样子。沸，fèi；汤，shāng），黄帝是食是飨（xiǎng，通"享"，享用）。是生玄玉。玉膏所出，以灌丹木，丹木五岁，五色乃清，五味乃馨。黄帝乃取峚山之玉荣，而投之钟山之阳。瑾瑜之玉为良，坚粟精密，浊泽有而光。五色发作，以和柔刚。天地鬼神，是食是飨；君子服之，以御为祥。自峚山至于钟山，四百六十里，其间尽泽也。是多奇鸟、怪兽、奇鱼，皆异物焉。

译文

西方第三列山系的首座山叫崇吾山。这座山雄居于黄河南岸，向北望去，可以看见冢遂山，向南可以望见峉泽，向西可以看到天帝的搏兽山，向东可以看见蜵渊。山中生长着一种树，长着圆圆的叶子，花萼是白色的，红色花朵上有黑色纹理，果实与枳的果实很相似，吃了能使人多子多孙。山中有一种野兽，形状类似猿猴，手臂上长有斑纹，尾巴像豹子尾巴，擅长投掷，名字叫举父。山中还有一种鸟，形状很像野鸭子，却只有一只翅膀和一只眼睛，需要两只鸟合起来才能飞翔，它的名字叫蛮蛮。如果它出现，天下就会有水灾发生。

往西北三百里，有一座长沙山。泚水就从这座山发源，向北注入泑水。山上没有任何草木，却有着丰富的石青和雄黄。

再往北三百七十里，有一座不周山。在山上向北望，可以看见诸毗山，不周山居于岳崇山之上，向东可以看到泑泽，那里是黄河的源头所在，源头之水喷涌而出，发出浑浑泡泡的响声。这里生长着一种非常珍贵的果树，此树结出的果实与桃子相似，叶子与枣树的叶子很像，开着黄色的花朵，花萼为红色。人吃了，可以解除烦恼忧愁。

再往西北四百二十里，有一座峚山，山上长满了丹木。丹木有红色的茎干，圆圆的叶子，开黄色的花朵，结红色的果实，味道是甜的。人吃了，不会感到饥饿。丹水发源于此，之后向西注入稷泽，水中盛产白色玉石。这里有玉膏涌出，玉膏之源涌出时，原野上一片沸腾的景象，黄帝就经常服食享用这种玉膏。玉膏还生成黑色的玉石。用涌出的玉膏去浇灌丹木，丹木再经过五年的生长后，便会开出五色的花朵，结出味道香甜的五色果实。黄帝挑拣出峚山中玉石的精华，投种在钟山的南面，后来便生出瑾和瑜这类美玉。这两种玉石坚硬致密，温润而富有光泽。玉上散发出五种颜色的光彩，交相辉映，显得刚柔和谐。天神地鬼都喜欢服食享用它。君子佩戴它，能抵御妖邪之气的侵害。从峚山到钟山，长四百六十里，其间全是沼泽，沼泽中生长着许许多多珍奇的禽鸟、怪异的野兽和神奇的鱼类，这些都是世间罕见的异物。

四海八荒考

不周山是我国神话传说中的名山。王逸注《离骚》、高周注《淮南子·道原训》中均考证不周山应该在昆仑山的西北。神话传说中，不周山是人唯一能够抵达天界的路径。不周山终年寒冷，长年飘雪，普通人根本无法徒步攀登。但不周山具体在哪里，已经没有办法考证，也流传着各种说法，最常见的说法是帕米尔高原。

不，代表着否定；周，代表着周全、完整。不周山的意思就是指不完整的山，也就是说，这座山从有名字开始，就已经不完整。神话传说中，共工怒触不周山，当怒触的时候，这座山就已经不周了。而不周山具体因何得名，是否与"周山"对立存在，已经没有办法考证了。又或者说，不周山本身就象征着不完整和灾难，至于这个神秘的不周山在什么地方，没人知道。也正因为如此，很多山都成了不周山，也表达出人对土地的敬畏。

共工怒触不周山的传说在我国广为流传。当时，古代人民对许多自然现象无法解释，因此将各种疑惑归之于神的存在，无法理解的各种自然现象就被形象化、人格化，创造出了许多神话传说，也就塑造出了盘古、女娲、黄帝等传奇人物。虽然这些神话故事都是后人的臆想和经过艺术加工的，但是也直接反映出了原始社会部落首领的神化，原来服务于部落的首领开始拥有了高居于社会之上的权力，原始社会的阶级分化已经开始有了雏形。

关于不周山的位置，也有不同的说法。《山海经》中有关于不周山的最早记载；战国时期屈原在他的《离骚》中有"路不周以左转兮，指西海以为期"的诗句；《淮南子·天文训》则对不周山之"不周"，作了更为神奇的描述："昔共工与颛顼争为帝，怒而触不周之山，天柱折，地维绝。天倾西北，故日月星辰移焉；地不满东南，故水潦尘埃归焉。"按照这种说法，不周山应该是昆仑山西北部的帕米尔。

还有一种说法认为，不周山在祁连山尾。传说中，不周山有一天忽遭大风雨。面对这场天灾，骊连氏认为是共工的责任。女娲听信了骊连氏所言，决定由骊连氏任上相。共工不服，不交出祭天权，聚族众守山，坚守天柱。

骊连氏率众攻山，两族在不周山争战，决战中撞毁了天柱。女娲大怒，将共工驱逐出祁连山。共工含愤而去，族众不离，骊连也难以进驻。骊连建议迁榜罗，伏羲同意迁榜罗，重立天表。因此，就有了共工怒触不周山的传说。按照这个说法，不周山位于祁连山尾，不周山三面环山，东面有一谷口，因此得名不周山。

原文

又西北四百二十里，曰钟山。其子曰鼓，其状人面而龙身，是与钦䲴（古神话中的神名。䲴，pí）杀葆江于昆仑之阳，帝乃戮之钟山之东曰崾崖（地名。崾，yáo）。钦䲴化为大鹗（è，通称"鱼鹰"，常在水面上飞翔，捕食鱼类），其状如雕，而黑文白首，赤喙而虎爪，其音如晨鹄（鹗鹰一类的鸟。鹄，hú），见则有大兵；鼓亦化为鵕鸟（传说中的鸟名。鵕，jùn），其状如鸱，赤足而直喙，黄文而白首，其音如鹄，见则其邑（人们聚居的地方，大称都，小称邑）大旱。

又西百八十里，曰泰器之山。观水出焉，西流注于流沙。是多文鳐鱼（鱼名），状如鲤鱼，鱼身而鸟翼，苍文而白首赤喙，常行西海，游于东海，以夜飞。其音如鸾鸡（传说中的一种鸟类），其味酸甘，食之已狂，见则天下大穰。

又西三百二十里，曰槐江之山。丘时之水出焉，而北流注于泑水。其中多蠃母（螺蛳一类。蠃，luó，通"螺"），其上金青、雄黄，多藏琅玕（láng gān，像珠玉的美石）、黄金、玉，其阳多丹粟，其阴多采黄金银。实惟帝之平圃，神英招（上古传说中神的名字。招，sháo）司之，其状马身而人面，虎文而鸟翼，徇于四海，其音如榴。南望昆仑，其光熊熊，其气魂魂。西望大泽，后稷（传说古代西周的始祖）所潜也。其中多玉，其阴多榣木之有若。北望诸毗，槐鬼离仑居之，鹰鹯之所宅也。东望恒山四成，有穷鬼居之，各在一抟（tuán，臂膀）。爰（yuán，这里）有瑶水，其清洛洛（流水的声音）。有天神焉，其状如牛，而八足二首马尾，其音如勃皇，见则其邑有兵。

英招

译文

再往西北四百二十里，有一座钟山。钟山山神的儿子叫作鼓。鼓的样貌是人面而龙身。他曾和钦䲹神共同谋划，联手在昆仑山的南面杀死了天神葆江。天帝知道此事后，将鼓和钦䲹诛杀在钟山东面一个叫崄崖的地方。钦䲹化作一只大鹗，形状像雕鹰，长着黑色斑纹、白色脑袋、红色嘴巴，还长着老虎一样的爪子，发出的声音如同晨鹄的鸣叫。它一旦出现，就会发生大的战争。鼓化为鵕鸟，形状类似普通的鹞鹰，却长着红色的脚和直直的喙，身上有黄色斑纹，头是白色的，发出的声音与鸿鹄的叫声很相似。它出现在哪个地方，哪个地方就会有旱灾。

再往西一百八十里，有一座泰器山。观水就发源于此，然后向西流入流沙。观水中有许多文鳐鱼，形状像鲤鱼，却长着鱼的身子和鸟一样的翅膀，身上有青色的斑纹，长着白色的脑袋和红色的嘴巴，常常从西海畅游到东海，夜间飞行。它能发出如同鸾鸡的鸣叫声。它的肉味酸中带甜，人吃了后能治疗癫狂病。只要它一出现，天下就会五谷丰登。

再往西三百二十里，有一座槐江山。丘时水就从这座山发源，然后向北注入泑水。水中有很多螺蛳，山上盛产石青和雄黄，琅玕、黄金和玉石的蕴藏量也非常丰富。山南面到处都是粟米粒大小的丹砂，山北面盛产带有纹彩的黄金和白银。槐江山是天帝在人间的园圃，由天神英招主管着。天神英招的模样是马的身子，人的面孔，身上长有老虎一样的斑纹和禽鸟的翅膀。他巡行四海，传布天帝的指令，发出的声音就像抽水声。从这座山向南望去，可以看见昆仑山，那里火光熊熊，气象万千。从这座山向西望去，可以看见大泽，那里是后稷的潜藏之地。大泽中有很多玉石，南面生长着茂盛的榣木，榣木上又生长着奇异的若木。从槐江山向北望，可以看见诸毗山，是叫作槐鬼离仑的神居住的地方，鹰鹯等飞禽也在那里栖息。从槐江山向东望去，可以看见四重高的恒山，有穷鬼居住在那里，各自分类住在山的一边。槐江山有瑶水，清澈明净，汩汩流淌。有个天神住在槐江山中，形状像牛，长着八只脚、两个脑袋和一条马的尾巴，叫声如同人在吹奏乐器时，薄膜发出的声音。它出现在哪里，哪里就会发生战争。

原文

西南四百里，曰昆仑之丘，实惟帝之下都，神陆吾司之。其神状虎身而九尾，人面而虎爪，是神也，司天之九部及帝之囿（yòu，古代帝王养禽兽的园林）时。有兽焉，其状如羊而四角，名曰土蝼，是食人。有鸟焉，其状如蜂，大如鸳鸯，名曰钦原，蠚（hē，毒虫刺咬，蜇痛）鸟兽则死，蠚木则枯。有鸟焉，其名曰鹑鸟，是司帝之百服。有木焉，其状如棠，黄华赤实，其味如李而无核，名曰沙棠，可以御水，食之使人不溺。有草焉，名曰薲草（一种赖草，牲畜的良好饲料。薲，pín），其状如葵，其味如葱，食之已劳。河水出焉，而南流东注于无达。赤水出焉，而东南流注于氾天之水（水名。氾，fán）。洋水出焉，而西南流注于丑涂之水。墨水出焉，而西流于大杅（yú，山名）。是多怪鸟兽。

又西三百七十里，曰乐游之山，桃水出焉，西流注于稷泽，是多白玉。其中多䱻鱼（鱼类的名字。䱻，huá），其状如蛇而四足，是食鱼。

西水行四百里，流沙二百里，至于蠃母之山，神长乘司之，是天之九德也。其神状如人而犳（zhuó，传说中的兽名）尾。其上多玉，其下多青石而无水。

又西北三百五十里，曰玉山，是西王母所居也。西王母其状如人，豹尾虎齿而善啸，蓬发戴胜（玉制的首饰），是司天之厉及五残。有兽焉，其状如犬而豹文，其角如牛，其名曰狡，其音如吠犬，见则其国大穰。有鸟焉，其状如翟而赤，名曰胜遇（古代传说中的鸟名。胜，qìng），是食鱼，其音如录（或作"鹿"），见则其国大水。

陆吾

译文

向西南四百里，有一座昆仑山。这里实际上是天帝在下界的都城，由天神陆吾掌管。这位天神长着老虎的身子，有九条尾巴、一副人的面孔，手掌像老虎的爪子。陆吾掌管着天上的九个部界以及天帝苑圃的时节。山中有一种野兽，形貌像普通的羊，长着四只角，名叫土蝼，会吃人。山中还有一种禽鸟，样子很像蜜蜂，大小与鸳鸯相近，名字叫钦原。其他鸟兽被这种钦原鸟刺蜇后会死去，树木被它刺蜇也会枯死。山中还有一种禽鸟，名叫鹑鸟。它负责掌管天帝日常生活中的各种器物和服饰。山中有一种树木，形似棠梨树，开着黄色的花朵，能结出红色的果实，果实味道像李子，却没有核，名叫沙棠，能够用来防水。人吃了它，能够在水中漂浮不沉，不会被淹死。山中还有一种草，名字叫薲草，形似葵菜，味道像葱。人吃了它，能够解除各种忧愁和烦恼。这座山还是黄河水的发源地，向南流而东转注入无达。赤水也从这里发源，然后向东南注入氾天水。洋水也发源于这座山，然后向西南注入丑涂水。黑水也发源于此，之后向西流到大杅山附近的水中。这座山里，到处都是奇异的鸟兽。

再往西三百七十里，有一座乐游山。桃水从这座山发源，向西注入稷泽。这里到处都是白色玉石，水中生有很多鱼，形貌像普通的蛇，却长着四只脚，以鱼类为食。

再往西行，走过四百里水路，再行二百里流沙，就到了蠃母山。这里由天神长乘掌管，他是天的九德之气孕育的。这个天神的样貌像人，长着豹的尾巴。山上遍布着玉石，山下到处都是青石，没有水。

再往西三百五十里，有一座玉山，是西王母居住的地方。西王母的形貌与人很相似，却长着豹子一样的尾巴和老虎一样的牙齿，喜欢发出吼叫声。她蓬松的头发上戴着玉胜，掌管上天的灾厉和五刑残杀之气。山中有一种野兽，形貌像狗，长着豹子一样的斑纹，头上长着牛一样的角，名字叫作狡，叫声如同狗叫。它出现在哪个国家，哪个国家就会五谷丰登。

山中还有一种禽鸟，样子与野鸡相似，浑身上下皆是红色，名字叫胜遇，食鱼，叫声与鹿的叫声相似。它出现在哪个国家，哪个国家就会发生水灾。

四海八荒考

昆仑山又被称为"昆仑虚""中国第一神山""万祖之山""昆仑丘"，是我国西部山系的主干。昆仑山西起帕米尔高原东部，横贯新疆维吾尔自治区、西藏自治区，延伸至青海境内，全长约2500千米，平均海拔5500～6000米，宽130千米～200千米，总面积达50多万平方千米。

昆仑山在我国历史上，具有"万山之祖"的显赫地位，古人称昆仑山为中华"龙脉之祖"。西王母在神话传说中是道教的正神，就居住在昆仑山中，与东王公分掌男女修仙登引之事。

昆仑山北坡临近塔里木荒漠和柴达木荒漠，年降水量随着海拔的增高而有所增加。源于昆仑山脉北坡的诸河流源远流长，汇流于塔里木盆地与柴达木盆地内流水系。

昆仑山在我国历史文化中的重要地位不可替代。李白有诗赞美昆仑山"若非群玉山头见，会向瑶台月下逢"，毛泽东更有"横空出世，莽昆仑"的华章。女娲炼石补天、精卫填海、西王母蟠桃盛会、白娘子盗仙草及嫦娥奔月等神话传说故事，都与昆仑山有关。因此，昆仑山被古人认为是中华文明的龙脉之源。

原文

又西四百八十里,曰轩辕之丘,无草木。洵水出焉,南流注于黑水,其中多丹粟,多青、雄黄。

又西三百里,曰积石之山,其下有石门,河水冒以西南流。是山也,万物无不有焉。

又西二百里,曰长留之山,其神白帝少昊居之。其兽皆文尾,其鸟皆文首。是多文玉石。实惟员神磈氏(传说中的神名。磈,wěi)之宫。是神也,主司反景(指将中午之前指向西方的影子反拨向东方。景,yǐng,通"影")。

又西二百八十里,曰章莪之山,无草木,多瑶碧。所为甚怪。有兽焉,其状如赤豹,五尾一角,其音如击石,其名如狰。有鸟焉,其状如鹤,一足,赤文青质而白喙,名曰毕方,其鸣自叫也,见则其邑有讹火(怪火)。

又西三百里,曰阴山。浊浴之水出焉,而南流注于蕃泽,其中多文贝。有兽焉,其状如狸而白首,名曰天狗,其音如猫猫,可以御凶。

又西二百里,曰符惕(山名)之山,其上多棕、枏,下多金玉,神江疑居之。是山也,多怪雨,风云之所出也。

又西二百二十里,曰三危之山,三青鸟居之。是山也,广员百里。其上有兽焉,其状如牛,白身四角,其豪如披蓑(suō,用草或棕毛做成的雨披），其名曰獓狙（ào yē，野兽的名字），是食人。有鸟焉，一首而三身，其状如鸴（luò，鸟的名字），其名曰鸱。

译文

再向西四百八十里，有一座轩辕丘。这座山没有生长任何花草树木。洵水从轩辕丘发源，继而向南注入黑水。水中有很多粟米粒大小的丹砂，还有大量的石青及雄黄。

再往西三百里，有一座积石山，山下有一道石门，黄河水漫过石门向西南流去。在积石山中，世间万物俱全。

再向西二百里，有一座长留山。这座山中居住着天神白帝少昊。山中野兽都生有花尾巴，禽鸟都是花脑袋。山上盛产彩色花纹的玉石。长留山实际上也是神磈氏的行宫。这个神主要掌管着太阳西落时，将影子折向东方的事务。

再往西二百八十里，有一座章莪山。山上不生长花草树木，遍布着瑶、碧一类的美玉。山中经常出现十分奇异的东西。山中有一种野兽，形貌像红色的豹子，长有五条尾巴和一只角，能够发出如同敲击石头的叫声，名字叫狰。山中还有一种禽鸟，形貌如同鹤，只有一只脚，身上有红色的斑纹、青色的羽毛，嘴巴是白色的，名字叫毕方，叫声和它的名字一样。它出现在哪里，哪里就会出现莫名其妙的火灾。

再往西三百里，有一座阴山。浊浴水就从这座山发源，继而向南注入蕃泽。水中有很多五彩斑斓的贝壳。山中有一种形状像野猫的野兽，长着白脑袋，名叫天狗，它能发出"猫猫"的叫声。人饲养它，能够辟凶邪之气。

再往西二百里，有一座符惕山。山上生长着茂密的棕树和楠树，山下盛产金属矿物和玉石。一位叫作江疑的神就居住于此。符惕山上经常落下怪异之雨，风和云也常常在这里兴起。

再往西二百二十里，有一座三危山，有三青鸟栖息在这里。三危山方圆百里。山上有一种野兽，形貌与牛类似，却长着白色的身子和四只角，身上长着又长又密的毛，看上去就像披着蓑衣。这种野兽的名字叫徼洇，会吃人。山中还有一种鸟，生有一个脑袋、三个身子，形状与鸦鸟类似，名字叫鸱。

原文

又西一百九十里，曰騩（guī）山，其上多玉而无石。神耆童（qí tóng，即老童，古代神话中的神名）居之，其音常如钟磬。其下多积蛇。

又西三百五十里，曰天山，多金玉，有青、雄黄。英水出焉，而西南流注于汤谷。有神焉，其状如黄囊（náng，口袋），赤如丹火，六足四翼，浑敦（通"混沌"，模糊，分不清）无面目，是识歌舞，实惟帝江（dì hóng，传说中的神名，帝江即帝鸿，古音"江"与"鸿"通）也。

又西二百九十里，曰泑山，神蓐收（rù shōu，古代传说中的西方神名，司秋）居之。其上多婴脰之玉，其阳多瑾瑜之玉，其阴多青、雄黄。是山也，西望日之所入，其气员，神红光之所司也。

西水行百里，至于翼望之山，无草木，多金玉。有兽焉，其状如狸，一目而三尾，名曰讙（huān，传说中的兽名），其音如夺（超出、压倒）百声，是可以御凶，服之已瘅（dàn，通"疸"，也就是黄疸病）。有鸟焉，其状如乌，三首六尾而善笑，名曰鵸鵌，服之使人不厌（yǎn，通"魇"，噩梦），又可以御凶。

凡西次三山之首，自崇吾之山至于翼望之山，凡二十三山，六千七百四十四里。其神状皆羊身人面。其祠之礼：用一吉玉瘞，糈用稷（jì，古代一种粮食作物，指粟或黍）米。

帝江

译文

　　再向西一百九十里，有一座騩山，山上到处都是美玉，没有石头。天神耆童就居住在这里。他发出的声音就像敲钟击磬时发出的响声。山下遍地都是一堆一堆的蛇。

　　再往西三百五十里，名叫天山。山上盛产金属矿物和玉石，也出产石青和雄黄。英水就发源于这座山，进而向西南流入汤谷。山中住着一个神，形貌就像一个黄色的口袋，身上能发出火红的光芒，长着六只脚和四只翅膀，面目模糊不清。他懂得唱歌跳舞，此神名叫帝江。

　　再向西二百九十里，有一座泑山，天神蓐收就居住在这里。山上储藏着大量可用作颈饰的玉石，山的南面遍布着瑾、瑜一类美玉，山的北面盛产石青、雄黄。站在这座山上，向西望去，可以看到太阳落山的情景，气象雄浑，此山由天神红光掌管。

向西行一百里水路，有一座翼望山。山上不生长花草树木，遍布着大量金属矿物和玉石。山中有一种野兽，形貌类似野猫，却只长着一只眼睛和三条尾巴，名字叫谨，发出的声音赛过一百种动物一起的鸣叫声。人饲养它，能够躲避凶邪之气。吃了它的肉，可以治愈黄疸病。山中还有一种禽鸟，模样与乌鸦很相似，它长着三个脑袋、六条尾巴，喜欢嬉笑，名字叫鸰鹆。人吃了它的肉，不会做噩梦，还能躲避凶邪之气。

西方第三列山系，从崇吾山起到翼望山止，一共有二十三座山，行经六千七百四十四里。诸山山神的样貌都是羊身人面。祭祀礼仪如下：将一块吉玉埋入地下，祭祀的精米用稷米。

解析

西方第三列山系主要记载了从崇吾山到翼望山的地理分布及山川地貌，记载中总计有二十三座山。这列山系位于现在的新疆维吾尔自治区、甘肃省、青海省、内蒙古自治区一代。在这列山经中记载了比翼鸟、九尾兽等奇珍异兽，也描述了一些历史人物和神话传说，如西王母等，展现了古人丰富的想象力，为研究上古文化提供了素材。

西次四经

原文

西次四经之首，曰阴山，上多榖，无石，其草多茆（mǎo，莼菜，一种多年生水生草本植物）、蕃（fán，草名）。阴水出焉，西流注于洛。

北五十里，曰劳山，多茈草（zǐ cǎo，即紫草，含紫草素，可做染料，也可药用）。弱水出焉，而西流注于洛。

西五十里，曰罢谷之山，洱水出焉，而西流注于洛，其中多茈、碧。

北百七十里，曰申山，其上多榖柞，其下多杻、檀，其阳多金玉。区水出焉，而东流注于河。

北二百里，曰鸟山，其上多桑，其焉多楮，其阴多铁，其阳多玉。辱水出焉，而东流注于河。

又北百二十里，曰上申之山，上无草木，而多硌（luò，山上的大石）石，下多榛楛（hù，指荆一类的植物，茎可制箭杆），兽多白鹿。其鸟多当扈，其状如雉，以其髯（rán，两腮的胡子，亦泛指胡子）飞，食之不眴目（使眼色，眨眼。眴，shùn）。汤水出焉，东流注于河。

又北百八十里，曰诸次之山，诸次之水出焉，而东流注于河。是山也，多木无草，鸟兽莫居，是多众蛇。

又北百八十里，曰号山，其木多漆、棕，其草多药、虈（xiāo，一种香草，即"白芷"）、芎䓖（xiōng qióng，多年生草本，根茎皆可入药）。多泠石（一种柔软的石头。泠，gàn）。端水出焉，而东流注于河。

又北二百二十里，曰盂山，其阴多铁，其阳多铜，其兽多白狼、白虎，其鸟多白雉、白翠。生水出焉，而东流注于河。

西二百五十里，曰白於之山，上多松、柏，下多栎、檀，其兽多㸲牛、羬羊，其鸟多鸮。洛水出于其阳，而东流注于渭；夹水出于其阴，东流注于生水。

译文

西方第四列山系的首座山叫阴山，山上生长着茂密的构树，没有石头，草以莼菜、蕃草居多。阴水就发源于此，进而向西注入洛水。

再向北五十里有一座劳山，山上生长着茂盛的紫草。弱水发源于这座山，然后向西流入洛水。

再向西五十里，有一座罢谷山，洱水发源于此，之后向西流注入洛水，水中盛产紫色美石、青色玉石。

再往北一百七十里，有一座申山。山上生长着茂密的构树与柞树，山下生长着茂密的杻树与橿树，山南面蕴藏着丰富的金属矿物和玉石。区水发源于申山，向东注入黄河。

再往北二百里，有一座鸟山。山上遍布着桑树，山下生长着茂密的构树。山的北面盛产铁矿石，山的南面盛产玉石。辱水就从这座山发源，进而东流注入黄河。

再往北一百二十里，有一座上申山。山上不生长草木，到处都是大石头，生长着茂密的榛树和楛树，山中野兽多是白鹿。山中禽鸟以鼂鸟居多，样貌类似野鸡，却用髯毛做翅膀来飞行。人吃了它的肉，能治愈眨眼睛的疾病。汤水就发源于此，进而东流注入黄河。

再往北一百八十里，有一座诸次山。这座山是诸次水的发源地，然后东流注入黄河。山上遍布着茂盛的树木，但是却不生长花草，也没有鸟兽栖息，只有大量的蛇聚集在这座山中。

再往北一百八十里，有一座山名叫号山。山中生长着大量漆树和棕树，草以白芷草、蘼草、芎䓖草居多。另外，山中还盛产泠石。这座山也是端水的发源地，端水向东流，最终注入黄河。

再往北二百二十里，有一座盂山。山的北面蕴藏着大量铁矿，山的南面出产丰富的铜矿，山中野兽多是白色的狼和白色的虎，禽鸟也大多数都是白色的野鸡和白色的翠鸟。生水从这座山发源，向东流入黄河。

在向西二百五十里，有一座白於山。山中生长着茂密的松树与柏树，山下被茂密的栎树和檀树覆盖，山中多是牸牛和羬羊类野兽，禽鸟大多数都是猫头鹰类。洛水从这座山发源后，向东流入渭水，夹水从这座山的北面发源，向东流注入生水。

四海八荒考

"劳山"是"崂山"的古称，又称作"牢山""辅唐山""鳌山"，位于黄海之滨，拔海而立，山海相连，有"海上名山第一"的美誉，自古被称为"神仙窟宅""灵异之府"。

崂山的一面是平川，另一面是大海，巨石巍峨，群峰峭拔。因此，《齐记》中有"泰山虽云高，不如东海崂"的记载。崂山在1982年被确定为全国名胜景区。我国的名山之中，只有崂山是在海边拔地而起的。围绕着崂山的海岸线长达87千米，沿海大小岛屿18个，构成了崂山的海上奇观。

传说当年秦始皇和汉武帝都曾到这座山来寻仙，唐明皇也曾派人进山炼药，历史上的许多文人墨客都在这座山留下了脚印。这座山还有"道教全真天下第二丛林"的美誉，盛时有九宫、八观、七十二庵，被人们所熟知的"崂山道士"便是出自此。

崂山上奇石怪洞，清泉流瀑，峰回路转。唐代诗人李白有"我昔东海上，劳山餐紫霞"的诗句赞美崂山的景色。目前，崂山的主要景点有太清宫、巨峰、华楼宫、龙潭瀑与八水河、九水、上清宫、明霞洞、八仙墩、太平宫、白云洞、华严寺、百福庵、蔚竹庵、塘子观、法海寺等。

原文

西北三百里，曰申首之山，无草木，冬夏有雪。申水出于其上，潜于其下，是多白玉。

又西五十五里，曰泾谷之山，泾水出焉，东南流注于渭，是多白金白玉。

又西百二十里，曰刚山，多柒木（即漆木），多㻬琈之玉。刚水出焉，北流注于渭。是多神𩲒（传说中的厉鬼。𩲒，chì），其状人面兽身，一足一手，其音如钦（通"吟"，打哈欠）。

又西二百里，至刚山之尾，洛水出焉，而北流注于河。其中多蛮蛮（水獭之类的动物），其状鼠身而鳖首，其音如吠犬。

又西三百五十里，曰英鞮之山，上多漆木，下多金玉，鸟兽尽白。涴水（yuān，古河名）出焉，而北流注于陵羊之泽。是多冉遗之鱼，鱼身蛇首六足，其目如马耳，食之使人不眯，可以御凶。

又西三百里，曰中曲之山，其阳多玉，其阴多雄黄、白玉及金。有兽焉，其状如马，而白身黑尾，一角，虎牙爪，音如鼓，其名曰䮨（bó，传说中的怪兽），是食虎豹，可以御兵。有木焉，其状如棠，而员叶赤实，实大如木瓜，名曰櫰木（古代一种树名。櫰，guī），食之多力。

冉遗鱼

译文

再往西北三百里,有一座申首山,不生草木,山上常年积雪。申水从这里发源,潜流到山下,申水水域蕴藏着大量的白色玉石。

再往西五十五里,有一座泾谷山,山中盛产白银和白玉。泾水从这座山发源,向东南注入渭水。

再向西一百二十里,有一座刚山。到处都覆盖着茂密的漆树,山上盛产㻬琈玉。刚水就发源于此,之后向北流入渭水。这座山中有许多神䰠,其形貌是人的面孔、野兽的身子,只长着一只脚和一只手,发出像人打哈欠的声音。

再往西二百里是刚山的尾端,也是洛水的发源地,洛水向北流入黄河。这座山中生有许多蛮蛮。它们的样子很像老鼠,却长着甲鱼一样的脑袋,所发出的声音就像狗叫那样。

再往西三百五十里,有一座英鞮山。山中不仅生长着繁茂的漆树,山下还盛产金属矿物及玉石。这座山中的禽鸟、野兽都是白色的。涴水从这座山发源,然后向北流入陵羊泽。涴水水域生长着许多冉遗鱼。此鱼长着鱼的身子、蛇的头和六只脚,眼睛很长,像马耳朵。人吃了这种鱼的肉,睡觉不会做噩梦,也能驱避凶邪。

再往西三百里,有一座中曲山。山的南面盛产玉石,山的北面盛产雄黄、白玉及金属矿物。山中有一种形状像马却长着白身子和黑尾巴的野兽,头上生有一只角,有老虎一样的牙齿和爪子,能发出击鼓一样的声音,这种野兽的名字叫驳。它常常捕食老虎和豹子。人饲养它在身边,能够躲避兵器的伤害。另外,山中还生长着一种树,形状像棠梨,叶子是圆的,结红色的果实,果实有木瓜大小,这种树的名字叫櫰木。人吃了,能够增长力气。

四海八荒考

洛水是黄河下游南岸的一条大支流，位于我国河南省西部，古称雒水，也是黄河右岸的一条重要支流。河南境内的伊河又称作伊洛河，也就是上古时期河洛地区的洛水。洛水开发历史悠久，尤其是在河南省境内。根据《水经注·谷水注》记载，西周时洛阳附近就已经修建有汤渠。唐代曾引伊、洛水灌溉地势较高的农田，洛水也是形成我国古代经济文化中心的重要地理条件。

洛水在我国文明发展历史中占据了很重要的地位，与黄河交汇的中心地区也被称为"河洛地区"，被誉为华夏文明的发祥地，河洛文化被称为中华民族的根文化。孕育、发展、繁荣、传承于河洛地区的文化也被称为河洛文化，也是"中国"名称的来源之一。

传说中，伏羲就长期在河洛一带活动，受到"河图"的启发，画了八卦。伏羲的女儿在洛水中溺水而亡，化为洛神。黄帝也在这一带活动。传说新安县的青要山就是黄帝的密都所在，帝喾也曾生活在洛阳偃师境内。

河图洛书的传说就发生在河洛地区。相传当时有一匹龙马从黄河中浮出，背负"河图"；又有一只神龟从洛河浮出，背负"洛书"。伏羲便依此"图"和"书"，画成八卦，也就是《周易》一书的来源。

古代国家制度和都城制度都在河洛地区萌芽和最终完成。古代奴隶制度的确立和封建制度取代奴隶制度这两次大的社会制度变革，都与河洛地区有着紧密的联系。河洛地区还是五大学说流派建立和发源之地。

司马迁在洛阳受命写《史记》，班氏兄妹在洛阳著《汉书》，陈寿在洛阳撰《三国志》，司马光在洛阳完成《资治通鉴》……汉代辞赋、建安文学、汉魏文章、唐诗宋词，都成就了河洛文化的辉煌。

原文

又西二百六十里，曰邽山（山名。邽，guī）。其上有兽焉，其状如牛，猬毛，名曰穷奇，音如嗥狗，是食人。濛水出焉，南流注于洋水，其中多黄贝，蠃鱼，鱼身而鸟翼，音如鸳鸯，见则其邑大水。

又西二百二十里，曰鸟鼠同穴之山，其上多白虎、白玉。渭水出焉，而东流注于河。其中多鳋（sāo，鱼名）鱼，其状如鳣鱼（zhān yú，一种身上有甲胄的大鱼），动则其邑有大兵。滥水（古水名。滥，jiàn）出于其西，西流注于汉水，多䱱魮（rú pí，一种能产珍珠的母贝）之鱼，其状如覆铫（yáo，一种小型烹饪器皿，有柄，有流嘴），鸟首而鱼翼鱼尾，音如磬石之声，是生珠玉。

西南三百六十里，曰崦嵫（yān zī，山名，古代指日落的地方，今甘肃省天水市西境）之山，其上多丹木，其叶如榖，其实大如瓜，赤符而黑理，食之已瘅，可以御火。其阳多龟，其阴多玉。苕水出焉，而西流注于海，其中多砥砺（磨刀石）。有兽焉，其状马身而鸟翼，人面蛇尾，是好举人，名曰孰湖。有鸟焉，其状如鸮而人面，蜼（wèi，一种长尾猿）身犬尾，其名自号也，见则其邑大旱。

凡西次四山，自阴山以下，至于崦嵫之山，凡十九山，三千六百八十里。其神祠礼，皆用一白鸡祈，糈以稻米，白菅为席。

右西经之山，凡七十七山，一万七千五百一十七里。

译文

再往西二百六十里，有一座邽山。邽山中有一种形状像牛一样的野兽，全身覆盖着刺毛，名字叫穷奇，声音如同狗的叫声，这种野兽能吃人。这座山也是濛水的发源地，继而南流，注入洋水，水中盛产黄色的贝壳。另外，水中还生长着一种蠃鱼。这种鱼长着鱼的身子、鸟的翅膀，声音

敦
湖

与鸳鸯的鸣叫声类似。它出现在哪里，哪里就会发生水灾。

再往西二百二十里的地方，有一座鸟鼠同穴山。这座山上生活着许多白色老虎，并盛产洁白的玉石。这座山是渭水的发源地，渭水向东流，最后注入黄河。渭水中有大量的鳋鱼，这种鱼形貌类似鳣鱼。它出现在什么地方，什么地方就会爆发大的战争。滥水从鸟鼠同穴山的西面发源，继而向西流入汉水。滥水水域生长着许多䱇鱼。这些鱼的形貌如同反转过来的铫，有鸟一样的脑袋和鱼一样的鳍、尾巴，能发出像敲击磬石般的声音，而且这种鱼体内还能生长出珠玉。

再向西南三百六十里，有一座崦嵫山。这座山上生长着茂密的丹树，丹树的叶子与构树叶相似，能结出瓜大小的果实，红色的花萼中带着黑色的纹理。人吃了它，可以治愈黄疸病，还能起到败火的作用。这座山的南面有许多乌龟，北面蕴藏着大量玉石。这座山还是苕水的发源地，苕水发源于此继而向西流入大海。苕水水域，有很多磨石。山中有一种长有马身和鸟翅的野兽，生有人的面孔和蛇的尾巴。它非常喜欢将人抱举起来，名字叫作孰湖。另外，这座山中还有一种形貌如同猫头鹰，长着人的面孔、雎的身子，生有一条狗的尾巴的鸟，这种禽鸟的叫声就是它的名字。它出现在什么地方，什么地方就会发生大的旱灾。

西方第四列山系，从阴山始直至崦嵫山止，总计十九座山，逶迤三千六百八十里。祭祀诸山的礼仪如下：用一只白色鸡的血来献祭，祭祀的精米选用稻米，用白茅草编织的垫席来做神的座席。

以上就是西方经山系的记录，总共有七十七座山，行经一万七千五百一十七里。

解析

西方第四列山系记载了从阴山至崦嵫山总计十九座山的地理位置和山川风貌。这些山大致分布在我国陕西省、甘肃省、宁夏回族自治区、内蒙古自治区境内，有些山的具体位置已经无法考证。这列山系中主多怪兽，有背生双翼的穷奇、独手独脚的神魁，也有神奇的禽鸟、丰富的物产等，引人无限遐想。

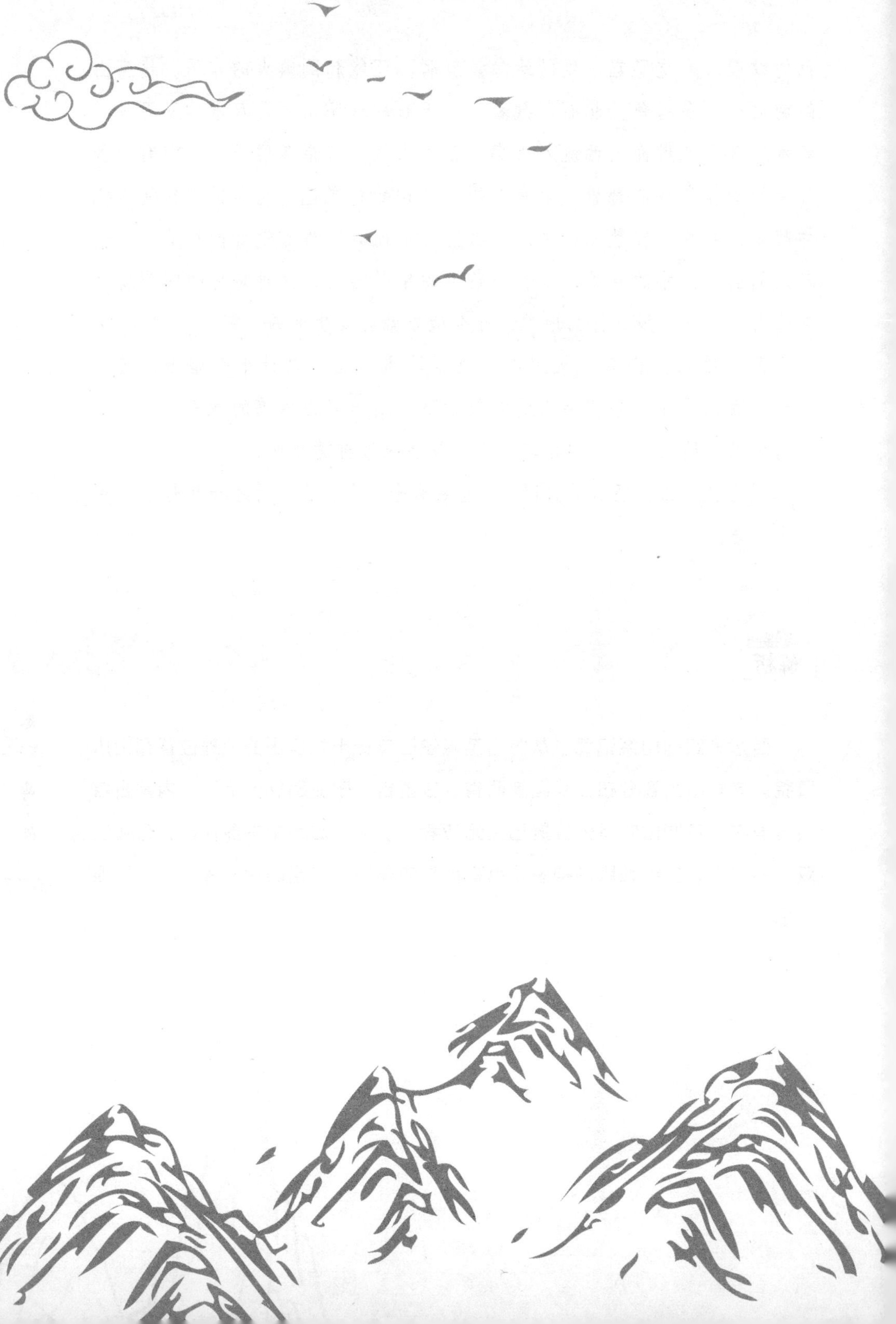

卷三 北山经

《北山经》记载了我国北部三个山系总计八十八座山的地理位置、山川地貌、物产矿藏，以及山中生长的植物、动物的形状、特点等，也描述了掌管这些山的山神形貌及祭祀他们的礼仪等。

《北山经》中记载的山脉大致位于现今宁夏回族自治区、新疆维吾尔自治区、山西省、河南省、河北省、内蒙古自治区等地，但多数具体位置没有办法确定。《北山经》中的神话色彩较少，却描述了许多奇珍异兽，这也是《北山经》的重要特点。

《北山经》中出现了雁门等地名，对于研究《山海经》成书的年代具有重要的参考价值。而且，《北山经》中对流沙有相关记载，说明北方环境气候曾经有过复杂的变迁。另外，书中记载的许多禽兽是可以用来躲避灾祸的，许多植物分布及描述也可进一步表明本书中的记载与实际的联系。这也对研究上古时期的地理地貌及气候变迁有着重要的参考价值。

北山一经

原文

北山之首，曰单（shàn）狐之山，多机木（一种类似榆木的树），其上多华草。滢水（古水名。滢，féng）出焉，而西流注于泑水，其中多芘石、文石（有美丽纹理的石头）。

又北二百五十里，曰求如之山，其上多铜，其下多玉，无草木。滑水出焉，而西流注于诸毗之水。其中多滑鱼。其状如鱓（shàn，通"鳝"，即鳝鱼），赤背，其音如梧，食之已疣。其中多水马，其状如马，而文臂牛尾，其音如呼。

又北三百里，曰带山，其上多玉，其下多青碧。有兽焉，其状如马，一角有错（通"厝"，指磨刀石），其名曰𦎆疏（一种兽名。𦎆，huān），可以辟火。有鸟焉，其状如乌，五采而赤文，名曰鹎鶋（qí tú），是自为牝牡（pìn mǔ，即雌雄），食之不疽（jū，中医指一种毒疮）。彭水出焉，而西流注于芘湖之水，其中多鯈鱼（古代传说中的一种怪鱼。鯈，音tiáo），其状如鸡而赤毛，三尾、六足、四目，其音如鹊，食之可以已忧。

又北四百里，曰谯明之山。谯水出焉，西流注于河。其中多何罗之鱼，一首而十身，其音如吠犬，食之已痈。有兽焉，其状如貆（huán，豪猪）而赤毫，其音如榴榴，名曰孟槐，可以御凶。是山也，无草木，多青、雄黄。

又北三百五十里，曰涿光之山。嚣（áo，古水名）水出焉，而西流注于河。其中多鳛鳛之鱼（古代传说中的一种怪鱼。鳛，xí），其状如鹊而十翼，鳞皆在羽端，其音如鹊，可以御火，食之不瘅。其上多松柏，其下多棕、橿，其兽多麢（líng）羊，其鸟多蕃。

鳛鳛鱼

译文

北方第一列山系的首座山叫单狐山。这座山上生长着茂密的机木树和丰茂的华草。漨水就从这座山发源,继而向西流注入泑水。漨水水域有很多紫色和有漂亮花纹的石头。

再向北二百五十里处,有一座求如山。这座山上不生长花草树木,蕴藏着丰富的铜矿,山下盛产玉石。滑水就发源于此,继而向西流入诸毗水。滑水中生长着很多滑鱼,滑鱼脊背为红色,形状如同鳝鱼,可以发出人弹奏琴瑟般的声音。人吃了这种鱼的肉,能治愈皮肤上的疣赘病。另外,水中还生长着许多水马,水马前腿上长有花纹,形貌与普通马相似,但生长着一条牛尾巴,叫声如同人发出的呼喊。

再向北三百里,有一座带山。山上盛产玉石,山下盛产青石和碧玉。这座山中有一种形貌像马的野兽,长着一只磨石一样的角,名字叫作䑏疏。人饲养这种野兽,可以躲避火灾。另外,山中还栖息着一种形貌类似乌鸦,浑身长着红色斑纹的五彩羽毛,名字叫作鹍䳓的鸟,这种鸟雌雄同体。人吃了它的肉,就不会患痈疽病。彭水从这座山发源,继而西流注入芘湖水,彭水水域生长着很多儵鱼,儵鱼样貌像鸡,有着红色的羽毛,三条尾巴、六只脚及四只眼睛,叫声类似于喜鹊的鸣叫。人吃了它的肉,就会无忧无虑。

再往北四百里,有一座谯明山。这座山也是谯水的发源地,继而西流注入黄河。谯水中生长着许多何罗鱼。这种鱼长着一个脑袋,身子却有十个,能发出狗叫一样的声音。人吃了这种鱼的肉,能够治愈痈肿病。这座山中还生长着一种形状像豪猪却长着柔软的红毛的野兽,叫声如同用辘轳抽水的响声,它的名字叫孟槐。人将它饲养在身边,可以躲避凶邪。谯明山不生长任何草木,却遍布着大量石青和雄黄。

再往北三百五十里,有一座涿光山。嚣水从这里发源,继而向西流入黄河。嚣水水域生长着大量鰼鰼鱼。这种鱼形状类似喜鹊,长有十只翅膀，羽翅的尖端覆盖着鳞甲，能发出喜鹊一样的鸣叫声。人饲养它可以躲避火灾，吃了它的肉能治愈黄疸病。这座山上生长着茂盛的松树和柏树，山下遍布着棕树和橿树，山中野兽以羚羊居多，鸟类以蕃鸟居多。

原文

又北三百八十里，曰虢（guó）山，其上多漆，其下多桐、椐（椐树，也叫灵寿木，树干上长着许多肿节）。其阳多玉，其阴多铁。伊水出焉，西流注于河。其兽多橐驼（即骆驼。橐，tuó），其鸟多寓，状如鼠而鸟翼，其音如羊，可以御兵。

又北四百里，至于虢山之尾，其上多玉而无石。鱼水出焉，西流注于河，其中多文贝。

又北二百里，曰丹熏之山，其上多樗、柏，其草多韭、韰（xiè，一种野菜），多丹雘。熏水出焉，而西流注于棠水。有兽焉，其状如鼠，而菟（tù，通"兔"，即兔子）首麋耳，其音如嗥（háo，野兽吼叫）犬，以其尾飞，名曰耳鼠，食之不睬（cǎi，腹部鼓胀），又可以御百毒。

又北二百八十里，曰石者之山，其上无草木，多瑶、碧。泚水出焉，西流注于河。有兽焉，其状如豹，而文题（额头）白身，名曰孟极，是善伏，其鸣自呼。

又北百一十里，曰边春之山，多葱、葵、韭、桃、李。杠水出焉，而西流注于泑泽。有兽焉，其状如禺而文身，善笑，见人则卧，名曰幽鴳（yōu è，传说中的异兽名），其鸣自呼。

又北二百里，曰蔓联之山，其上无草木。有兽焉，其状如禺而有鬣（liè，动物头上的鬃毛）、牛尾、文臂、马蹄，见人则呼，名曰足訾（zú zī，传说中的野兽），其鸣自呼。有鸟焉，群居而朋飞，其毛如雌雉（zhì，通称野鸡），名曰䴅（jiāo，鸟名），其鸣自呼，食之已风。

耳鼠

译文

　　再往北三百八十里，有一座虢山。山上生长着茂密的漆树，山下生长着茂密的梧桐树和椐树。山的南面蕴藏着丰富的玉石，山的北面大量出产铁矿。伊水就发源于此，继而向西流入黄河。山中多是橐驼这种野兽，鸟类以寓鸟居多。这种鸟长着鸟的翅膀，形貌却与老鼠类似，能发出羊的叫声。人饲养这种鸟，可以躲避刀兵之灾。

　　再往北四百里，就到了虢山的尾端。此处的山上没有石头，却遍布着美玉。鱼水从这里发源，继而向西注入黄河，水域有很多色彩斑斓的贝壳。

　　再向北二百里，有一座丹熏山。山上生长着大量的臭椿树及柏树，山中草类多是野韭菜和野菜。另外，这座山还蕴藏着大量的丹雘。熏水从这座山发源，向西注入棠水。山中有一种形状像老鼠却长着兔子脑袋、麋鹿耳朵的野兽，这种野兽叫声如同犬吠，能够用尾巴飞行，名字叫作耳鼠。人吃了它的肉，就不会得腹部鼓胀病。将它饲养在身边，可以躲避百毒之害。

再向北二百八十里，有一座石者山。这座山不生长任何花草树木，却遍布着瑶、碧之类的美玉。泚水就从这座山发源，继而向西流入黄河。山中有一种形貌类似普通豹子，花额头、白身子的野兽，名字叫孟极。它非常善于隐藏身体，叫声与自身名字相同。

再往北一百一十里，有一座边春山，山上生长着野葱、葵菜、韭菜、野桃树、李树。杠水从这座山发源，然后向西流入泑泽。山中有一种形状像猿猴，身上满是花纹的野兽。这种野兽喜欢嬉笑，一看见人就假装睡着了，它的名字叫作幽鴳，叫声与自身名字相同。

再往北二百里，有一座蔓联山。山上不生长任何草木，有一种形貌类似猿猴，却长着鬣毛的野兽。这种野兽长着牛一样的尾巴，双臂布满花纹，有马一样的蹄子，一看见人就呼叫，名字叫作足訾，叫声便是自身名称。山中还有一种鸟，这种鸟喜欢成群栖息，结队飞行，尾巴与雌野鸡相似，名字叫作䴊，叫声与它自身名字相同。人吃了它的肉，能治愈风痹病。

四海八荒考

耳鼠在我国神话传说中是一种异兽，样子像鼠，长着兔子脑袋，能用尾巴飞。晋代郭璞在《耳鼠》中记载："跖实以足，排虚以羽，翘尾翻飞，奇哉耳鼠，厥皮惟良，百毒是御。"

耳鼠有着可爱的外形，灵活好动，具备飞行的能力，传说它能够胜任信使的工作。耳鼠是一种体型类似松鼠的动物，毛色多样，囊括了从纯白到纯黑的所有颜色。它们长着细小但有力的爪子，能够在树枝间自由灵巧地攀越，身后则拖着一条几乎等同于体长的毛茸茸的大尾巴，用以保持身体平衡。

但耳鼠最引人注目的还是头上那两只大耳朵，就如同两只翅膀一样，从头部的后方延伸出来，坚挺地竖立着。这样一对耳朵再加上耳鼠的三瓣嘴，看起来就像缩小版的兔子。耳鼠的耳朵不仅好看，听力敏锐，而且还有助于飞翔，让它足以逃脱掠食者的追捕。耳鼠对环境的适应能力极强，许多地方都有它们的踪迹。

原文

又北百八十里，曰单张之山，其上无草木。有兽焉，其状如豹而长尾，人首而牛耳，一目，名曰诸犍，善咤（zhà，吆喝），行则衔其尾，居则蟠（pán，屈曲、环绕、盘伏）其尾。有鸟焉，其状如雉，而文首、白翼、黄足，名曰白鵺（yè，传说中的鸟名），食之已嗌（yì，咽喉）痛，可以已癡（chì，指癫狂病、痴呆病）。栎水出焉，在而南流注于杠水。

又北三百二十里，曰灌题之山，其上多樗、柘，其下多流沙，多砥。有兽焉，其状如牛而白尾，其音如訆（jiào，大声呼叫），名曰那父。有鸟焉，其状如雌雉而人面，见人则跃，名曰竦（sǒng）斯，其鸣自呼也。匠韩之水出焉，而西流注于泑泽，其中多磁石。

又北二百里，曰潘侯之山，其上多松柏，其下多榛楛，其阳多玉，其阴多铁。有兽焉，其状如牛，而四节生毛，或曰旄牛（máo niú，即牦牛，产于我国西南地区）。边水出焉，而南流注于栎泽。

又北二百三十里，曰小咸之山，无草木，冬夏有雪。

北二百八十里，曰大咸之山，无草木，其下多玉。是山也，四方，不可以上。有蛇名曰长蛇，其毛如彘豪，其音如鼓柝（tuò，古代打更用的梆子）。

又北三百二十里，曰敦薨之山，其上多棕枬，其下多茈草。敦薨之水出焉，而西流注于泑泽。出于昆仑之东北隅，实惟河原。其中多赤鲑。其兽多兕、旄牛，其鸟多尸鸠。

又北二百里，曰少咸之山，无草木，多青碧。有兽焉，其状如牛，而赤身、人面、马足，名曰窫窳（yà yǔ，古代传说中的一种吃人怪兽），其音如婴儿，是食人。敦水出焉，东流注于雁门之水，其中多䰽䰽之鱼（又叫作江豚。䰽，bèi），食之杀人。

诸犍

译文

再向北一百八十里，有一座单张山。山上没有任何花草树木，有一种形貌像豹子却拖着一条长尾巴的野兽。这种野兽长着人一样的脑袋和牛一样的耳朵，只有一只眼睛，名字叫诸犍，行走的时候用嘴叼着尾巴，喜欢吼叫，睡觉时将尾巴盘蜷起来。另外，山中还有一种形貌类似野鸡的鸟，脑袋长着花纹，有白色的翅膀、黄色的脚，名字叫白鵺。人吃了它的肉，能治愈咽喉疼痛和疯癫病。栎水也从这里发源，继而向南流，注入杠水。

再往北三百二十里，有一座灌题山。山上生长着茂密的臭椿树和柘树，山下遍布着流沙，生产磨石。这座山中有一种形状像普通的牛，却拖着一条白色尾巴的野兽。它能发出如同人在高声呼唤的声音，这种野兽的名字叫那父。山中还有一种形貌像雌野鸡的鸟，它长着一张人的面孔，看见人时喜欢跳跃，它的名字叫作竦斯，叫声与自身名字读音相同。这座山还是匠韩水的发源地。匠韩水向西流入泑泽，水中蕴藏着大量的磁铁石。

再往北二百里，有一座潘侯山。山上覆盖着茂密的松树和柏树，山下遍布着榛树和楛树。山的南面生产玉石，山的北面蕴藏着丰富的铁。山中有一种野兽，它的形貌类似普通的牛，四肢关节上长有长长的毛，名字叫作旄牛。边水从潘侯山发源，继而南流，注入栎泽。

再向北二百三十里，有一座小咸山。山中不生长花草树木，无论冬夏都覆盖着积雪。

再向北二百八十里，有一座大咸山。山上同样没有草树，山下盛产玉石。这座大咸山呈四方形，人根本无法攀登上去。山中生有一种叫作长蛇的蛇。这种蛇身上长着与猪脖子上相似的硬毛，叫声就像人敲击木梆子的声音。

再往北三百二十里，有一座敦薨山。山上被茂密的棕树和楠树覆盖着，山下是丰茂的紫草。敦薨水就从这座山发源，继而向西流入泑泽。泑泽位于昆仑山东北角，实际上就是黄河的源头。敦薨水中生有许多赤鲑鱼，敦薨山中的野兽以咒、牦牛居多，鸟类多数是布谷鸟。

再往北二百里，有一座少咸山。山上不生长花草树木，遍布着青石和碧玉。山中有一种形状像牛，却长着红色身体、人面、马蹄的野兽，名字叫窫窳，叫声如同婴儿的啼哭声，会吃人。敦水就发源于此，继而东流，注入雁门水。敦水域盛产鮨鮨鱼，人吃了这种鱼会中毒身亡。

原文

又北二百里，曰狱法之山。瀤泽之水（古代传说中水名。瀤，huái）出焉，而东北流注于泰泽。其中多䱉鱼（传说中的怪鱼。䱉，zǎo），其状如鲤而鸡足，食之已疣。有兽焉，其状如犬而人面，善投，见人则笑，其名曰山㹚（怪兽名。㹚，huī），其行如风，见则天下大风。

又北二百里，曰北岳之山，多枳、棘（皆落叶灌木，小乔木）、刚木（木质比较坚硬的树木）。有兽焉，其状如牛，而四角、人目、彘耳，其名曰诸怀，其音如鸣雁，是食人。诸怀之水出焉，而西流注于嚣水，水中多鮨鱼（传说中类似鲵鱼的鱼。鮨，yì），鱼身而犬首，其音如婴儿，食之已狂。

又北百八十里，曰浑夕之山，无草木，多铜玉。嚣水出焉，而西北流注于海。有蛇一首两身，名曰肥遗，见则其国大旱。

又北五十里，曰北单之山，无草木，多葱韭。

又北百里，曰罴差之山，无草木，多马（此处指野马，比驯养的马体形要小）。

又北百八十里，曰北鲜之山，是多马。鲜水出焉，而西北流注于涂吾之水。

又北百七十里，曰隄山，多马。有兽焉，其状如豹而文首，名曰狕

（yǎo，兽名）。隄水出焉，而东流注于泰泽，其中多龙龟（龙种龟身的怪兽）。

凡北山之首，自单狐之山至于隄山，凡二十五山，五千四百九十里，其神皆人面蛇身。其祠之：毛用一雄鸡彘瘗，吉玉用一珪，瘗而不糈。其山北人，皆生食不火之物。

诸怀

译文

再往北二百里,有一座狱法山。瀑泽水发源于此,继而向东北流入泰泽。瀑泽水水域生长着大量鳜鱼,形貌类似鲤鱼,却长着鸡的爪子。人吃了这种鱼的肉,可以治愈赘瘤病。这座山中有一种形状像狗却长着人面的野兽,它擅长投掷,一看见人就笑,名字叫山㹮。它行走如风,一出现就会刮起大风。

再往北二百里,有一座北岳山,山上生长着茂密的枳树、酸枣树和檀、柘一类木质比较坚硬的树木。这座山中生长着一种形貌如牛,长有四只角、人眼睛、猪耳朵的野兽,名字叫诸怀,叫声如同大雁鸣叫,会吃人。诸怀水就发源于此,继而向西流入嚣水。诸怀水中盛产鮨鱼。这种鱼长着鱼的身体和狗一样的头,能发出婴儿啼哭般的声音。人吃了这种鱼的肉,可以治愈疯癫病。

再向北一百八十里,有一座浑夕山。山上盛产铜矿和玉石,却不生草木。嚣水从这座山发源,继而流向西北,注入大海。山中生有一种两个身子、一个脑袋的怪蛇,名字叫肥遗。它出现在哪个国家,哪个国家就会有大旱灾发生。

再往北五十里,有一座北单山。山上遍布着茂盛的野葱和野韭菜,不长其他花草树木。

再向北一百里,有一座罴差山。山上不长花草树木,有很多个头矮小的野马。

再往北一百八十里,有一座北鲜山。山中多野马,鲜水发源于这座山,继而向西北流入涂吾水。

再往北一百七十里,有一座隄山。山中多野马,还有一种脑袋有花纹,形貌类似豹子的野兽,名字叫㹨。隄水发源于此,继而向东流,注入泰泽,隄水水域多龙龟。

北方第一列山系从首至尾,自单狐山起到隄山止,一共有二十五座山,逶迤五千四百九十里，各山的山神都是人面蛇身。祭祀礼仪如下：将用作祭品的一只公鸡和一头猪埋入地下，用一块玉珪埋入地下，无须精米祭祀。祭祀时，在诸山北面居住的人都要生吃未经烹煮的食物。

解析

北方第一列山系记载了从单狐山到隄山共计二十五座山的地理位置、山川形貌、物产和奇珍异兽。这列山系大约分布在今新疆维吾尔自治区、宁夏回族自治区、内蒙古自治区一代，也有可能是在今西伯利亚及蒙古国境内，其具体位置已经无法考证。在这列山系中，有各种奇珍异兽，如人手牛耳的诸犍、长着十只翅膀的鳛鳛鱼等。

四海八荒考

北岳山也就是现在的恒山，与东岳泰山、西岳华山、南岳衡山、中岳嵩山并称五岳。《山海经》中记载的五岳山是否指的就是现在的五岳，也无法考证。恒山是天下道教主流全真派的圣地。恒山古称玄武山、嶂山、高是山、玄岳、北岳山等，明朝中改封浑源天峰岭为北岳恒山，改封后一直未举行祭祀。直至清军入关后，顺治皇帝才正式祭祀于浑源北岳庙。

恒山的倒马关、紫荆关、平型关、雁门关、宁武关为天险，也是塞外通向冀中平原之咽喉要冲，自古就是兵家必争之地。恒山主峰天峰岭在浑源县城南，海拔约2016.1米，被誉为"人天北柱""绝塞名山"。

恒山旧有十八景：磁峡烟雨、云阁虹桥、云路春晓、虎口悬松、果老仙迹、危峰夕照、断崖啼鸟、幽窟飞石、龙泉甘苦、茅窟烟火、金鸡报晓、玉羊游云、紫峪云花、石洞流云、脂图文锦、仙府醉月、奕台鸣琴、岳顶松风。可惜后来遭到破坏，所剩不多。明代旅行家徐霞客游恒山后，将所见所闻都收录到《徐霞客游记》之中。

北次二经

原文

北次二山之首，在河之东，其首枕汾，其名曰管涔之山（山名。涔，cén）。其上无木而多草，其下多玉。汾水出焉，而西流注于河。

又西二百五十里，曰少阳之山，其上多玉，其下多赤银（银的一种，也可能为浅红土）。酸水出焉，而东流注于汾水，其中多美赭。

又北五十里，曰县雍之山，其上多玉，其下多铜，其兽多闾（lú，古代兽名，即山驴）、麋，其鸟多白翟、白䳑（野鸡的一种。䳑，yǒu）。晋水出焉，而东南流注于汾水。其中多鮆鱼，其状如儵（tiáo）而赤麟，其音如叱，食之不骚（指本身有异味的疾病）。

又北二百里，曰狐岐之山，无草木，多青碧。胜水出焉，而东北流注于汾水，其中多苍玉。

又北三百五十里，曰白沙山，广员三百里，尽沙也，无草木鸟兽。鲔水（水名。鲔，wěi）出于其上，潜于其下，是多白玉。

又北四百里，曰尔是之山，无草木，无水。

又北三百八十里，曰狂山，无草木。是山也，冬夏有雪。狂水出焉，而西流注于浮水，其中多美玉。

又北三百八十里，曰诸余之山，其上多铜玉，其下多松柏。诸余之水出焉，而东流注于汦水。

又北三百五十里，曰敦头之山，其上多金玉，无草木。旄水出焉，而东流注于邛泽（水名。邛，qióng）。其中多㸸马（野兽名，野马的一种。㸸，bó），牛尾而白身，一角，其音如呼。

译文

北方第二列山系的首座山坐落在黄河的东岸，山的首端枕着汾水，山名叫作管涔山。山上没有树木，却覆盖着丰茂的花草，山下蕴藏着大量玉石。汾水从这座山发源，继而向西流，注入黄河。

再往北二百五十里，有一座少阳山。山上盛产玉石，山下盛产赤银。酸水发源于这座山，继而向东流入汾水，水中大量出产优良的赭石。

再往北五十里，有一座县雍山。山上盛产玉石，山下蕴藏着丰富的铜，山中野兽多数是山驴和麋鹿，禽鸟类以白色野鸡和白鹇鸟居多。晋水就发源于此，继而流向东南，最终注入汾水。晋水水中生长着许多鲨鱼，鲨鱼形貌近似小鯈鱼，长着红色的鳞甲，叫声如同人们的斥责声。人吃了这种鱼的肉，就不会得狐臭。

再往北二百里，有一座狐岐山。山上盛产青玉、碧玉，没有花草树木，胜水就从这座山发源，之后向东北流入汾水，水中大量出产青玉。

再向北三百五十里，有一座白沙山。这座山方圆三百里，山上遍布着沙子，没有任何草木及鸟兽栖息。鲔水从这座山的山顶发源，继而潜流到山下。鲔水水域盛产白玉。

再往北四百里，有一座尔是山。山上没有水，也没有花草树木。

再往北三百八十里，有一座狂山。山上无论冬天还是夏天，都覆盖着厚厚的积雪，没有草木生长。狂水发源于这座山，继而向西流入浮水，狂水中大量出产优良的玉石。

再往北三百八十里，有一座诸余山。山上盛产铜和玉石，山下遍布着茂密的松树和柏树。诸余水从这里发源，之后向东流，注入㴲水。

再往北三百五十里，有一座敦头山。山上大量出产金属矿物和玉石，但不生长花草树木。㴲水发源于此，然后向东流入邛泽。这座山中有许多䮝马，身体为白色，长着牛尾、独角，发出的声音如同人在呼唤。

四海八荒考

管涔山位于山西，今宁武、岢岚、五寨等县的交界处，主峰名叫芦芽山，也是汾河的发源地。管涔山的地形险峻，林深叶茂，沟壑纵横，森林资源非常丰富，是华北落叶松的原生地。如今，这里被誉为"华北落叶松的故乡"和"云杉之家"，全境属于"三北"防护林系内。

管涔山又名燕京山，《水经注》中记载为："燕京亦管涔之异名也。"《淮南子·地形训》记载为："汾水出燕京。"因其北承阴山余脉，东与勾注、恒岳相连，南接吕梁、中条，所以古人称之为"晋山之祖"。管涔山南承吕梁余脉，北达内蒙古阴山，东携洪畤侧翼而西抵黄河东岸，绵延数千里，也是拱卫华北的天然屏障。

《大清一统志》中记载：芦芽山"叠峰耸秀，前有小山，尖如竹阴，多生芦草，故名"。主峰芦芽山山形奇特，巨石堆积，形成奇形怪状的山形构造。黄草梁冰川位于芦芽山北部山脉，是第四纪冰川冲刷区，具有很高的研究和观赏价值。

相传很久以前，管涔山中并没有芦芽峰，而是一个美丽宽阔的湖泊。湖中生长着一种神奇的鱼，名为"乌龙"。乌龙能控制湖水，使之或涌或消。当地居民视乌龙为神灵，对它顶礼膜拜。后来，湖中一条恶龙出现，它兴风作浪，使湖水淹没了村庄。村里的高僧请来乌龙助战，经过一场激战，恶龙被制服。乌龙担心恶龙复活再次作乱，便化身为芦芽峰守护湖泊。从此以后，这里的湖水便平静下来，形成了如今的马营湖。

原文

又北三百五十里，曰钩吾之山，其上多玉，其下多铜。有兽焉，其状羊身人面，其目在腋下，虎齿人爪，其音如婴儿，名曰狍鸮（páo xiāo，传说中的野兽），是食人。

又北三百里，曰北嚣之山，无石，其阳多碧，其阴多玉。有兽焉，其状如虎，而白身犬首，马尾彘鬣，名曰独㹢（野兽名。㹢，yù）。有鸟焉，其状如乌，人面，名曰䴩䳢（pán mào，一种传说中的鸟），宵飞而昼伏，食之已暍（yē，中暑）。涔水出焉，而东流注于邛泽。

又北三百五十里，曰梁渠之山，无草木，多金玉。脩水出焉，而东流注于雁门。其兽多居暨，其状如彙（huì，刺猬）而赤毛，其音如豚（tún，小猪）。有鸟焉，其状如夸父（一种兽名），四翼、一目、犬尾，名曰嚣，其音如鹊，食之已腹痛，可以止衕（dòng，中医指腹泻不止的疾病）。

又北四百里，曰姑灌之山，无草木。是山也，冬夏有雪。

又北三百八十里，曰湖灌之山，其阳多玉，其阴多碧，多马。湖灌之水出焉，而东流注于海，其中多𩶬。有木焉，其叶如柳而赤理。

又北水行五百里，流沙三百里，至于洹山（huán shān，山名），其上多金玉。三桑生之，其树皆无枝，其高百仞。百果树生之。其下多怪蛇。

又北三百里，曰敦题之山，无草木，多金玉。是錞于北海。

凡北次二山之首，自管涔之山至于敦题之山，凡十七山，五千六百九十里。其神皆蛇身人面。其祠：毛用一雄鸡彘瘗；用一璧一珪，投而不糈。

狍鸮

译文

再往北三百五十里，有一座钩吾山。山上盛产玉石，山下蕴藏着大量的铜。这座山中有一种形貌是羊身、人面的野兽，眼睛长在腋窝下，有着老虎的牙齿和人一样的指甲，叫声就像婴儿的啼哭声，这种野兽的名字叫作狍鸮，会吃人。

再向北三百里，有一座北嚣山。山中没有乱石，山南面盛产碧玉，山北面盛产玉石。这座山中有一种模样与老虎相似的野兽，但长着白色身子和狗的脑袋，有马的尾巴，脖子上生有鬃毛，名字叫独㺉。另外，此山中还有一种类似乌鸦的鸟，生有一副人的面孔，名叫鶭鶛。这种鸟白天潜伏休息，夜晚飞行活动。人吃了这种鸟的肉，不会中暑。涔水就发源于此，继而向东流入邛泽。

再往北三百五十里，有一座梁渠山。山上不生长草木，蕴藏着大量金属矿物和玉石。脩水就从这座山发源，继而向东流，注入雁门水。山中的野兽大多是居暨兽，形貌类似刺猬，全身长满红色毛发，声音如同小猪叫。另外，这座山中还有一种形似夸父的禽鸟，生就四只翅膀、一只眼睛，还有狗的尾巴，名字叫作嚻，它的叫声与喜鹊的鸣叫声十分相似。人吃了这种鸟的肉，能够治疗肚子痛，还能治愈腹泻。

再往北四百里，有一座姑灌山。这座山无论冬夏都覆盖着积雪，没有任何花草树木。

再往北三百八十里，有一座湖灌山。这座山的南面盛产玉石，北面盛产碧玉，山中有大量个头矮小的野马。湖灌水就从这座山发源，继而向东流，并最终注入大海，附近水域有大量鳝鱼。这座山中还生长着一种叶子与柳树叶类似而有红色纹理的树木。

再向北行五百里的水路，经过三百里流沙，便到了洹山。这座山上蕴藏着大量金属矿物和玉石。山中生长着一种三桑树。这种树树干高达一百仞，不长枝条。另外，山中还生长着各种果树，山下有许多怪蛇。

再往北三百里，有一座敦题山，坐落在北海的岸边。山中不生长花草树木，却蕴藏着大量的金属矿物和玉石。

北方第二列山系从首至尾，自管涔山起到敦题山止，一共有十七座山，逶迤五千六百九十里。各山的山神都是蛇身人面。祭祀礼仪如下：将一只公鸡、一头猪当作祭品一同埋入地下；祭祀的玉器用一块玉璧和一块玉珪，一起投向山中，祭祀时无须用精米。

解析

北方第二列山系从管涔山起到敦题山止，总共记录了十七座山的地理位置、物产、奇珍异兽和山川形貌，大致位于现在中国河北省、山西省、内蒙古自治区和蒙古国地区。这些山中栖息着各种怪兽，盛产各种玉石。这里也介绍了上古时期祭祀这些山的山神的礼仪，对考察上古时期人们的生活习惯、环境等方面具有特殊的意义。

四海八荒考

浐水，是长江支流汉江的支流。《水经注》称鐔（xín）水，后来因为山谷筑堰灌田，便改名为堰沟河。浐水源头在陕西省城固县，流经汪坝、高坝、天明、盐井、铁路、三合等乡镇，于汉江大桥向西注入汉江。浐水迂回曲折，汇溪纳涧，谷坝开阔，有很多的小盆坝。干流长约58.1千米，流域面积约162.3平方千米，河宽10～35米，年均流量约1.58亿立方米。

姑灌山，一说在今天的河北省大马群山，属于阴山山脉东段，西接桦山，东接白岔山。海拔1600米左右。主峰桦皮岭海拔约2191米，位于河北省张家口市坝下崇礼县与坝上张北县交界处。俗话说："天下十三省，冷不过桦皮岭。"这里年平均气温只有4℃，盛夏7月温度也只有15℃。

北次三经

原文

北次三山之首，曰太行之山。其首曰归山，其上有金玉，其下有碧。有兽焉，其状如麢羊而四角，马尾而有距（雄鸡等动物腿后面突出的像脚趾的部分），其名曰䮝（hún，传说中的一种兽名），善还（xuán，旋转、回旋），其名自训。有鸟焉，其状台鹊，白身、赤尾、六足，其名曰鹓（bēn，传说中的鸟名，体型奇特），是善惊，其鸣自诩。

又东北二百里，曰龙侯之山，无草木，多金玉。决决之水出焉，而东流注于河。其中多人鱼，其状如䱱鱼（鲵鱼，俗称娃娃鱼。䱱，tí），四足，其音如婴儿，食之无痴疾。

又东北二百里，曰马成之山，其上多文石，其阴多金玉。有兽焉，其状如白犬而黑头，见人则飞，其名曰天马，其鸣自训。有鸟焉，其状如乌，首白而身青、足黄，是名曰鶌鶋（qū jū，传说中的鸟名），其名自诩，食之不饥，可以已寓（健忘症）。

又东北七十里，曰咸山，其上有玉，其下多铜，是多松柏，草多茈草。条菅之水出焉，而西南流注于长泽。其中多器酸（产于静水中的一种酸味食物），三岁一成，食之已疠。

又东北二百里，曰天池之山，其上无草木，多文石。有兽焉，其状如兔而鼠首,以其背飞,其名曰飞鼠。渑水(古水名。渑,shéng)出焉,潜于其下,其中多黄垩。

又东三百里,曰阳山,其上多玉,其下多金铜。有兽焉,其状如牛而赤尾,其颈䘄(脖子上多余隆起的肉,似肉瘤。䘄,shèn),其状如句瞿(gōu qú,斗),其名曰领胡,其鸣自詨,食之已狂。有鸟焉,其状如雌雉,而五采以文,是自为牝牡,名曰象蛇,其名自詨。留水出焉,而南流注于河。其中有䱉父(鱼名。䱉,xiàn)之鱼,其状如鲋鱼,鱼首而彘身,食之已呕。

又东三百五十里,曰贲闻之山,其上多苍玉,其下多黄垩,多涅石。

领胡

译文

北方第三列山系的首座山叫太行山，太行山的首端叫归山。归山上盛产金属矿物和玉石，山下盛产碧玉。山中有一种形状像普通的羚羊却有四只角的野兽，它长着马的尾巴和鸡一样的爪子，名字叫作䮝，叫声就是它的名字，擅长旋转。另外，山中还有一种样子很像喜鹊的鸟，它长着白身子、红尾巴、六只脚，名字叫作鹎，叫声与它的名字相同，警惕性很高，非常容易被惊动。

再往东北二百里，有一座龙侯山。山上不生草木，但蕴藏着丰富的金属矿物及玉石。这是决决水的发源地，决决水向东流，最终注入黄河。决决水中有很多人鱼，样子类似普通鳎鱼，长有四只脚，能发出婴儿啼哭般的声音。人吃了它的肉，就不会得疯癫病。

再往东北二百里，有一座马成山。山上大量出产有着漂亮纹理的美石，山的北面蕴藏着丰富的金属矿物和玉石。这座山中有一种形貌类似普通的白狗，却长着黑脑袋的野兽，它一看见人就会腾空飞走，名字叫作天马，叫声与它自身名字相同。另外，这座山里还有一种与乌鸦形状很像的禽鸟，长着白色脑袋和青色身子，有黄色的爪子，名叫鹖鸠，叫声与它自身名字相同。人吃了鹖鸠的肉，就不会感到饥饿，还能治疗健忘症。

再向东北七十里，有一座咸山。山上盛产玉石，山下盛产铜，山上遍布着松树和柏树，草类以紫草居多。条菅水就从这座山发源，继而向西南流，注入长泽。条菅水水域大量出产器酸，这种器酸需要三年才能收获一次。人吃了后，能治愈麻风病。

再往东北二百里，有一座天池山。山上不生花草树木，遍布着大量带有精美花纹的美石。山中有一种形貌类似兔子，却长着老鼠头的野兽，它能借助背上的毛来飞行，名字叫作飞鼠。渑水从这座山发源，继而潜流到山下，水中蕴藏着大量黄色垩土。

再往东三百里，有一座阳山。山上盛产玉石，山下盛产黄金和铜。

阳山有一种长着红色尾巴，形貌似牛的野兽，它脖子上长有肉瘤，像斗的形状，这种野兽的名字叫领胡，叫声便是它自身名称。人吃了这种野兽的肉，能治愈癫狂症。另外，这座山中还有一种形状像雌性野鸡的禽鸟，羽毛上有五彩斑斓的花纹。这种鸟雌雄同体，能够自行交配繁殖，名字叫象蛇，叫声与其自身名称相同。留水就从这座山发源，继而向南流，最终注入黄河。留水水域生长着许多鲐父鱼，样子与普通鲫鱼很像，但长着鱼的头和猪的身子。人吃了它的肉，能治愈呕吐。

再往东三百五十里，有一座贲闻山。贲闻山上蕴藏着丰富的青玉，山下盛产黄色垩土，同时还储存着大量的涅石。

原文

又北百里，曰王屋之山，是多石。㶌水（水名。㶌，lián）出焉，而西北流注于泰泽。

又东北三百里，曰教山，其上多玉而无石。教水出焉，西流注于河，是水冬干而夏流，实惟干河。其中有两山。是山也，广员三百步，其名曰发丸之山，其上有金玉。

又南三百里，曰景山，南望盐贩之泽，北望少泽。其上多草、藷藇（即薯蓣，俗称山药。藇，yù），其草多秦椒（qín jiāo，即花椒，产于秦地，故得名），其阴多赭，其阳多玉。有鸟焉，其状如蛇，而四翼、六目、三足，名曰酸与，其鸣自詨，见则其邑有恐。

又东南三百二十里，曰孟门之山，其上多苍玉，多金，其下多黄垩，多涅石。

又东南三百二十里，曰平山。平水出于其上，潜于其下，是多美玉。

又东二百里，曰京山，有美玉，多漆木，多竹，其阳有赤铜，其阴有玄䃌（黑色的磨刀石。䃌，sù）。高水出焉，南流注于河。

又东二百里，曰虫尾之山，其上多金玉，其下多竹，多青碧。丹水出焉，南流注于河。薄水出焉，而东南流注于黄泽。

又东三百里，曰彭毗之山，其上无草木，多金玉，其下多水。蚤林之水出焉，东南流注于河。肥水出焉，而南流注于床水，其中多肥遗之蛇。

又东百八十里，曰小侯之山。明漳之水出焉，南流注于黄泽。有鸟焉，其状如乌而白文，名曰鸪鹠，食之不灂（jiào，眼睛昏蒙看不清）。

酸与

译文

再向北一百里，有一座王屋山，这座山中到处都是石头。㳌水就发源于此，继而向西北流入泰泽。

再往东北三百里，有一座教山。山中蕴藏着大量玉石，没有石头。教水就发源于这座山，继而向西流，最终注入黄河，而且这条河在冬季会干枯，在夏季恢复流水，实际上是一条干河。教水的河道中有两座小山，各方圆三百步，名字叫作发丸山，小山中蕴藏着丰富的金属矿物及玉石。

再往南三百里，有一座景山。在这座山上向南观望，可以看见盐贩泽；向北观望，能够看见少泽。这座山生长着茂密的草和薯蓣，山中草类以秦椒最多。山北面盛产赭石，山南面盛产玉石。这座山中有一种形貌像蛇的鸟，长有四只翅膀、六只眼睛、三只脚，名字叫作酸与，它的叫声与自己名字相同。酸与出现在哪里，哪里就会发生恐怖的事情。

再往东南三百二十里，有一座孟门山。山上盛产青玉，还大量出产金属矿物；山下到处都是黄色垩土，同时还有储量丰富的涅石。

再往东南三百二十里，有一座平山。平水发源于此，继而潜流到山下。平水水域盛产品质优良的玉石。

再往东二百里，有一座京山。京山中盛产美玉，山上生长着茂盛的漆树，漫山都是竹林。山南面出产黄铜，山北面盛产黑色磨石。高水即发源于此，继而向南流，最终注入黄河。

再往东二百里，有一座虫尾山。山上蕴藏着丰富的金属矿物及玉石，山下覆盖着低矮的竹丛，同时大量出产青石和碧玉。丹水从这座山发源，向南流入黄河。薄水也发源于此，继而向东南流入黄泽。

再向东三百里，有一座彭山。这座山上不生长花草树木，蕴藏着大量金属矿物和玉石，山下到处都是流水。蚤林水就从这里发源，继而向东南流，注入黄河。肥水也发源于此，然后向南流入床水，肥水水域多肥遗蛇。

再往东一百八十里，有一座小侯山，是明漳水的发源地，南流注入黄泽。这座山中有一种形似乌鸦却长有白色斑纹的鸟，名字叫作鸪鹠。人吃了这种鸟的肉，能让眼睛明亮而不昏花。

原文

又东三百七十里，曰泰头之山。共水（水名。共，gōng）出焉，南注于虖沱（hū tuó，水名，今河北省西部滹沱河）。其上多金玉，其下多竹箭。

又东北二百里，曰轩辕之山，其上多铜，其下多竹。有鸟焉，其状如枭而白首，其名曰黄鸟，其鸣自詨，食之不妒。

又北二百里，曰谒戾之山，其上多松柏，有金玉。沁水出焉，南流注于河。其东有林焉，名曰丹林。丹林之水出焉，南流注于河。婴侯之水出焉，北流注于氾水。

东三百里，曰沮洳之山，无草木，有金玉。濝水（水名，现今中国河南省济源县有濝水。濝，qí）出焉，南流注于河。

又北三百里，曰神囷（山名。囷，qūn）之山，其上有文石，其下有白蛇，有飞虫（蚊蚋一类的小飞虫）。黄水出焉，而东流注于洹。滏水出焉，而东流注于欧水。

又北二百里，曰发鸠之山，其上多柘木（木名，桑树的一种。柘，zhè）。有鸟焉，其状如乌，文首、白喙、赤足，名曰精卫，其鸣自詨。是炎帝之少女名曰女娃，女娃游于东海，溺而不返，故为精卫。常衔西山之木石，以堙（yīn，阻塞）于东海。漳水出焉，东流注于河。

又东北百二十里，曰少山，其上有金玉，其下有铜。清漳之水出焉，东流注于浊漳之水。

又东北二百里，曰锡山，其上多玉，其下有砥。牛首之水出焉，而东流注于滏水。

又北二百里，曰景山，有美玉。景水出焉，东南流注于海泽。

又北百里，曰题首之山，有玉焉，多石，无水。

又北百里，曰绣山，其上有玉、青碧。其木多栒（xún，树名），其草多芍药、芎䓖。洧水（古水名，即现今双洎河。洧，wěi）出焉，而东流注于河，其中有鳠（hù，类似鲇鱼的一种鱼类）、黾（měng，一种小型蛙类，呈青色）。

译文

再向东三百七十里，有一座泰头山。共水就发源于此山，继而向南流入虖池水。山上蕴藏着丰富的金属矿物和玉石，山下遍布着低矮的小竹丛。

再往东北二百里，有一座轩辕山。山上盛产铜，山下生长着大量的竹子。这座山中有一种形状很像猫头鹰，却长着白脑袋的鸟，这种鸟名字叫作黄鸟，它的叫声与它自身名字相同。人吃了这种鸟的肉，就不会心生嫉妒。

再往北二百里，有一座谒戾山。山上到处都生长着松树和柏树，山中还蕴藏着丰富的金属矿物及玉石。沁水就发源于此山，继而向南流，最终注入黄河。这座山的东面有一片叫作丹林的树林，丹林水便从这里发源，向南流入黄河。婴侯水也发源于此，继而北流，注入汜水。

再往东三百里，有一座沮洳山。这座山不生长草木，盛产金属矿物及玉石。濝水就从这座山发源，继而向南流，注入黄河。

再往北三百里，有一座神囷山。山上盛产带有美丽花纹的漂亮石头，山下多白蛇和飞虫。黄水从这座山发源，然后向东流，最后注入洹水。滏水也发源于此，继而东流注入欧水。

再往北二百里，有一座发鸠山，山上遍布着柘树。这座山中有一种形貌类似乌鸦的禽鸟，但长着花脑袋、白嘴巴、红脚爪，它的名字叫精卫，

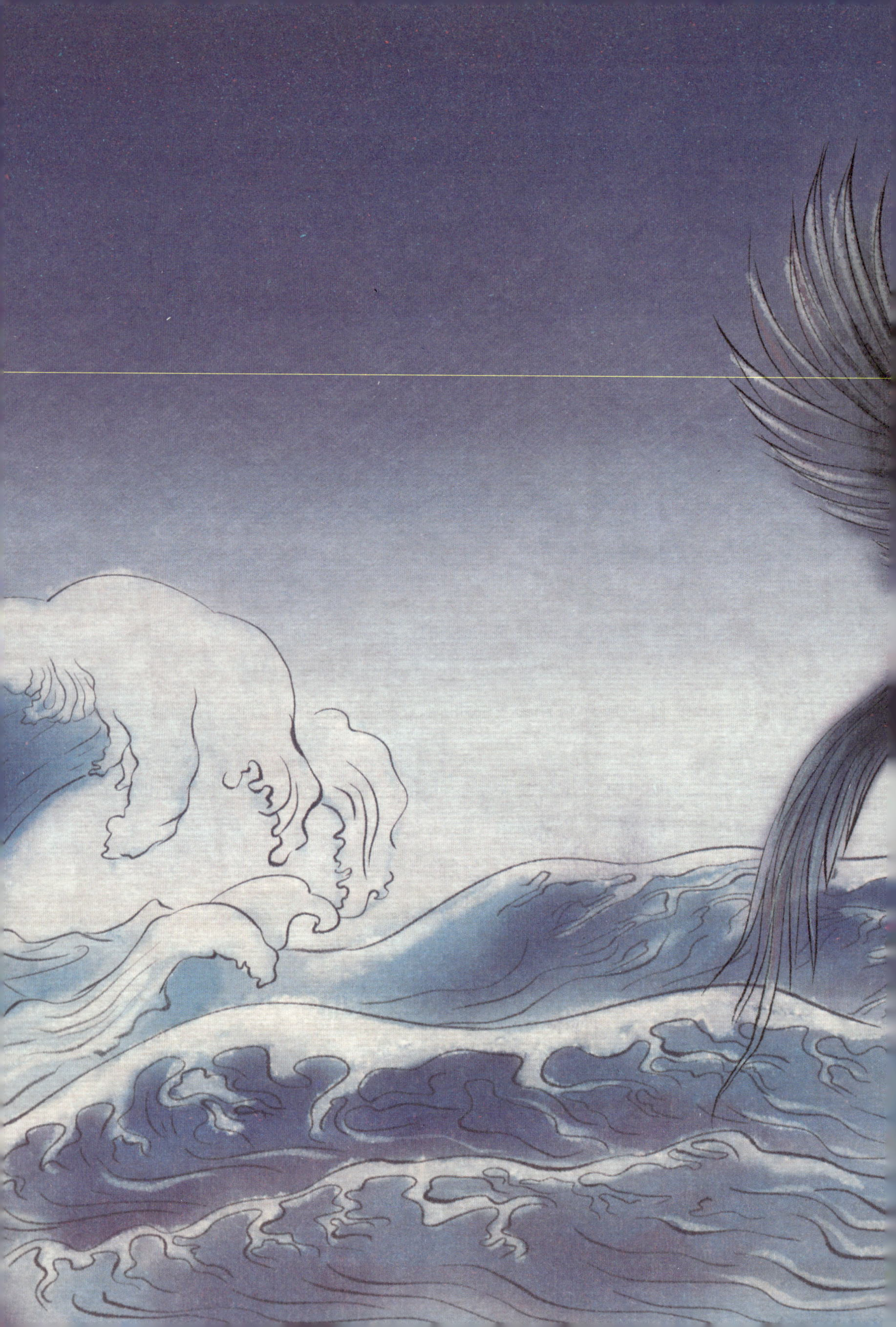

精卫填海

叫声就是自己的名字。精卫鸟原本是炎帝的小女儿，名字叫女娃。女娃到东海游玩时不幸溺水，淹死在东海里，于是，变成了精卫鸟。精卫鸟经常衔着西山的树枝和石子来填塞东海。漳水就发源于此山，之后向东流，注入黄河。

再往东北一百二十里，有一座少山。山上盛产金属矿物和玉石，山下盛产铜。清漳水就从这座山发源，继而向东流，最终注入浊漳水。

再往东北二百里，有一座锡山。山上蕴藏着大量的玉石，山下盛产磨石。牛首水发源于此山，继而向东注入滏水。

再往北二百里，有一座景山，山上盛产品质优良的玉石。景水从这座山发源，继而向东南流，最终注入海泽。

再往北一百里，有一座题首山。山中盛产玉石，遍地都是石头，但没有水。

再往北一百里，有一座绣山。山上多玉石和青玉，山中树木大多数都是栒树，草类以芍药、芎䓖居多。洧水就从这座山发源，之后向东流，注入黄河，附近水域多产鳡鱼及毛蛙。

原文

又北百二十里，曰松山。阳水出焉，东北流注于河。

又北百二十里，曰敦与之山，其上无草木，有金玉。溹水（今河北省临城县西南有溹水。溹，suò）出于其阳，而东流注于泰陆之水；泜水（水名，今河北省有泜河。泜，zhǐ）出于其阴，而东流注于彭水。槐水出焉，而东流注于泜泽。

又北百七十里，曰柘山，其阳有金玉，其阴有铁。历聚之水出焉，而北流注于洧水。

又北三百里，曰维龙之山，其上有碧玉，其阳有金，其阴有铁。肥水出焉，而东流注于皋泽，其中多礨石（lěi shí，即大石）。敞铁之水出焉，而北流注于大泽。

又北百八十里，曰白马之山，其阳多石玉，其阴多铁，多赤铜。木马之水出焉，而东北流注于滹沱。

又北二百里，曰空桑之山，无草木，冬夏有雪。空桑之水出焉，东流注于滹沱。

又北三百里，曰泰戏之山，无草木，多金玉。有兽焉，其状如羊，一角一目，目在耳后，其名曰辣辣（dōng dōng，传说中的兽名），其鸣自讠刀。滹沱之水出焉，而东流注于溇水（水名，今湖北省北部有溇水。溇，lóu）。液女（水名）之水出于其阳，南流注于沁水。

又北三百里，曰石山，多藏金玉。濩濩之水（水名。濩，huò）出焉，而东流注于滹沱；鲜于之水出焉，而南流注于滹沱。

又北二百里，曰童戎之山。皋涂之水出焉，而东流注于溇液水。

又北三百里，曰高是之山。滋水出焉，而南流注于滹沱。其木多棕，其草多条。滱水（古水名，在河北省境内，宋代后逐渐被废弃。滱，kòu）出焉，东流注于河。

辣辣

译文

再往北一百二十里，有一座松山。阳水就从这座山发源，继而向东北注入黄河。

再往北一百二十里，有一座敦与山。这座山上不生长花草树木，但蕴藏着丰富的金属矿物和玉石。溹水就从敦与山南面的山脚发源，继而向东流，最终注入泰陆水。泜水从敦与山北面山脚发源，之后向东流，最终注入彭水。槐水也发源于这座山，继而向东流，最终注入泜泽。

再往北一百七十里，有一座柘山。这座山的南面盛产金属矿物及玉石，山的北面盛产铁。历聚水发源于此山，之后向北流入洧水。

再往北三百里，有一座维龙山，山上盛产碧玉。这座山的南面产黄金，山的北面产铁。肥水就发源于此山，之后向东流入皋泽，水中有大量高耸的大石头。敞铁水也发源于此，继而向北注入大泽。

再往北一百八十里，有一座白马山。白马山的南面遍布着石头和玉石，山的北面蕴藏着丰富的铁，同时还盛产黄铜。木马水发源于此山，继而向东北注入虖沱水。

再往北二百里，有一座空桑山。山上不生长草木，无论冬夏都覆盖着积雪。空桑水就从这座山发源，之后向东流，最终注入虖沱水。

再往北三百里，有一座泰戏山。山上没有花草树木，到处都遍布着金属矿物及玉石。这座山中有一种形状像羊，却只长着一只眼睛的野兽，它的眼睛生长在耳朵的后面，名字叫作辣辣，叫声与它自身名字相同。虖沱水就发源于这座山，继而向东流，最终注入娄水。液女水发源于这座山的南面，之后向南注入沁水。

再往北三百里，有一座石山。山中盛产金属矿物和玉石。濩濩水就从这座山发源，继而向东流，最终注入虖沱水。鲜于水也发源于此，然后南流注入虖沱水。

再往北二百里，有一座童戎山。皋涂水就发源于这座山，继而向东流，注入潦液水。

再往北三百里，有一座高是山。滋水从这座山发源，之后向南流，注入虖沱水。这座山中的树木以棕树居多，草类大多数是条草。滱水也发源于此山，继而向东流，注入黄河。

原文

又北三百里，曰陆山，多美玉。䢵水（传说中的水名。䢵，jiāng）出焉，而东流注于河。

又北二百里，曰沂山（山名，今山东省沂水县北有沂山，又称东泰。沂，yí）。般水（古水名。般，pán）出焉，而东流注于河。

北百二十里，曰燕山，多婴石（传说中燕山所产的似玉美石）。燕水出焉，东流注于河。

又北山行五百里，水行五百里，至于饶山。是无草木，多瑶碧，其兽多橐驼，其鸟多鹠（liú，鸟名）。历虢之水出焉，而东流注于河。其中有师鱼（鱼名，有毒），食之杀人。

又北四百里，曰乾山（传说中的山名。乾，gān），无草木，其阳有金玉，其阴有铁而无水。有兽焉，其状如牛而三足，其名曰獂（huán，传说中野兽的名字），其鸣自詨。

又北五百里，曰伦山。伦水出焉，而东流注于河。有兽焉，其状如麋，其州（肛门，臀）在尾上，其名曰罴九。

又北五百里，曰碣石之山。绳水出焉，而东流注于河，其中多蒲夷之鱼。其上有玉，其下多青碧。

又北水行五百里，至于雁门之山，无草木。

又北水行四百里，至于泰泽。其中有山焉，曰帝都之山，广员百里，无草木，有金玉。

又北五百里，曰錞于毋逢之山，北望鸡号之山，其风如飂（lì，风急速

图说山海

116

译文

再往北三百里，有一座陆山。这座山盛产品质优良的玉石，郱水发源于这座山，之后向东流，注入黄河。

再往北二百里，有一座沂山。般水发源于这座山，继而向东流，注入黄河。

再向北一百二十里，有一座燕山，山中盛产有美丽花纹的石头。燕水就发源于此，继而向东流，最终注入黄河。

再往北行五百里，之后再走五百里水路，便到了饶山。这座山不生长草木，山中遍布着瑶、碧一类的美玉。这座山中的野兽大多数是骆驼，禽鸟类以鹎䴕鸟居多。历虢水就从这座山发源，继而向东流，注入黄河。附近水域有大量师鱼，人食用这种鱼后会中毒而亡。

再往北四百里，有一座乾山。山上不生长花草树木，山南面盛产金属矿物及玉石，山北面盛产铁，但这座山没有水。山中有一种形貌很像牛，却长着三只脚的野兽，名字叫作獂，它发出的叫声与自身名字相同。

再往北五百里，有一座伦山。伦山是伦水的发源地，伦水向东流入黄河。这座山中有一种样貌类似麋鹿的野兽，它的肛门长在尾巴上面，名字叫罴九。

再往北五百里，有一座碣石山。绳水就发源于此山，继而向东流，最终注入黄河，附近水中很多蒲夷鱼。这座山的山上盛产玉石，山下盛产青石和碧玉。

再往北行五百里水路，就到了雁门山，此山不生长任何花草树木。

再往北行四百里水路，就到了泰泽。在泰泽中，有一座名叫帝都山的山。此山方圆一百里，不生草木，盛产金属矿物及玉石。

再往北五百里，有一座錞于毋逢山。站在这座山上向北望，可以看到鸡号山，从那里吹出的风非常强劲；站在錞于这座山上向西望，可以看到幽都山，浴水就是从那里发源。幽都山中有一种红色脑袋、白色身子的大蛇，能发出如同牛叫般的声音。它出现在哪里，哪里就会有大旱灾发生。

北方第三列山系，自太行山起到毋逢山止，一共有四十六座山，逶迤一万二千三百五十里。其中，有二十座山的山神都是马身而人面。祭祀礼仪如下：将用作祭品的藻珪埋入地下。另外十四座山的山神都是猪身，佩戴着玉制饰品，祭祀礼仪如下：用玉器祭祀，不用埋入地下。另外十座山的山神的形貌是猪身，长着八只脚和蛇一样的尾巴，祭祀礼仪如下：用一块玉璧祭祀，然后埋入地下。这四十四位山神，都需要用精米来祭祀。祭祀诸山的山神都要用未经火烹调的食物。

以上是北方的山系记录，总计有八十七座山，长达二万三千二百三十里。

解析

北方第三列山系从太行山起到毋逢山止，总共记录了四十六座山的地理分布、物产矿藏、山川地貌和奇珍异兽。这些山现今大致分布在山西省、河北省、河南省、内蒙古自治区境内，其中包括了大家耳熟能详的太行山、王屋山、燕山等，也包括了自古兵家必争之地的雁门关。《北山经》记录了能飞翔的天马、四眼六翅三只脚的酸与等奇珍异兽和感人至深的神话故事"精卫填海"。

卷四 东山经

《东山经》记载了四大山系总计四十六座山的地理位置、物产矿藏、山川地貌等情况，以及发源于这些山的河流和生长在这些山上的动物与植物的形状、特点，这些山脉、水系流域中出产的矿物，掌管这些山的山神形貌以及祭祀这些山神要用的礼仪等。

《东山经》中记录的山脉，绝大部分的具体位置都难以考证。这些山大致位于山东省、安徽省、江苏省、河北省及东部海域中。

第一列山系共计十二座山。这列山系靠近现在的渤海，从这些山脉中发源的水系大多数注入北海。由此可见，《东山经》的记述顺序是由北向南的。

第二列山系从空桑山开始，共计十七座山。这列山系中多流沙，现今东方版图上并没有流沙，这大概也表明气候曾经发生过剧烈的变化。

第三列山系从石尸胡山开始，记述的植物及物产多为亚热带作物，而且有流沙。这也意味着我国东部偏南地区曾经的气候与物产和现在有所不同。

第四列山系较短，只有一千七百多里，与现在华东地区多湖泊沼泽的地貌相印证。

东山一经

原文

东山之首，曰樕䖢（sù zhū，山名）之山，北临乾昧（gān mèi，传说中的山名）。食水出焉，而东北流注于海。其中多鱅鱅（与现在的鱅鱼不同，这里指的是古代传说中的一种怪鱼。鱅，yōng）之鱼，其状如犁牛，其音如彘鸣。

又南三百里，曰藟山（山名。藟，lěi），其上有玉，其下有金。湖水出焉，东流注于食水，其中多活师（蝌蚪）。

又南三百里，曰栒状之山，其上多金玉，其下多青碧石。有兽焉，其状如犬，六足，其名曰从从，其鸣自詨（xiào，大声呼喊）。有鸟焉，其状如鸡而鼠毛，其名曰蚩鼠（传说中的一种怪鸟。蚩，zī），见则其邑大旱。汜水（古水名。汜，zhǐ）出焉，而北流注于湖水。其中多箴鱼（鱼名。箴，zhēn），其状如儵，其喙如箴，食之无疫疾。

又南三百里，曰勃垒（山名。垒，qí，通"齐"）之山，无草木，无水。

又南三百里，曰番条之山，无草木，多沙。减水（水名。减，jiǎn，通"减"）出焉，北流注于海，其中多鳡鱼（也叫竿鱼，古代称鳏鱼。鳡，gǎn）。

又南四百里，曰姑儿之山，其上多漆，其下多桑、柘。姑儿之水出焉，

从
从

北流注于海，其中多鱤鱼。

又南四百里，曰高氏之山，其上多玉，其下多箴石（古代治病所用的石制的针，亦指可用来制针的石头）。诸绳之水出焉，东流注于泽，其中多金玉。

译文

东方第一列山系的首座山是樕䍃山，这座山北面与乾昧山相邻。食水就发源于这座山，继而向东北流，最终注入大海。食水水域有很多形貌很像犁牛的鱅鱅鱼，发出的声音如同猪叫。

再往南三百里，有一座藟山。山上盛产玉石，山下盛产黄金。湖水就从这座山发源，向东流注入食水，湖水中有许多蝌蚪。

再往南三百里，有一座枸状山。山上蕴藏着丰富的金属矿物及玉石，山下储藏着丰富的青石和碧玉。这座山中有一种形状类似狗的野兽，长着六只脚，名字叫作从从，它发出的叫声与自身名字相同。山中还有一种样子像鸡却长着老鼠尾巴的鸟，名字叫作蚩鼠。它出现在哪里，哪里就会发生大旱灾。泚水就发源于这座山，继而向北，流入湖水。泚水水域有很多形状像鯈鱼，嘴巴像长针的箴鱼。人吃这种鱼的肉，就不会染上瘟疫。

再往南三百里，有一座勃垒山。山上不生长花草树木，也没有水。

再往南三百里，有一座番条山。这座山上也不生长草木，遍布着沙子。减水就发源于这座山，继而向北流，注入大海。减水中有许多鳡鱼。

再往南四百里，有一座姑儿山。山上生长着茂密的漆树，山下生长着茂密的桑树和柘树。姑儿水就从这座山发源，之后向北注入大海，水中生长着很多鳡鱼。

再往南四百里，有一座高氏山。山上蕴藏着丰富的玉石，山下盛产箴石。诸绳水就发源于此，继而向东流，最终注入湖泽，诸绳水水域金属矿物和玉石储藏量很大。

原文

又南三百里，曰岳山，其上多桑，其下多樗。泺水（源出今山东省济南市西南，北流入古济水。泺，luò）出焉，东流注于泽，其中多金玉。

又南三百里，曰犲山（古代山名。犲，chái，通"豺"，一种类狼的犬科动物），其上无草木，其下多水，其中多堪予（传说中的怪鱼。予，xù）之鱼。有兽焉，其状如夸父而彘毛，其音如呼，见则天下大水。

又南三百里，曰独山，其上多金玉，其下多美石。末涂之水出焉，而东南流注于沔（miǎn，水系名，但非为汉水的别称），其中多鯈䗥（tiáo yóng，传说中的动物名），其状如黄蛇，鱼翼，出入有光，见则其邑大旱。

又南三百里，曰泰山，其上多玉，其下多金。有兽焉，其状如豚而有珠，名曰狪狪（tóng，传说中的野兽名），其鸣自讠刂。环水出焉，东流注于汶，其中多水玉。

又南三百里，曰竹山，錞于汶，无草木，多瑶碧。激水出焉，而东南流注于娶檀之水，其中多茈蠃（紫色螺丝。蠃，luó）。

凡东山之首，自樕䗞之山以至于竹山，凡十二山，三千六百里。其神状皆人身龙首。祠：毛用一犬祈，䎃（èr，古代杀牲取血，以供祭祀）用鱼。

译文

再往南三百里，有一座岳山。山上生长着茂盛的桑树，山下以臭椿树居多。泺水就发源于这座山，继而向东注入湖泽，泺水水域蕴藏着大量金属矿物和玉石。

再往南三百里，有一座犲山。山上不生长任何草木，山下遍布着流水，附近的水中有许多堪秄鱼。这座山中有一种样貌类似猿猴，却长着一身猪毛的野兽，能发出人呼叫的声音。只要它一出现，天下就会有大水灾发生。

再往南三百里，有一座独山。山上盛产金属矿物及玉石，山下覆盖着许多漂亮的石头。末涂水就从这座山发源，继而向东南注入沔水。末涂水水域有许多形状类似黄蛇的鯈䗥。它长着鱼一样的鳍，出入水中时闪闪发光。它在哪里出现，哪里就会有大旱灾发生。

再往南三百里，有一座泰山。山上蕴藏着大量玉石，山下盛产黄金。此山中有一种形貌与猪类似，身体中有珠子的野兽，名字叫狪狪，叫声与它名字相同。环水即发源于此，继而向东流入汶水，环水中盛产水晶。

再往南三百里，有一座竹山，坐落于汶水边。山上不生长花草树木，遍布着瑶、碧一类的玉石。激水就从这座山发源，之后向东南流，最终注入娶檀水，水中有很多紫色的螺丝。

东方第一列山系从首至尾，自樕䗡山起到竹山止，一共有十二座山，逶迤三千六百里。诸山的山神形貌都是人身而龙首，祭祀礼仪如下：祭品用一只狗取血来涂祭，祷告时要用鱼。

解析

东方第一列山系从樕䗡山到竹山，总共记录了十二座山的地理位置、山川风貌、物产矿藏、奇珍异兽等。这些山大致分布在现今的山东省、安徽省一带，著名的泰山就位于这列山系之中。但因为年代久远，许多山的具体位置已经无从考证。在东山第一经中，还描述了许多草木、水系、禽鸟、走兽、鱼类等，给人留下无限向往。

狪狪

东次二经

原文

东次二山之首，曰空桑之山，北临食水，东望沮吴，南望沙陵，西望湣泽（湖泊名。湣，mǐn）。有兽焉，其状如牛而虎文，其音如钦，其名曰軨軨（líng líng，传说中野兽的名字），其鸣自叫，见则天下大水。

又南六百里，曰曹夕之山，其下多榖而无水，多鸟兽。

又西南四百里，曰峄皋（yì gāo，山脉名字）之山，其上多金玉，其下多白垩。峄皋之水出焉，东流注于激女（水名。女，rǔ，通"汝"）之水，其中多蜃珧（蜃是大蛤蜊；珧是体形较小的蚌。珧，yáo）。

又南水行五百里，流沙三进里，至于葛山之尾，无草木，多砥砺。

又南三百八十里，曰葛山之首，无草木。澧水出焉，东流注于余泽，其中多珠蟞（biē，通"鳖"）鱼，其状如肺而四目，六足有珠，其味酸甘，食之无疠（lì，恶疮、麻风）。

又南三百八十里，曰余峨之山。其上多梓、楠，其下多荆、芑。杂余之水出焉，东流注于黄水。有兽焉，其状如菟而鸟喙，鸱目蛇尾，见人则眠（假死），名曰犰狳（qiú yú，传说中的兽名，与现产于南美等地的哺乳动物犰狳不同），其鸣自訆，见则螽蝗（蝗虫。螽，zhōng）为败。

又南三百里，曰杜父之山，无草木，多水。

又南三百里，曰耿山，无草木，多水碧（绿色水晶石），多大蛇。有兽焉，其状如狐而鱼翼，其名曰朱獳（传说中的怪兽。獳，rú），其鸣自训，见则其国有恐。

珠鳖鱼

卷四 东山经

译文

东方第二列山系的首座山叫空桑山。这座山的北面临近食水,站在山上向东望可以看见沮吴,向南望可以看见沙陵,向西望可以看见湣泽。这座山中有一种形貌类似牛却长着老虎斑纹的野兽,能发出人低吟般的声音,名字叫轮轮,叫声与它自身名字相同。只要它一出现,天下就会发生大旱灾。

再往南六百里,有一座曹夕山。山下遍布着构树,没有水流,栖息着许多鸟兽。

再往西南四百里,有一座峰皋山。山上蕴藏着丰富的金属矿物和玉石,山下盛产白垩土。峰皋水就发源于这座山,继而向东流入激女水,水中有许多大大小小的蚌蛤。

向南行五百里水路,再穿过三百里流沙,就到了葛山的末尾。此处不生长草木,遍布着粗细磨石。

再往南三百八十里,是葛山的首端,这里没有花草树木。澧水就发源于此,继而向东流入余泽。澧水水域有许多样貌类似动物肺器官的珠蟞鱼。这种鱼生有四只眼睛、六只脚,能够吐出珠子,鱼肉味道酸中带甜。人吃了它的肉,就不会染上恶疮。

再往南三百八十里,有一座余峨山。山上覆盖着茂密的梓树和楠树,山下多是牡荆树和枸杞树。杂余水就从这里发源,继而向东流入黄水。这座山中有一种形貌类似兔子,却长着鸟嘴的野兽,它有着鹞鹰的眼睛和蛇的尾巴,一看见人就躺在地上装死。这种野兽的名字叫犰狳,叫声和它自身名字相同。它一出现,天下就会蝗虫成灾,危害庄稼。

再往南三百里,有一座杜父山。山上不生长花草树木,到处都是流水。

再往南三百里,有一座耿山。山上没有花草树木,盛产水晶石,山里有很多大蛇。这座山中有一种形貌类似狐狸却长着鱼鳍的野兽，名字叫作朱獳，发出的叫声与它名字类似。它出现在哪个国家，哪个国家就会发生恐怖的事情。

原文

又南三百里，曰卢其之山，无草木，多沙石，沙水出焉，南流注于涔水（水名），其中多鵹鹕（lí hú，传说中一种鸟的名字），其状如鸳鸯而人足，其鸣自讠卂，见则其国多土功。

又南三百八十里，曰姑射之山，无草木，多水。

又南水行三百里，流沙百里，曰北姑射之山，无草木，多石。

又南三百里，曰南姑射之山，无草木，多水。

又南三百里，曰碧山，无草木，多大蛇，多碧、水玉。

又南五百里，曰缑氏之山（山名，今河南省偃师县有缑氏山，传说王子乔在此修道成仙。缑，gōu），无草木，多金玉。原水出焉，东流注于沙泽。

又南三百里，曰姑逢之山，无草木，多金玉。有兽焉，其状如狐而有翼，其音如鸿雁，其名曰獙獙（bì，传说中的一种怪兽），见则天下大旱。

又南五百里，曰凫丽之山，其上多金玉，其下多箴石。有兽焉，其状如狐，而九尾、九首、虎爪，名曰蠪蚳（lóng chí，传说中的兽名），其音如婴儿，是食人。

又南五百里，曰碹山（山名。碹，zhēn），南临碹水，东望湖泽。有兽焉，其状如马而羊目、四角、牛尾，其音如嗥狗，其名曰峳峳（传说中的兽名。峳，yóu）。见则其国多狡客。有鸟焉，其状如凫（野鸭子）而鼠尾，善登木，其名曰絜钩（xié gōu，古代传说中的鸟名），见则其国多疫。

凡东次二经之首，自空桑之山至于䃌山，凡十七山，六千六百四十里。其神状皆兽身人面载（戴）觡（gé，麋鹿头上的角）。其祠：毛用一鸡祈，婴用一璧瘗。

狡狡

译文

再向南三百里，有一座卢其山。山上不生长草木，遍布着沙子和石头。沙水就发源于这座山，继而向南流，注入涔水。附近的水中有很多形貌类似鸳鸯，却长着人脚的鸳鹅，发出的叫声与它自身名字相同。它出现在哪个国家，哪个国家就会有大兴土木的劳役。

再往南三百八十里，有一座姑射山。山上不生长草木，到处都是流水。

再向南行三百里水路，穿过一百里的流沙，就到了北姑射山。这座山上到处都是石头，没有花草树木。

再往南三百里，有一座南姑射山。山上到处都是流水，没有花草树木。

再往南三百里，有一座碧山。山上不生长任何草木，栖息着许多大蛇，山中盛产碧玉和水晶石。

再往南五百里，有一座缑氏山。这座山不生长花草树木，山上蕴藏着丰富的金属矿物及玉石。原水即发源于此，继而向东注入沙泽。

再往南三百里，有一座姑逢山。山上没有花草树木，盛产金属矿物和玉石。这座山中有一种形貌类似狐狸，却长着翅膀的野兽，发出的声音就像大雁鸣叫，它的名字叫作獙獙。它一出现，天下就会有大旱灾发生。

再往南五百里，有一座凫丽山。山上蕴藏着丰富的金属和玉石，山下盛产箴石。这座山中有一种野兽，形貌类似普通的狐狸，却生有九条尾巴、九个脑袋，长着老虎一样的爪子，这种野兽的名字叫作蠪蛭，声音如同婴儿啼哭，会吃人。

再往南五百里，有一座硜山，南面临近硜水。从这座山上向东望去，可以看到湖泽。山中有一种形状像马，却长着羊的眼睛、四只角、牛尾巴，能发出如同狗叫声音的野兽，这种野兽的名字叫峳峳。它出现在哪个国家，哪个国家就会聚集一批狡辩奸猾的游士。另外，这座山中还有一种禽鸟，长相很像野鸭子，但拖着老鼠一样的尾巴，擅长爬树，名字叫作絜钩。它出现在哪个国家，哪个国家就会频发瘟疫。

东方第二列山系从首到尾,自空桑山起到硜山止,一共有十七座山,长达六千六百四十里。这些山的山神的样貌都是野兽的身子、人的面孔,头上长着麋鹿的角。祭祀礼仪如下:用一只鸡做祭品,取鸡血涂祭,玉器用一块玉璧埋入地下。

解析

东方第二列山系记载了从空桑山到硜山,共计十七座山的地理位置、物产矿藏、山川形貌,大致分布于现今的山东省、江苏省、安徽省、浙江省、福建省一带,许多山的真实山貌与地理位置已经无从考证。这列山系中的山多是石头山,山中有许多怪兽,水域有许多怪鱼。通过《山海经》对上古时期禽鸟、野兽的描述,可以让我们感受到古人类对周围生存环境的认知,具有极其特殊的历史意义。

东次三经

原文

东次三山之首，曰尸胡之山，北望𣫠山（山名。𣫠，xiáng），其上多金玉，其下多棘。有兽焉，其状如麋而鱼目，名曰妴胡（wǎn hú，兽名），其鸣自讪。

又南水行八百里，曰岐山，其木多桃李，其兽多虎。

又南水行七百里，曰诸钩之山，无草木，多沙石。是山也，广员百里，多寐鱼（即鮇鱼）。

又南水行七百里，曰中父之山，无草木，多沙。

又东水行千里，曰胡射之山，无草木，多沙石。

又南水行七百里，曰孟子之

妴胡

山，其木多梓桐，多桃李，其草多菌蒲（野菜），其兽多麋鹿。是山也，广员百里。其上有水出焉，名曰碧阳，其中多鳣鲔。

又南水行五百里，流沙五百里，有山焉，曰跂踵之山，广员二百里，无草木，有大蛇，其上多玉。有水焉，广员四十里，皆涌，其名曰深泽，其中多蠵龟（海中的大龟。蠵，xī）。有鱼焉，其状如鲤，而六足鸟尾，名曰鲐鲐（gé gé）之鱼，其鸣自叫。

又南水行九百里，曰踇隅（mǔ yú，传说中的山名）之山，其上多草木，多金玉，多赭。有兽焉，其状如牛而马尾，名曰精精，其鸣自叫。

又南水行五百里，流沙三百里，至于无皋之山，南望幼海，东望榑木（fú mù，即扶桑，传说中的神木），无草木，多风。是山也，广员百里。

凡东次三山之首，自尸胡之山至于无皋之山，凡九山，六千九百里。其神状皆人身而羊角。其祠：用一牡羊，糈用秬。是神也，见则风雨水为败。

译文

东方第三列山系的首座山叫尸胡山，从这座山上向北望，可以看见烊山。山上蕴藏着丰富的金属和玉石，山下遍布着茂盛的酸枣树。这座山中有一种形貌与麋鹿相似，却长着鱼一样眼睛的野兽，它的名字叫妴胡，叫声与它的名字相同。

再向南行八百里水路，有一座岐山。这座山中的树木大多是桃树和李树，野兽以老虎居多。

再往南行五百里水路，有一座诸钩山。山上不生长任何草木，遍布着沙子和石头。这座山方圆一百里，附近水域有许多寐鱼。

再向南行七百里水路，有一座中父山。山上到处都是沙子，没有任何花草树木。

再向东行一千里水路，有一座胡射山。山上没有花草树木，遍布着砂石。

再向南行七百里水路，有一座孟子山。山中生长着茂盛的梓树和桐树，还生长着许多桃树和李树。这座山的草类以菌、蒲居多，野兽大多是麋、鹿。这座山方圆一百里。有一条河水从山上流出来，河的名字叫碧阳，河水中生长着许多鳣鱼和鲔鱼。

再向南行五百里水路，穿过五百里流沙，有一座跂踵山。这座山方圆二百里，不生长花草树木，有大蛇，山上蕴藏着丰富的玉石。此处有一个水潭，方圆四十里的水面就像沸腾了一样，这个水潭的名字叫深泽，水潭中生长着许多蠵龟。另外，水中还生长着一种形貌与鲤鱼类似的鱼。这种鱼生有六只脚和鸟一样的尾巴，名字叫作鲐鱼，叫声与它自己的名字相同。

再向南行九百里水路，有一座踇隅山。山上生长着茂盛的花草树木，蕴藏着丰富的金属矿物及玉石，还有许多赭石。这座山中有一种形貌像牛，却长着马尾巴的野兽，名字叫精精。它发出的叫声与自身名字相同。

再向南行五百里水路，穿过三百里流沙，有一座无皋山。从山上向南望去，可以看见幼海，向东望去，可以看见扶桑树。此处没有花草树木，刮着很大的风。整座山方圆一百里。

东方第三列山系从首到尾，自尸胡山起到无皋山止，一共有九座山，长达六千九百里。这些山的山神的样貌都是人的身子，长着羊角。祭祀礼仪如下：祭品用一只公羊，米用黍米。这些山的山神出现，都会伴随着大风大雨，会暴发洪水，损坏庄稼。

解析

东方第三列山系记载了从尸胡山到无皋山总计九座山的位置分布、物产矿藏、山川地貌，以及诸山山神的祭祀礼仪等。这些山的大概位置在今天渤海之滨以及日本、朝鲜、韩国等地。这列山系因为附近水多，因此野兽较少，鱼类较多。

东次四经

原文

东次四山之首,曰北号之山,临于北海。有木焉,其状如杨,赤华,其实如枣而无核,其味酸甘,食之不疟。食水出焉,而东北流注于海。有兽焉,其状如狼,赤首鼠目,其音如豚,名曰猲狙(gé dàn,古代传说中的野兽名),是食人。有鸟焉,其状如鸡而白首,鼠足而虎爪,其名曰鬿雀(传说中会吃人的怪鸟。鬿,qí),亦食人。

又南三百里,曰旄山,无草木。苍体之水出焉,而西浪注于展水。其中多鱃鱼(即泥鳅。鱃,qiū),其状如鲤而大

猲狙

首，食者不疣（一种皮肤上长肉瘤的病症）。

又南三百二十里，曰东始之山，上多苍玉。有木焉，其状如杨而赤理，其汁如血，不实，其名曰芑（qǐ，通"杞"），可以服马。泚水出焉，而东北流注于海，其中多美贝，多茈鱼，其状如鲋，一首而十身，其臭如蘪芜，食之不糟（pì，即屁，中医指元气下泄的疾病）。

又东南三百里，曰女烝（山名。烝，zhēng）之山，其上无草木。石膏水出焉，而西注于鬲水，其中多薄鱼，其状如鳣鱼而一目，其音如欧（通"呕"，呕吐），见则天下大旱。

译文

东方第四列山系的首座山叫北号山，这座山屹立在北海之滨。山中有一种形貌与杨树类似的树木，开红色的花朵，果实与枣类似，但没有果核，味道酸中带甜。人吃了后，不患疟疾。食水就发源于这座山，继而向东北流，注入大海。这座山中有一种形貌与狼类似，却长着红色脑袋和老鼠眼睛的野兽，它能发出小猪一样的叫声，名字叫作猲狙，会吃人。另外，这座山中还有一种形貌与鸡类似的鸟。这种鸟长着白脑袋、老鼠的脚、老虎的爪子，它的名字叫鬿雀，会吃人。

再往南三百里，有一座旄山，山上没有花草树木。苍体水即发源于此，继而向西注入展水。附近水域生长着许多鳡鱼。鳡鱼形状与鲤鱼很像，头长得很大。人吃了这种鱼的肉，能让皮肤上不长瘊子。

再向南三百二十里，有一座东始山。这座山上盛产青玉，山中有一种形貌与杨树很像的树木，生有红色纹理，树干中的液汁与血相似，不结果实，名字叫作芑。将这种树的液汁涂在马身上，会让马变得驯服。泚水就从这座山发源，之后向东北流，最终注入大海。泚水中生长着许多美丽的贝壳，还有很多茈鱼。这种鱼的样貌类似鲫鱼，但这种鱼长着一个脑袋十个身子。它的气味与蘪芜类似。人吃了这种鱼，就会少放屁。

再往东南三百里，有一座女烝山。山上没有任何花草树木。石膏水就这里发源，继而西注入鬲水。石膏水水域有很多形貌与鳝鱼类似的薄鱼。薄鱼长着一只眼睛，能发出类似人呕吐的声音。它一出现，天下就会有大旱灾发生。

原文

又东南二百里，曰钦山，多金玉而无石。师水出焉，而北流注于皋泽，其中多鳡鱼，多文贝。有兽焉，其状如豚而有牙（这里指露出唇外的獠牙锯齿），其名曰当康，其鸣自叫，见则天下大穰（ráng，庄稼丰收）。

又东南二百里，曰子桐之山。子桐之水出焉，而西流注于余如之泽。其中多䱻鱼（传说中的鱼名。䱻，huá），其状如鱼而鸟翼，出入有光，其音如鸳鸯，见则天下大旱。

又东北二百里，曰剡山（山名。剡，shàn），多金玉。有兽焉，其状如彘而人面，黄身而赤尾，其名曰合窳（hé yǔ，神话中的兽名），其音如婴儿。是兽也，食人，亦食虫蛇，见则天下大水。

又东二百里，曰太山，上多金玉、桢木（即女桢，一种灌木，其子可以入药）。有兽焉，其状如牛而白首，一目而蛇尾，其名曰蜚，行水则竭，行草则死，见则天下大疫。钩水出焉，而北流注于劳水，其中多鳡鱼。

凡东次四山之首，自北号之山至于太山，凡八山，一千七百二十里。

右东经之山，凡四十六山，万八千八百六十里。

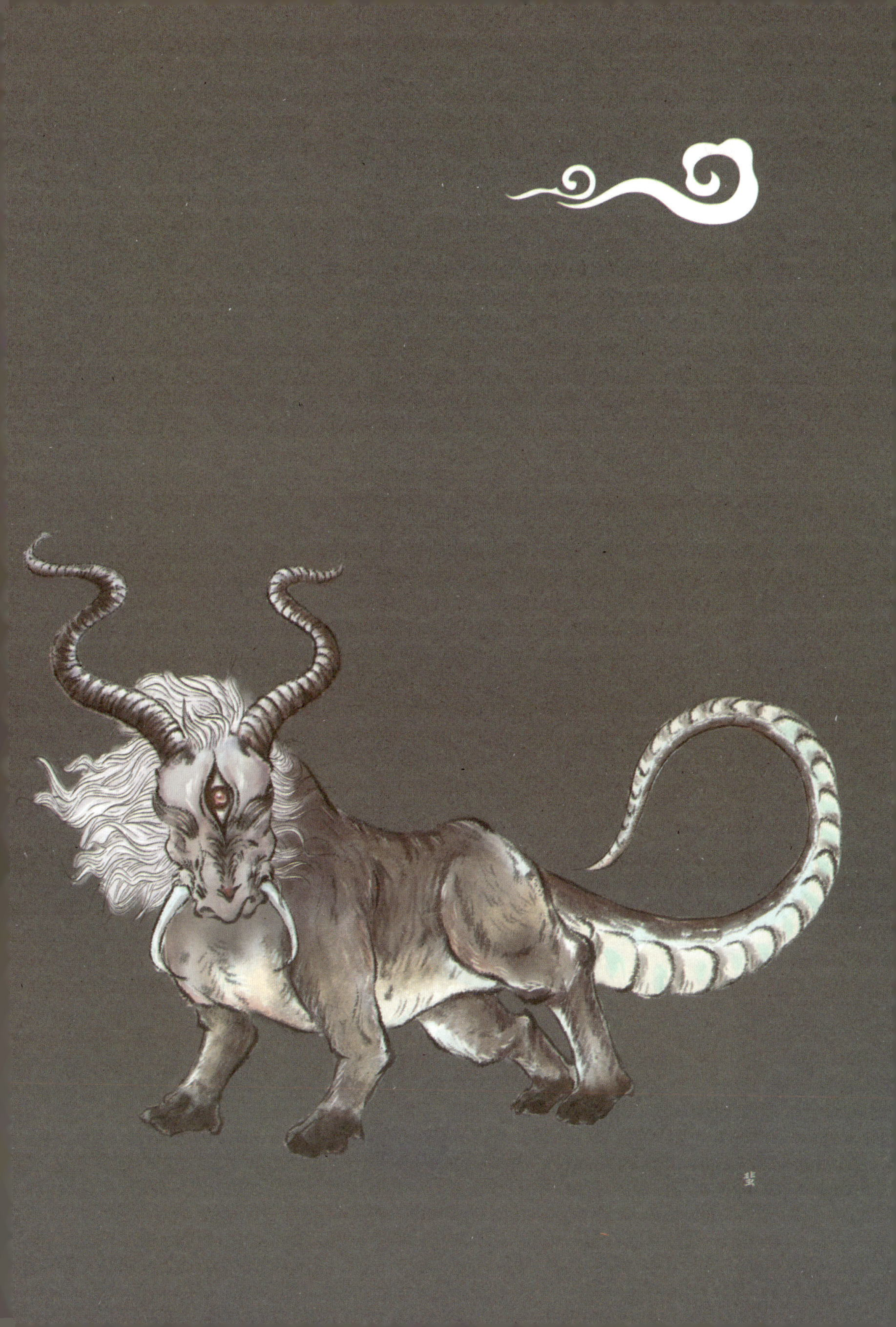

译文

再往东南二百里，有一座钦山。这座山中蕴藏着大量的金属矿物和玉石，山上没有石头。师水就从这座山发源，继而向北流入皋泽。师水水域生长着许多鳝鱼和色彩斑斓的贝壳。这座山中有一种形貌类似小猪，却长着大獠牙的野兽，名字叫作当康，它发出的叫声与它自身名字类似。只要它一出现，天下就会获得大丰收。

再往东南二百里，有一座子桐山。子桐水即发源于此山，继而向西流，最终注入余如泽。附近的水域生长着很多鳑鱼。这种鱼的形貌与一般的鱼类似，但长着禽鸟的翅膀，出入水中时会闪闪发光，能发出如同鸳鸯鸣叫般的声音。它一出现，天下就会有大的旱灾发生。

再往东北二百里，有一座剡山，山上蕴藏着大量金属矿物和玉石。这座山中有一种形貌类似普通猪，却长着人脸的野兽。这种野兽有黄色的身子和红色的尾巴，名字叫合窳，能发出如同婴儿啼哭的叫声，以虫和蛇为食，能吃人。它一出现，天下就会有大水灾发生。

再往东二百里，有一座太山。山上盛产金属和玉石，生长着大量的女桢树。这座山中有一种野兽，形貌与牛类似，长着白色的脑袋，生有一只眼睛和蛇一样的尾巴，名字叫作蜚。只要是它路过的地方，水会干涸，草木会枯死。它一出现，天下就会发生严重的瘟疫。钩水即发源于这座山，继而向北注入劳水，水域有很多鳝鱼。

东方第四列山系从首到尾，自北号山起到太山止，一共有八座山，长达一千七百二十里。

以上即是《东山经》所有山脉的记录，共计有四十六座山，长达一万八千八百六十里。

解析

东方第四列山系记载了从北号山到太山，总计八座山的地理分布、山川形貌，这些山主要分布在现今山东省、河北省、江苏省境内，附近水域遍布着许多怪兽和怪鱼，如一首十身的茈鱼、能预测大旱的鳡鱼等。

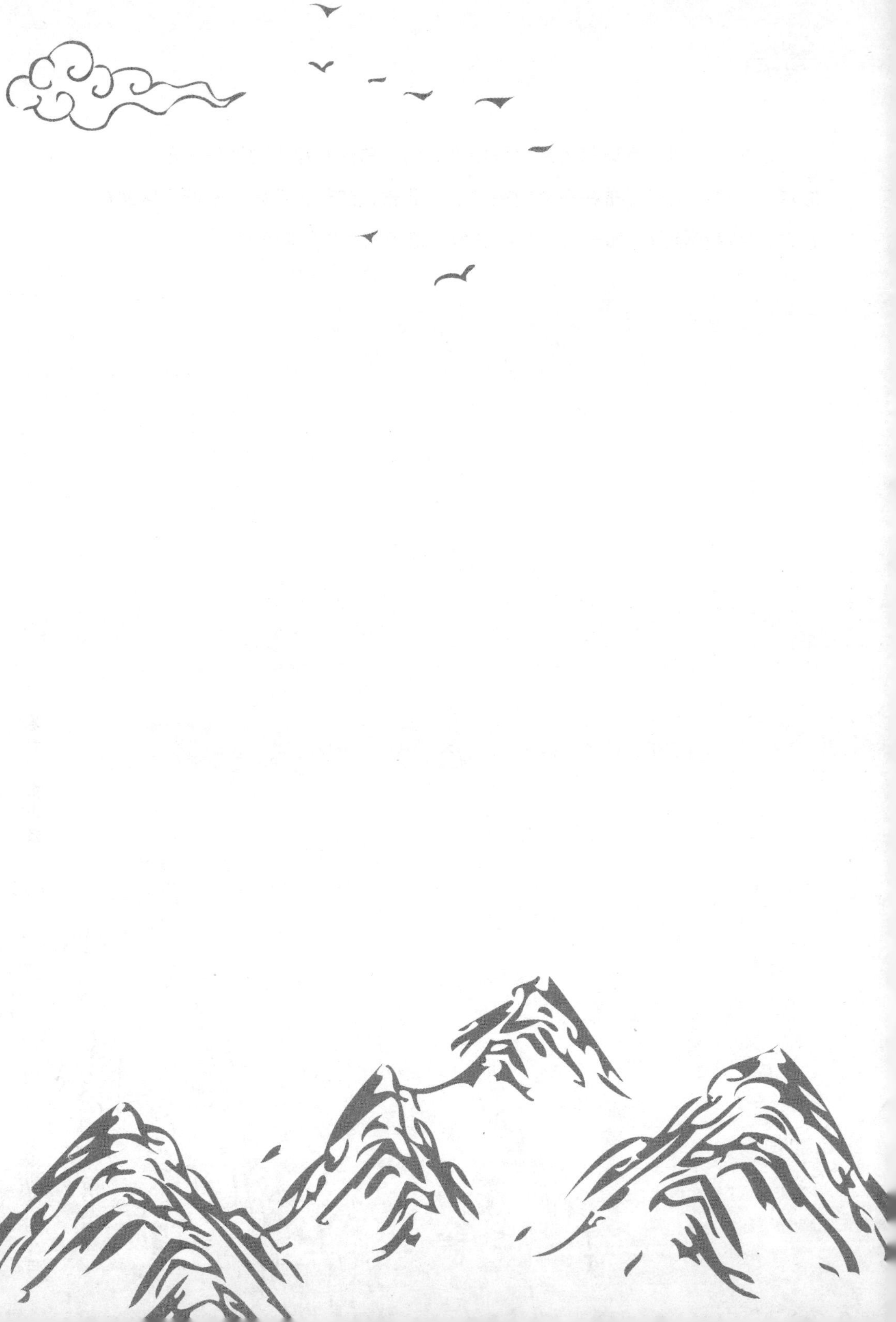

卷五 中山经

《中山经》记录了十二列山系总共一百九十七座山的地理位置，发源于这些山脉的河流及山中生长的动物、植物的形状、特点等，也描述了这些山脉及水域出产的矿物和与这些山、水有关的神灵形貌、历史人物，也介绍了祭祀这些山神的礼仪等。《中山经》中记载的山脉总长度达到两万一千三百七十一里，其中三分之一左右山脉的具体位置可以确定。

《中山经》在《山海经》诸经中篇幅最为浩繁，记录顺序是每列山系由西至东，下一列山系由东向西接续，十二列山系由北至南排列。《中山经》中记载了很多名山，如少室山、太室山、荆山等，也多次出现过"岐山"。需要注意的是，这里的岐山不是周人故地陕西岐山。

另外，《中山经》中还记载了许多动植物的药用价值，这方面也体现出中医医学体系悠久的历史，医学水平也随着活动地域的扩大而得到提高。《中山经》中描述的山神有鸟首、猪首、龙首等，各不相同。这方面的描述很可能与氏族部落崇拜的图腾有关，对研究上古时期各部落文明发展及部落活动具有很高的参考价值。

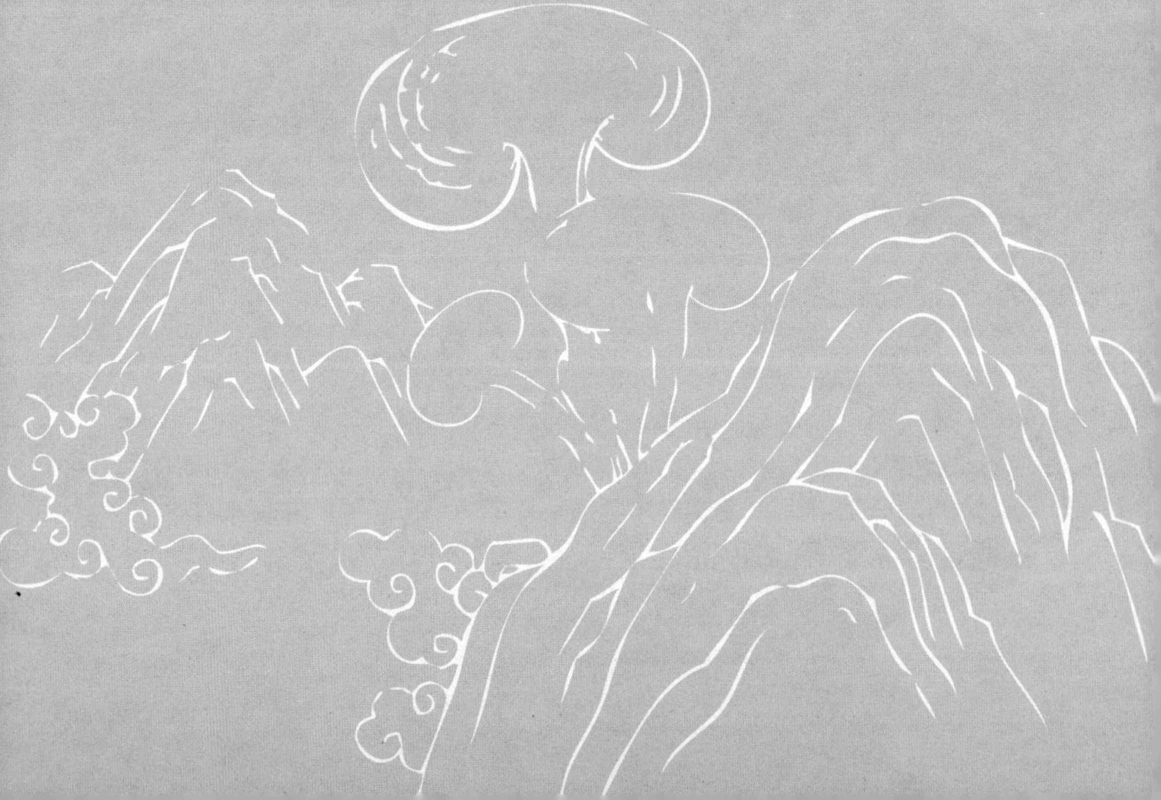

中山一经

原文

中山薄山之首，曰甘枣之山，共水（古水名。共，gōng）出焉，而西流注于河。其上多枞木。其下有草焉，葵本而杏叶，黄华而荚实，名曰箨（tuò，本义是竹皮、笋壳，这里指一种草名），可以已瞢（méng，指眼睛看不清楚一类的疾病）。有兽焉，其状如𪕤鼠（鼠名，具体指哪种动物不详。𪕤，huǐ）而文题，其名曰㔮（nuó，兽名），食之已瘿。

又东二十里，曰历儿之山，其上多橿，多枥木（古树名。枥，lì）。是木也，方茎而员叶，黄华而毛，其实如楝（liàn，落叶乔木，种子和树皮都可入药），服之不忘。

又东十五里，曰渠猪之山，其上多竹。渠猪之水出焉，而南流注于河。其中是多豪鱼，状如鲔（wěi，鲟鱼的古名），而赤喙赤尾赤羽，可以已白癣。

又东三十五里，曰葱聋之山，其中多大谷，是多白垩，黑、青、黄垩。

又东十五里，曰湊山（山的名字。湊，wō），其上多赤铜，其阴多铁。

又东七十里，曰脱扈之山。有草焉，其状如葵叶而赤华，荚实，实如棕荚，名曰植楮（传说中的草名。楮，chǔ），可以已癙（shǔ，即瘘管，人或动物由于外伤或脓肿引起的疾病），食之不眯。

又东二十里，曰金星之山，多天婴（植物名，可入药），其状如龙骨，可以已痤（cuó，痤疮，一种皮肤病，俗称"粉刺"）。

又东七十里，曰泰威之山。其中有谷，曰枭谷，其中多铁。

又东十五里，曰橿谷之山。其中多赤铜。

豪鱼

译文

　　中央第一列山系——薄山山系——的首座山名叫甘枣山。共水从此处发源，继而向西流入黄河。山上生长着茂密的杻树。山下生长着一种草，这种草的根像葵菜一样，叶子长得与杏树的叶子很相似，开黄色的花，结带荚的果，这种草的名字叫作箨。人吃了这种草，能够治愈眼花。这座山中还有一种形貌类似䶄鼠的野兽，䶄鼠额头上长着花纹，名字叫𤡔。人吃了它，能治疗脖子上的赘瘤。

　　再向东二十里，有一座历儿山，山上遍布着大量的檀树和枥树。这种树的茎干是方形的，长着圆形的叶子，开黄色的花，花瓣上有茸毛，果实与楝树结的果实相似。人吃了这种果子，可以增强记忆力。

　　再向东十五里，有一座渠猪山，山上遍布着茂盛的竹子。渠猪水就发源于这座山，继而向南流，注入黄河。渠猪水水域盛产豪鱼。这种鱼类似鲔鱼，但长着红色的嘴巴和有红色羽毛的尾巴。人吃了这种鱼，能治疗白癣病。

　　再向东三十五里，有一座葱聋山。山中有很多又深又长的大峡谷，这座山盛产白垩土、黑垩土、青垩土、黄垩土。

　　再向东十五里，有一座凑山。山上盛产黄铜，山北面出产铁。

　　再往东七十里，有一座脱扈山。这座山中有一种形状类似葵菜叶子，开着红花，结着带荚果实的草。这种果实的荚与棕树的果荚十分相似，名字叫作植楮，能够治疗瘘管病，服食它可以让人不做噩梦。

　　再向东二十里，有一座金星山。这座山中遍布着天婴。这种植物的形貌类似龙骨，能够治疗痤疮。

　　再往东七十里，有一座泰威山。山中有一道名字叫作枭谷的峡谷，盛产铁。

　　再往东十五里，有一座橿谷山。这座山中蕴藏着丰富的黄铜。

原文

又东百二十里，曰吴林之山，其中多葌草（茅草。葌，jiān，通"菅"）。

又北三十里，曰牛首之山。有草焉，名曰鬼草，其叶如葵而赤茎，其秀（植物的花）如禾，服之不忧。劳水出焉，而西流注于潏水（水名，现在有潏水，源自终南山，北流注入渭水。潏，jué）。是多飞鱼，其状如鲋鱼，食之已痔衕（zhì dòng，即痔漏，俗称痔疮）。

又北四十里，曰霍山，其木多穀。有兽焉，其状如狸，而白尾有鬣，名曰朏朏（fěi，传说中的一种怪兽名），养之可以已忧。

又北五十二里，曰合谷之山，是多薝棘（zhān jí，植物名）。

又北三十五里，曰阴山，多砺石、文石。少水出焉，其中多雕棠，其叶如榆叶而方，其实如赤菽（chì shū，即赤小豆），食之已聋。

又东北四百里，曰鼓镫之山，多赤铜。有草焉，名曰荣草，其叶如柳，其本如鸡卵，食之已风。

凡薄山之首，自甘枣之山至于鼓镫之山，凡十五山，六千六百七十里。历儿，冢也。其祠礼：毛，太牢之具；县婴（围绕、环绕）以吉玉。其余十三者，毛用一羊，县婴用藻珪，瘗而不糈。藻珪者，藻玉也，方其下而锐其上，而中穿之加金。

译文

再往东一百二十里,有一座吴林山,这座山中遍布着兰草。

再往北三十里,有一座牛首山。山中生长着一种名字叫鬼草的草。这种草的叶子与葵菜叶类似,长着红色的茎干,开的花与禾苗吐穗时的花絮十分相似。人吃了它,能够无忧无虑。劳水就发源于这座山,继而向西流入潏水。劳水水域生长着很多飞鱼,飞鱼形貌与鲫鱼类似。人吃了这种鱼的肉,能治愈肛瘘一类的疾病。

再往北四十里,有一座霍山。这座山中生长着大量构树。山中有一种形状与野猫相似的野兽,长着白尾巴,脖子上生长着鬃毛,名字叫作朏朏。人饲养它,能够消除忧愁。

再往北五十二里,有一座合谷山。这座山遍布着蓍棘。

再往北三十五里,有一座阴山。山中盛产粗磨石和色彩斑斓的漂亮石头。少水就发源于这座山。山中遍布着雕棠树。这种树叶子与榆树叶相似,但呈四方形,结出的果实与红豆很像。人吃了这种果实,能

朏朏

够治愈耳聋。

再往东四百里，有一座鼓镫山。山上蕴藏着丰富的黄铜。这座山中有一种名叫荣草的草。荣草的叶子与柳树叶类似，根茎与鸡蛋相似。人吃了它，能治愈风痹病。

薄山山系从首至尾，自甘枣山起到鼓镫山止，一共有十五座山，长达六千六百七十里。诸山的宗主是历儿山，祭祀礼仪如下：祭品用猪、牛、羊齐全的三牲，悬挂上美玉祭祀。祭祀其余十三座山的山神，用一只羊作为祭品，环绕陈列玉器中的藻珪，祭祀完成后，将其埋入地下，不用精米祭祀。所谓的藻珪就是藻玉，下端为长方形，上端有尖角，中间有穿孔，嵌入金属作为装饰。

解析

薄山山系记载了从甘枣山到鼓镫山总计十五座山的山川地貌、地理位置、物产矿藏等地理情况。这些山大致位于现今的山西省境内。这些山中有许多具有药用价值的动物和植物，对地理环境和矿产也多有描述。这些记录对现今研究地壳变化有着特殊的作用和意义。

中次二经

原文

中次二山济山之首，曰辉诸之山，其上多桑，其兽多㸲（lú，古兽名，传说是一种长着羚羊角，形状像驴的动物）麋，其鸟多鹖（hé，一种像野鸡，天性善斗的鸟）。

又西南二百里，曰发视之山，其上多金玉，其下多砥砺。即鱼之水出焉，而西流注于伊水。

又西三百里，曰豪山，其上多金玉而无草木。

又西三百里，曰鲜山，多金玉，无草木。鲜水出焉，而北流注于伊水。其中多鸣蛇，其状如蛇而四翼，其音如磬（qìng，古代的一种石制打击乐器），见则其邑大旱。

又西三百里，曰阳山，多石，无草木。阳水出焉，而北流注于伊水。其中多化蛇，其状如人面而豺身，鸟翼而蛇行（像蛇一样蜿蜒前行），其音如叱呼，见则其邑大水。

又西二百里，曰昆吾之山，其上多赤铜。有兽焉，其状如彘而有角，其音如号，名曰蠪蚳，食之不眯。

又西百二十里，曰葌山。葌水出焉，而北流注于伊水，其上多金玉，其下多青、雄黄。有木焉，其状如棠而赤叶，名曰芒草（又名蔄草、莽草，形状像石楠而叶稀，有毒，产于我国中部、南部及西南等地），可以毒鱼。

又西一百五十里，曰独苏之山，无草木而多水。

又西二百里，曰蔓渠之山，其上多金玉，其下多竹箭。伊水出焉，而东流注于洛。有兽焉，其名曰马腹，其状如人而虎身，其音如婴儿，是食人。

凡济山之首，自辉诸之山至于蔓渠之山，凡九山，一千六百七十里。其神皆人面而鸟身。祠用毛，用一吉玉，投而不糈。

马腹

译文

中央第二列山系济山山系的第一座山叫作辉诸山。这座山上遍布着桑树,山中野兽以山驴和麋鹿居多,鸟大多数是鹖鸟。

再往西南二百里,有一座发视山。这座山中盛产金属矿物和玉石,山下盛产磨石。即鱼水就发源于这座山,继而向西注入伊水。

再往西三百里,有一座豪山。山上蕴藏着丰富的金属矿物和玉石,不生长花草树木。

再往西三百里,有一座鲜山。山里盛产金属矿物和玉石,不生长花草树木。鲜水发源于此,继而向北流入伊水。这座山中还生长着许多鸣蛇。这种蛇的形貌与普通蛇类似,但长着四只翅膀,叫声就像敲磬发出的声音。这种蛇出现在哪里,哪里就会有大旱灾发生。

再往西三百里,有一座阳山。山上不生长草木,到处都是石头。阳水发源于这座山,继而向北流,最终注入伊水。阳水水域有许多化蛇。这种蛇生有人的面孔、豺的身子,还有禽鸟的翅膀,像普通蛇一样蜿蜒爬行,声音如同人的呵斥声。它出现在哪里,哪里就会出现水灾。

再往西二百里,有一座昆吾山。山上蕴藏着丰富的赤铜。这座山中有一种形貌类似猪,却长着角,能发出人类号啕大哭声音的野兽,名字叫作䖪蛭。人吃了它的肉,就不会做噩梦。

再往西一百二十里,有一座菱山。菱水就从这座山发源,继而向北流入伊水。山上蕴藏着丰富的金属矿物和玉石,山下盛产石青、雄黄。山中有一种植物,形状与棠梨树很像,叶子是红色的,名字叫作芒草,能够将鱼毒死。

再往西一百五十里,有一座独苏山。这座山上没有草木,到处都是水流。

再往西二百里,有一座蔓渠山。山上盛产金属矿物和玉石,山下到处都是低矮的小竹丛。伊水就发源于此,继而向东流入洛水。这座山中有一种名字叫作马腹的野兽。这种野兽长着人的面孔和老虎的身子,能发出类似婴儿啼哭的声音,会吃人。

济山山系从首至尾,自辉诸山起到蔓渠山止,一共有九座山,长达一千六百七十里。诸山山神的形貌都是人面鸟身。祭祀礼仪如下:用毛物做祭品,还要一块美玉。将这些祭品都扔进山谷中,不用米来祭祀。

解析

济山山系记载了从辉诸山到蔓渠山共计九座山的地理位置、山川形貌、物产矿藏等方面的情况。这些山的地理位置大致位于现今河南省境内。中次二山经记录了各种植物、矿藏,让人难忘的奇珍异兽,以及古人类祭祀山神的礼仪和方法。

四海八荒考

洛河是我国黄河的重要支流,而伊河则是洛河的支流之一,发源于熊耳山南麓的栾川县陶湾镇,中途流经嵩县、伊川、熊耳山南麓、伏牛山北麓、洛阳,最终注入洛河,与洛水汇合后称为伊洛河。伊河、洛河流域是河洛文化的发源地,被西方历史学家称为"东方的两河文明"。我国著名的世界文化遗产龙门石窟就位于伊河两岸。

《汉书·地理志》中记载,伊河出熊耳山。但经过现代地质科学家多次考察,根据山体结构和地质特点分析,伊河发源于伏牛山系。因此,"出熊耳山"的说法可能有误。二里头遗址就位于伊、洛二水之间。根据考古和研究,证明这里是公元前20世纪我国乃至东亚地区最早具有明确城市规划的大型都邑的区域。考察发现,这里不仅有我国最早的城市主干道网、最早的宫城、最早的宫殿建筑群,也有最早的封闭式官营手工业作坊区,最早的青铜礼乐乐器群、兵器群及青铜器铸造作坊,还有最早的使用双轮车的证据。二里头文化遗址也被誉为"华夏第一王都"。

　　传说酒祖杜康就在伊河支流造酒，因此伊河又名杜康河。《水经注》记载，杜康河"源出牛山，会于伊，长十里"。杜康河源自伊川县葛寨乡黄兑村南的一座小山——牛山，流经汝阳县蔡店乡、伊川县白元乡，最终注入伊河。在伊川、汝阳两县境内出土了众多先秦时期的酒器、酒具，还发现了杜康造酒的遗迹。

中次三经

原文

中次三山萯山（古山名。萯，bèi）之首，曰敖岸之山，其阳多㻬琈之玉，其阴多赭（zhě，一种可以用作染料的红色矿石）、黄金。神熏池居之。是常出美玉。北望河林，其状如茜（多年生草本植物，茎方形，有逆刺，可制染料，也可以入药）如举（榉柳，一种落叶乔木，叶小，呈椭圆形，有毒）。有兽焉，其状如白鹿而四角，名曰夫诸，见则其邑大水。

又东十里，曰青要之山，实惟帝之密都。是多䴇鸟（jiā niǎo，一种鸟的名字，或为野鹅）。南望墠渚（地名。墠，shàn），禹父之所化。是多仆累（即蜗牛）、蒲卢（一种具有圆形贝壳的软体动物）。魃（shén，传说鬼中的神灵）武罗司之，其状人面而豹文，小要（通"腰"）而白齿，而穿耳以镤（qú，金银制成的耳环），其鸣如鸣玉。是山也，宜女子。畛水（水名。畛，zhěn）出焉，而北流注于河。其中有鸟焉，名曰鹞（yǎo，鸟的名字），其状如凫，青身而朱目赤尾，食之宜子。有草焉，其状如葌，而方茎、黄华、赤实，其本如藁本，名曰荀草，服之美人色。

又东十里，曰騩山（山名。騩，guī），其上有美枣，其阴有㻬琈之玉。正回之水出焉，而北流注于河。其中多飞鱼，其状如豚而赤文，服之不畏雷，可以御兵。

又东四十里，曰宜苏之山，其上多金玉，其下多蔓居之木。瀴瀴（水名，今河南省嵩县西有瀴水。瀴，yōng）之水出焉，而北流注于河，是多黄贝。

又东二十里，曰和山，其上无草木而多瑶、碧，实惟河之九都（九条河的发源地）。是山也五曲，九水出焉，合而北流注于河，其中多苍玉。吉神泰逢司之，其状如人而虎尾，是好居于萯山之阳，出入有光。泰逢神动天地气也。

凡萯山之首，自敖岸之山至于和山，凡五山，四百四十里。其祠：泰逢、熏池、武罗皆一牡羊副（pì，剖开），婴用吉玉。其二神用一雄鸡瘗之。糈用稌。

译文

中央第三列山系萯山山系的首座山叫敖岸山。这座山的南面盛产㻬玉，山北面盛产赭石、黄金。有一位叫作熏池的神在这里居住。这座山中经常能够发现美玉。从这座山向北望，能够看见黄河与大片葱郁的丛林。这些树木的形状类似茜草和榉柳。山中有一种形貌类似普通白鹿，却长着四只角的野兽，名字叫作夫诸。它出现在哪里，哪里就会发生大的水灾。

再往东十里，有一座青要山。这个地方实际上是天帝的密都。这里栖息着许多野鹅。从青要山向南望，可以看见墠渚。墠渚是大禹的父亲鲧化为黄熊的地方。此处有许多的蜗牛、蒲卢。这座山由山神武罗掌管。这位神长着人的面孔，身子上长着豹子一样的斑纹，有着细小的腰身和洁白的牙齿，耳朵上穿挂着金银环，能发出玉石彼此撞击的声音。这座山非常适合女子居住。畛水就发源于这座山，继而向北流入黄河。这座山中有一种名字叫作鸰的鸟。鸰鸟的形貌与野鸭子类似，身体为青色，长着浅红色的眼睛和深红色的尾巴。人吃了这种鸟的肉，可以多生孩子。这座山中还生长着一种形状类似兰草的草，茎干呈四方形，开黄色的花，

武罗

结红色的果实，根部与藁本的根很像，名字叫作荀草。人吃了它，气色会很好。

再往东十里，有一座骐山。山中盛产味道甜美的枣子，山北面盛产琈琈玉。正回水就发源于这座山，继而向北流入黄河。正回水域生长着许多飞鱼。飞鱼形貌类似小猪，身上长满了红色斑纹。人吃了它的肉，就不会害怕打雷，还能躲避兵器带来的伤害。

再往东四十里，有一座宜苏山。山上蕴藏着大量金属矿物和玉石，山下遍布着繁茂的蔓荆。潕潕水就发源于这座山，继而向北流入黄河，附近水域有很多黄色的贝壳。

再往东二十里，有一座和山。这座山上不生长花草树木，盛产瑶、碧一类的美玉，是黄河的九条水源汇聚的地方。这座山有五层盘旋回转，有九条水系发源于此，继而汇合起来向北注入黄河。附近水域蕴藏着大量的青玉。掌管这座山的神是吉神泰逢。这位神的形貌类似人，却长着老虎一样的尾巴，喜欢住在萯山南面向着太阳的地方。他出入时有亮光，能够兴云吐雾。

萯山山系从首到尾，自敖岸山起到和山止，总计有五座山，逶迤四百四十里。祭祀礼仪如下：泰逢、熏池、武罗三位神都是用一只公羊劈开来祭祀，祭祀用的玉器要用吉玉；其余两位山神要用一只公鸡献祭，然后埋入地下，祭祀时的精米用稻米。

解析

中次三经记载了从敖岸到和山共计五座山的地理位置和物产矿藏。目前，这些山大致分布在河南省境内。这列山系中不仅详尽描述了五座山中的动植物，还记述了武罗、泰逢等神人，介绍了古人祭祀他们的礼仪，给后人留下了无穷的想象空间。

四海八荒考

青要山目前位于我国河南省洛阳市新安县西北部，属于黛眉山世界地质公园的组成部分，大部分土壤是棕色森林土，耕地也是棕壤。这里树木生长繁茂，枯枝落叶覆盖地表，土壤疏松肥沃。整座山都被天然次生林覆盖，并由乔木、灌木、藤本、草木、菌类形成自然植物群落，是天然的植物园。

吕梁地质运动后，这个地区的地壳逐渐稳定，以前的崇山峻岭被长期风化、剥蚀，成为平原状态。寒武纪初期，这个地区又缓缓下降，陷于浅海地带，沉积了杂色灰岩。寒武纪后期，地壳生起，因此缺失了上寒武纪地层。随后，在加里东运动的影响下，该区升降频繁，经过三叠纪时期，受到燕山运动的影响，这个地区逐渐形成陡峭的山峰和深邃的幽谷，进而形成了今日的地貌形态。

传说上古时代，生活在黄河流域的几十个民族部落为了争夺生存空间，经常爆发战争。黄帝先在阪泉打败炎帝，又在河北涿鹿与蚩尤大战。两军大战，杀得天昏地暗，尸横遍野。最后，蚩尤被黄帝打败。蚩尤余部退守青要山，据险抗争。青要山的土著居民中的"要人"部落中有一位本领高强的武罗姑娘，施展"以柔克刚"之术，帮助黄帝将蚩尤余部收服，并促进了各部落之间相互通婚，和睦共处。炎、黄、蚩尤通过连年战争，最后达成和解，并在青要山结盟，完成了中华民族历史上的第一次融合。

中次四经

原文

中次四山厘山之首，曰鹿蹄之山，其上多玉，其下多金。甘水出焉，而北流注于洛，其中多泠石（一种矿石，性柔软。泠，gàn）。

西五十里，曰扶猪之山，其上多礝石（仅次于玉的美石。礝，ruǎn，通"碝"）。有兽焉，其状如貉（hé，外形像狐狸，皮很珍贵）而人目，其名曰𧲨（yín，传说中的兽名，也有人认为是麋）。虢水出焉，而北流注于洛，其中多瓀（ruǎn，似玉的美石。）石。

又西一百二十里，曰厘山，其阳多玉，其阴多蒐（sōu，茜草，根紫红色，可做染料，也可入药）。有兽焉，其状如牛，苍身，其音如婴儿，是食人，其名曰犀渠。滽滽之水出焉，而南流注于伊水。有兽焉，名曰𤟤（jié，即獭，常栖息水边，善游泳），其状如獳犬（被激怒的狗。獳，nòu）而有鳞，其毛如彘鬣。

又西二百里，曰箕尾之山，多榖，多涂石，其上多㻬琈之玉。

又西二百五十里，曰柄山，其上多玉，其下多铜。滔雕之水出焉，而北流注于洛。其中多羬羊。有木焉，其状如樗，其叶如桐而荚实，其名曰茇（bá，古树名），可以毒鱼。

又西二百里，曰白边之山，其上多金玉，其下多青、雄黄。

又西二百里，曰熊耳之山，其上多漆，其下多棕。浮濠之水出焉，而西流注于洛，其中多水玉，多人鱼。有草焉，其状如苏而赤华，名曰葶苎（tíng nìng，一种毒草的名字），可以毒鱼。

又西三百里，曰牡山，其上多文石，其下多竹箭、竹䉋，其兽多㸉牛、羬羊，鸟多赤鷩。

又西三百五十里，曰讙举之山。雒水（水名。雒，luò）出焉，而东北流注于玄扈之水，其中多马肠（兽名）之物。此二山者，洛间也。

凡厘山之首，自鹿蹄之山至于玄扈之山，凡九山，千六百七十里。其神状皆人面兽身。其祠之：毛用一白鸡，祈而不糈；以采衣之。

犀渠

译文

中央第四列山系厘山山系的第一座山叫作鹿蹄山，山上盛产玉，山下蕴藏着大量黄金。甘水就发源于这座山，继而向北流，注入洛水，附近水域蕴藏着大量的泠石。

再向西五十里，有一座扶猪山，山上大量出产礝石。山中有一种形貌类似貉，却长着人眼睛的野兽，这种野兽的名字叫作䴢。虢水就发源于这座山，继而向北流入洛水，虢水水域盛产瓀石。

再往西一百二十里，有一座厘山。山的南面盛产玉石，山的北面长着茂密的茜草。山中有一种形貌类似普通牛的野兽，全身为青黑色，能够发出如同婴儿啼哭的声音，会吃人，这种野兽的名字叫犀渠。滽滽水就发源于这座山，继而向南流入伊水。这座山还有一种名字叫作獜的野兽，形貌与獳犬类似，全身长有鳞甲，长着猪鬃一样的毛。

再往西二百里，有一座箕尾山。山上遍布着构树，盛产涂石，还蕴藏着大量的琈玉。

再往西二百五十里，有一座柄山。山上蕴藏着丰富的玉石，山下大量出产铜。滔雕水就发源于这座山，继而向北流，注入洛水。山中有许多羬羊。这座山中还生长着一种类似臭椿树的树木，叶子与梧桐树叶类似，结带荚的果实。这种树的名字叫作茇，可以毒死鱼。

再往西二百里，有一座白边山。山上蕴藏着丰富的金属矿物和玉石，山下盛产石青、雄黄。

再往西二百里，有一座熊耳山。山上生长着茂密的漆树，山下遍布着棕树。浮濠水就发源于这座山，继而向西流入洛水。浮濠水水域有大量水晶石，还生长着许多人鱼。这座山中有一种形状类似苏草，却开着红花的草，名字叫作是薚苓，能毒死鱼。

再往西三百里，有一座牡山。山中遍布着五彩斑斓的石头，山下生长着竹箭、竹䉋之类的低矮竹丛。山中的野兽大多数是炸牛、羬羊，而鸟类以赤鷩鸟居多。

再往西三百五十里，有一座谨举山。雒水从这座山发源，继而向东北流入玄扈水。玄扈山生长着许多类似马肠的怪物。洛水就在谨举山与玄扈山之间。

厘山山系从首至尾，自鹿蹄山起到玄扈山止，总计有九座山，长达一千六百七十里。诸山山神的形貌都是人面兽身。祭祀礼仪如下：用一只白色鸡作为祭品，取血献祭，祭祀不用精米，用彩色的帛将鸡包裹起来。

解析

中次四经记载了从鹿蹄山到玄扈山共计九座山的地理位置和山川风貌。这些山大致分布在今河南省、陕西省一带。这些山中盛产黄金、玉石、雄黄等矿物，还有许多草药、奇珍异兽及一些有毒的植物，只是其中有些山的具体地理位置已经难以考证了。

中次五经

原文

中次五山薄山之首，曰苟林之山，无草木，多怪石。

东三百里，曰首山。其阴多榖、柞，其草多𦬸（zhú，即山蓟，是一种药材，分为苍术和白术）、芫，其阳多㻬琈之玉，木多槐。其阴有谷，曰机谷，多䳢（dài，鸟名）鸟，其状如枭而三目，有耳，其音如录（当作"鹿"），食之已垫（中医指因居住在低下潮湿的地方引发的疾病）。

又东三百里，曰县䰠之山（山名。䰠，zhú），无草木，多文石。

又东三百里，曰葱聋之山，无草木，多𪩘石（即蚌石，品质仅次于玉的一种石头。𪩘，bàng）。

东北五百里，曰条谷之山，其木多槐桐，其草多芍药、虋冬（即门冬，草药名。分两种，一种为麦门冬，一种为天门冬。虋，mén）。

又北十里，曰超山，其阴多苍玉，其阳有井，冬有水而夏竭。

又东五百里，曰成侯之山，其上多櫄木（即椿树。櫄，chūn，通"椿"），其草多芁（jiāo，秦芁，一种药材）。

又东五百里，曰朝歌之山，谷多美垩。

又东五百里，曰槐山，谷多金锡。

又东十里，曰历山，其木多槐，其阳多玉。

译文

中央第五列山系薄山山系的第一座山叫作苟林山。这座山上不生长任何花草树木，遍布着奇形怪状的石头。

向东三百里，有一座首山。首山的北面生长着茂密的构树和柞树。这里的草类以荣草、芫华居多。山的南面盛产㻬琈玉，树木多为槐树。这座山的北面有一个名字叫作机谷的峡谷。峡谷中有许多䭔鸟。这种鸟的形貌类似猫头鹰，长着三只眼睛，有耳朵，发出的声音如同鹿叫。人吃了它的肉，能治愈湿气病。

再向东三百里，有一座县斸山。山上不长草木，遍布着漂亮的石头。

再向东三百里，有一座葱聋山。山上不生长任何花草树木，到处是㕯石。

再向东北五百里，有一座条谷山。山中生长着大量槐树和桐树，草类以芍药、䔣冬居多。

再往北十里，有一座超山。山的北面盛产苍玉，山的南面有一眼泉水。这眼泉水冬天有水，夏天枯竭。

再往东五百里，有一座成侯山。山上覆盖着茂密的树，草类以秦艽居多。

再往东五百里，有一座朝歌山。这里的山谷中出产品质优良的垩土。

再往东五百里，有一座槐山。山谷中蕴藏着丰富的金和锡。

再往东十里，有一座历山。山上生长着大量槐树，山的南面蕴藏着丰富的玉石。

原文

又东十里，曰尸山，多苍玉，其兽多麖（jīng，水鹿，又名马鹿、黑鹿，形体高大粗壮，性机警，善奔跑）。尸水出焉，南流注于洛水，其中多美玉。

又东十里，曰良余之山，其上多穀、柞，无石。余水出于其阴，而北流注于河；乳水出于其阳，而东南流注于洛。

又东南十里，曰蛊尾之山，多砺石、赤铜。龙余之水出焉，而东南流注于洛。

又东北二十里，曰升山，其木多穀、柞、棘，其草多薯蓣（shǔ yù，即山药）、蕙（香草名），多寇脱（一种草）。黄酸之水出焉，而北流注于河，其中多璇玉。

又东十二里，曰阳虚之山，多金，临于玄扈之水。

凡薄山之首，自苟林之山至于阳虚之山，凡十六山，二千九百八十二里。升山，冢也。其祠礼：太牢，婴用吉玉。首山，魋也。其祠用稌、黑牺太牢之具、糵酿（就是用糵做酒曲酿造的酒。糵，niè）；干儛，置鼓；婴用一璧。尸水，合天也，肥牲祠之，用一黑犬于上，用一雌鸡于下，刉（jī，切割）一牝羊，献血。婴用吉玉。采之，飨之。

译文

再往东十里，有一座尸山。山上遍布着苍玉。这座山的野兽大多数是麖。尸水发源于这座山，继而向南流入洛水，附近水域大量出产优质的玉石。

再往东十里，有一座良余山。山中遍布着大量的构树和柞树，没有石头。余水就从这座山的北麓发源，继而向北流入黄河。乳水从这座山的南麓发源，继而向东南流入洛水。

再向东南十里，有一座蛊尾山。山上盛产粗磨石、黄铜。龙余水就发源于这座山，继而向东南流入洛水。

再向东北二十里，有一座升山。山上树木大多是构树、柞树、酸枣树，草类以山药、蕙草居多，还有大量的寇脱。黄酸水就发源于这座山，继而向北流入黄河。黄酸水水域大量出产璇玉。

再往东二十里，有一座阳虚山。这座山中蕴藏着大量黄金。阳虚山与玄扈水离得很近。

薄山山系从首至尾，自苟林山起至阳虚山止，共计有十六座山，长达二千九百八十二里。诸山的宗主是升山。祭祀升山山神的礼仪为：用猪、牛、羊齐全的三牲作为祭品，祭祀用玉要用上等吉玉。首山是拥有神灵的山。祭祀首山时要用稻米，整只的黑猪、牛、羊，以及美酒。祭祀时要手持盾牌起舞，鼓要有节奏地响起应和。祭祀的玉器要用一块玉璧。尸水是能够上通天界的，祭祀时要用肥美的牲畜做祭品。方法是：用一只黑狗做祭品，供在上面；用一只母鸡做祭品，供在下面；杀一只母羊，将血作为祭品献上。祭祀的玉器要用上等的吉玉，并用彩色丝帛包裹起来，请求神明享用。

解析

中次五经中记录了从苟林山到阳虚山总计十六座山的地理位置。这些山大概分布在现今的河南省、山西省、陕西省境内。有些山所处的地理位置目前存在很多争议，因年代久远，也无法考证。这些山中植物种类丰富，矿产分布广泛，对相应水系也有详细描述。

中次六经

原文

中次六山缟羝山之首，曰平逢之山，南望伊、洛，东望谷城之山，无草木，无水，多沙石。有神焉，其状如人而二首，名曰骄虫，是为螫虫（shì chóng，泛指身上有毒针可刺人的昆虫），实惟蜂蜜之庐（居住之所）。其祠之：用一雄鸡，禳（ráng，古代消除灾害的祭祀）而勿杀。

西十里，曰缟羝之山，无草木，多金玉。

又西十里，曰廆山（山名，现今叫作谷口山，在河南省洛阳市西。廆，guī），其阴多㻬琈之玉。其西有谷焉，名曰蒦谷（谷名），其木多柳楮。其中有鸟焉，状如山鸡而长尾，赤如丹火而青喙，名曰鸰䴗（líng yào，鸟名），其鸣自呼，服之不眯。交觞（古水名）之水出于其阳，而南流注于洛；俞随之水出于其阴，而北流注于谷水。

又西三十里，曰瞻诸之山，其阳多金，其阴多文石。谢水（古水名）出焉，而东南流注于洛；少水出其阴，而东流注于谷水。

又西三十里，曰娄涿之山，无草木，多金玉。瞻水出于其阳，而东流注于洛；陂水（古水名。陂，bēi）出于其阴，而北流注于谷水，其中多茈石、文石。

又西四十里，曰白石之山。惠水出于其阳，而南流注于洛，其中多水玉。涧水出于其阴，西北流注于谷水，其中多糜石（可以用来描眉的黑色矿石）、栌丹（黑色丹砂，也是一种矿物质）。

又西五十里，曰谷山。其上多榖，其下多桑。爽水出焉，而西北流注于谷水，其中多碧绿（疑是孔雀石，可以制作绿色染料）。

又西七十二里，曰密山，其阳多玉，其阴多铁。豪水出焉，而南流注于洛。其中多旋龟，其状鸟首而鳖尾，其音如判木。无草木。

又西百里，曰长石之山，无草木，多金玉。其西有谷焉，名曰共谷，多竹。共水出焉，西南流注于洛，其中多鸣石。

译文

中央第六列山系为缟羝山系。本山系的第一座山叫作平逢山。从这座山向南望，可以看见伊水和洛水；向东望，可以看见谷城山。这座山不生长花草树木，没有水，遍布着沙子和石头。这座山中有一位神，形貌类似人，长着两个脑袋，名字叫作骄虫。这位神是所有螫虫的首领，这座山也是蜜蜂一类虫子筑巢聚集的地方。祭祀礼仪如下：用一只公鸡做祭品，祈祷后放掉，而不用杀死它。

向西十里，有一座缟羝山。这座山中没有草木，蕴藏着丰富的金属矿物和玉石。

再向西十里，有一座廆山，山上盛产㻬琈玉。这座山的西面有一道名叫蘾谷的峡谷。此处的树木多是柳树、构树。山中有一种形状类似野鸡，拖着一条长长的尾巴，身上长着像火一样红的羽毛，嘴巴是青色的鸟，名字叫鸰鹛。它的叫声就是它的名字。人吃了这种鸟的肉，可以远离梦魇。交觞水就发源于这座山的南麓，继而向南流入洛水。俞随水从这座山的北麓发源，继而向北注入谷水。

再往西三十里，有一座瞻诸山。山的南面蕴藏着丰富的金属矿物，山的北面盛产带有美丽花纹的石头。谢水就发源于这座山，继而向东南

骄虫

流入洛水。少水发源于这座山的北麓,继而向东注入谷水。

再向西三十里,有一座娄涿山。山上蕴藏着丰富的金属矿物和玉石,却不长花草树木。瞻水发源于这座山的南麓,继而向东流入洛水。陂水从这座山的北麓发源,然后向北流入谷水。陂水水域盛产紫颜色的石头以及带有漂亮花纹的石头。

再向西四十里,有一座白石山。惠水发源于白石山的南麓,继而向南流入洛水,附近水域有大量的水晶石。涧水发源于白石山的北麓,之后向西北注入谷水。涧水水域有许多画眉石、黑丹砂。

再向西五十里,有一座谷山。山上生长着茂密的构树,山下生长着茂密的桑树。爽水发源于这座山,继而向西北流入谷水。爽水水域盛产孔雀石。

再往西七十二里,有一座密山。山的南面蕴藏着大量玉石,山的北面盛产铁。豪水就从这座山发源,继而向南流入洛水。豪水水域生长着许多旋龟。旋龟的脑袋像鸟头,尾巴类似鳖的尾巴。它发出的声音好像劈木头的声音。这座山不生长花草树木。

再向西一百里,有一座长石山。这座山蕴藏着丰富的金属矿物和玉石,不生长花草树木。这座山的西面有一道名字叫作共谷的峡谷,里面生长着大量的竹子。共水就发源于这座山,继而向西南流入洛水。共水水域盛产鸣石。

又西一百四十里，曰傅山，无草木，多瑶碧。厌染之水出于其阳，而南流注于洛，其中多人鱼。其西有林焉，名曰墦冢（一种树木的名字。墦，fán）。谷水出焉，而东流注于洛，其中多珚玉（一种玉石。珚，yān）。

又西五十里，曰橐（tuó，本义为盛物的袋子）山，其木多樗，多𣏌木（一种落叶乔木，根、叶、花可入药。𣏌，bèi），其阳多金玉，其阴多铁，多萧（艾蒿）。橐水出焉，而北流注于河。其中多脩辟之鱼，状如黾（měng，青蛙、蟾蜍一类的动物）而白喙，其音如鸱，食之已白癣。

又西九十里，曰常烝之山，无草木，多垩。潐（qiáo，水名）水出焉，而东北流注于河，其中多苍玉。菑水（水系名。菑，zī）出焉，而北流注于河。

又西九十里，曰夸父之山，其木多棕、柟，多竹箭，其兽多㸲牛、羬羊，其鸟多赤鷩，其阳多玉，其阴多铁。其北有林焉，名曰桃林，是广员三百里，其中多马。湖水出焉，而北流注于河，其中多珚玉。

又西九十里，曰阳华之山，其阳多金玉，其阴多青、雄黄，其草多薯藇，多苦辛，其状如楸（qiū，通"楸"，即楸树，一种高大的落叶乔木，果实可入药），其实如瓜，其味酸甘，食之已疟（nüè，即疟疾，指一种按时发冷、发烧的急性传染病，多由蚊虫引发的周期性传染病）。杨水出焉，而西南流注于洛，其中多人鱼。门水出焉，而东北流注于河，其中多玄𥖄（sù）。错姑（古水名。错，zuó）之水出于其阴，而东流注于门水，其上多铜。

凡缟羝山之首，自平逢之山至于阳华之山，凡十四山，七百九十里。岳（泛指高大的山）在其中，以六月祭之，如诸岳之祠法，则天下安宁。

译文

再往西一百四十里，有一座傅山。山上没有花草树木，遍布着瑶、碧之类的美玉。厌染水就发源于这座山的南麓，继而向南流入洛水。厌染水水域生长着许多人鱼。这座山的西面有一片叫作墦冢的树林。谷水就发源于此，继而向东南流入洛水。谷水水域盛产珚玉。

再往西五十里，有一座橐山。这座山中生长着大量的臭椿树，楠树的数量也很多。这座山的南面蕴藏着丰富的金属矿物和玉石；山的北面盛产铁，还生长着茂密的艾蒿。橐水就发源于这座山，继而向北流入黄河。橐水水域有很多脩辟鱼。这种鱼形貌类似蛙，长着白色的嘴巴，能发出如同猫头鹰般的鸣叫声。人吃了这种鱼的肉，能治愈白癣病。

向西九十里，有一座常烝山。山中没有花草树木，盛产各种颜色的垩土。潐水就发源于这座山，继而向东北流入黄河。潐水水域盛产苍玉。菑水也从这座山发源，继而向北流入黄河。

再向西九十里，有一座夸父山。山中树木以棕树和楠树居多，还生长着许多低矮的小竹丛。山中的野兽大多数是牦牛、羬羊，禽鸟类以鹫鸟居多。山的南面盛产玉石，山的北面蕴藏大量的铁。这座山的北面有一片叫作桃林的树林，方圆三百里，林子里栖息着许多的马。湖水就发源于这座山，继而向北流入黄河。附近水域盛产珚玉。

再向西九十里，有一座阳华山。山的南面蕴藏

着丰富的金属矿物和玉石，山的北面大量出产石青、雄黄。这座山中的草类以山药最多，还生长着茂密的苦辛草。这种草的形状与楸木类似，结的果实像瓜，酸中带甜。人吃了这种果实，可以治疗疟疾。杨水就发源于这座山，继而向西南注入洛水。杨水水域有很多人鱼。门水也发源于这座山，继而向东北流入黄河，附近水域盛产黑色磨石。缁姑水从这座山的北麓发源，继而向东流入门水。缁姑水两岸蕴藏着丰富的铜矿。

缟羝山山系从首至尾，自平逢山起到阳华山止，共计有十四座山，逶迤七百九十里。这个山系中有一座高大的山岳，要在每年的六月祭祀它。祭祀的礼仪和祭祀其他山岳的方式相同，祭祀过后就会天下安宁。

解析

中次六经中记载了从平逢山到阳华山共计十四座山的地理位置、山川风貌、河流水域、物产矿藏等方面的情况。这些山大致分布在现今的河南省境内。中次六经中对山中动物、植物、矿产、水源等都有详尽描述，也记载了许多的奇珍异兽，还记载了一位长着两个脑袋，名叫骄虫的神。

中次七经

原文

中次七山苦山之首，曰休与之山。其上有石焉，名曰帝台之棋，五色而文，其状如鹑卵。帝台之石，所以祷百神者也，服之不蛊。有草焉，其状如蓍（shī，多年生草本植物，全草可入药，俗称锯齿草，古代多用其茎占卜），赤叶而本丛生，名曰夙条，可以为簳（gǎn，细小的竹子，可做箭杆）。

东三百里，曰鼓钟之山，帝台之所以觞百神也。有草焉，方茎而黄华，员叶而三成（层、重），其名曰焉酸，可以为毒（解毒）。其上多砺，其下多砥。

又东二百里，曰姑媱（山名）之山。帝女死焉，其名曰女尸，化为䔄草（类似灵芝的一种草。䔄，yáo，亦作"瑶"），其叶胥（聚集）成，其华黄，其实如菟丘（菟丝子，一种缠绕寄生的草本植物），服之媚于人（为人所宠爱）。

又东二十里，曰苦山。有兽焉，名曰山膏，其状如豚，赤若丹火，善詈（lì，辱骂）。其上有木焉，名曰黄棘，黄华而员叶，其实如兰，服之不字（怀孕、生育）。有草焉，员叶而无茎，赤华而不实，名曰无条，服之不瘿。

又东二十七里，曰堵山。神天愚居之，是多怪风雨。其上有木焉，名曰天楄（木名。楄，pián），方茎而葵状，服者不噎。

又东五十二里，曰放皋之山。明水出焉，南流注于伊水，其中多苍玉。有木焉，其叶如槐，黄华而不实，其名曰蒙木，服之不惑。有兽焉，其状如蜂，枝尾而反舌，善呼，其名曰文文。

文文

译文

中央第七列山系苦山山系的第一座山叫作休与山。这座山上产一种石子，是神仙帝台的棋子。它们有五种颜色，还带有斑纹，形状与鹌鹑蛋类似。神仙帝台的石子是用来向百神祈祷的，人佩戴了这种石子可避免邪毒之气的侵袭。这座山上还生有一种形状类似蓍草的草类。这种草有着红色的叶子，根茎连接丛生在一起，名字叫作夙条，可以用来做箭杆。

再向东三百里，有一座鼓钟山，是神仙帝台演奏钟鼓之乐，宴请诸位天神的地方。这座山中有一种草，方形的茎干，开着黄色花朵，有三层重叠的圆形叶子。这种草的名字叫作焉酸，能够用来解毒。这座山的山上盛产粗磨石，山下多盛产细磨石。

再往东二百里，有一座姑媱山。天帝的一个女儿就死在这座山。天帝的那位女儿名字叫女尸，死后变成了䔄草。䔄草的叶子是一层一层的，开黄色的花，果实类似于菟丝子的果实。女子吃了这种草的果实，就能变得讨人喜欢。

再往东二十里，有一座苦山。这座山中有一种名字叫作山膏的野兽。其形貌类似小猪，身上红得像一团火。这个野兽喜欢骂人。这座山上有一种名字叫作黄棘的树木，开黄色的花，叶子是圆的，结的果实与兰草的果实类似。女人吃了这种果实，就不能生育孩子。这座山中还有一种长着圆圆的叶子，而没有茎干的草。这种草开着红色的花，却不结果实，名字叫作无条。人吃了这种草的果实，脖子上就不生长肉瘤。

再往东二十七里，有一座堵山。名叫天愚的神就居住在这里。因此，这座山经常会刮起怪风、下起怪雨。这座山还生长着一种名叫天㮂的树木，茎干呈方形，类似于葵菜的样子。人吃了它，吃饭不会被噎住。

再向东五十二里，有一座放皋山。明水就发源于这座山，继而向南流入伊水。明水水域蕴藏着许多青玉。这座山中生长着一种叶子与槐树叶相似的树木。这种树开黄色的花，不结果实，名字叫作蒙木。人吃了它的果实，就能头脑清醒不糊涂。这座山中还有一种形状与蜜蜂很像的野兽，它长着类似于树枝一样分叉的尾巴和反着生长的舌头，喜欢鸣叫，这种野兽的名字叫作文文。

四海八荒考

姑媱山在相关典籍中又写作姑瑶山。相传姑媱山是炎帝的女儿女尸夭亡，化身瑶草成神的地方。轩辕帝封神之时，女尸被封为江水之神，守护着美丽的姑媱山。

炎帝的女儿女尸还没有出嫁，就夭亡了。这个满怀热情的精魂，到了姑媱山，变成了一棵瑶草。这棵瑶草的叶子长得重重叠叠，非常茂盛，开着黄色的花朵，结着像菟丝子的果子。女子吃了这种果子，就会变得人见人爱。瑶草在我国神话传说中是一种仙草，服之长生，能治百病。

瑶草在我国历史上经常被当作香草来使用。汉代东方朔在《与友人书》中记述："相期拾瑶草，吞日月之光华，共轻举耳。"唐李贺《天上谣》有云："王子吹笙鹅管长，呼龙耕烟种瑶草。"宋代苏轼也有诗《蔡州道遇雪》："三径瑶草合，一瓶井花温。"

原文

又东五十七里，曰大苦之山，多㻬琈之玉，多麇玉（一种类似玉的石头）。有草焉，其叶状如榆，方茎而苍伤（青色的刺），其名曰牛伤（牛棘），其根苍文，服者不厥（中医称昏厥，即手脚冰凉突然昏倒），可以御兵。其阳狂水出焉，西南流注于伊水，其中多三足龟，食者无大疾，可以已肿。

又东七十里，曰半石之山。其上有草焉，生而秀（生长之初就抽穗开花），其高丈余，赤叶赤华，华而不实，其名曰嘉荣，服之者不畏霆（短促而暴烈的雷）。来需之水出于其阳，而西流注于伊水，其中多𩽾鱼（鱼名。𩽾，lún），黑文，其状如鲋，食者不睡。合水出于其阴，而北流注于洛，多䲭鱼（即瞻星鱼，身体后部侧扁。䲭，téng），状如鳜（guì，鳜鱼，也叫桂鱼），居逵（本指通向四面八方的道路，这里指水底相互连通的洞穴），苍文赤尾，食者不痈，可以为瘘。

又东五十里，曰少室之山，百草木成囷（qūn，用来装粮食的圆形仓库）。其上有木焉，其名曰帝休，叶状如杨，其枝五衢（qú，交错杂出的样子），黄华黑实，服者不怒。其上多玉，其下多铁。休水出焉，而北流注于洛，其中多𩵥鱼，状如盩蜼（zhōu wèi，一种类似猕猴的野兽）而长距，足白而对，食者无蛊疾，可以御兵。

又东三十里，曰泰室之山。其上有木焉，叶状如梨而赤理，其名曰栯木（树名。栯，yù），服者不妒。有草焉，其状如术（zhú），白华黑实，泽如蘡薁（yīng yù，落叶藤木，俗称葡萄），其名曰䔄草，服之不眯。上多美石。

又北三十里，曰讲山，其上多玉，多柘（zhè，树名，落叶灌木或小灌木），多柏。有木焉，名曰帝屋，叶状如椒，反伤赤实，可以御凶。

又北三十里，曰婴梁之山，上多苍玉，锜于玄石。

译文

再往东五十七里，有一座大苦山。这座山中盛产琈珸玉，还有许多麋玉。山中生长着一种叶子与榆树叶相似，方形的茎干上长满刺，名字叫作牛伤的草。这种草的根茎上有青色的斑纹，人吃了它，不得昏厥病，还能躲避兵器的伤害。狂水就发源于这座山的南麓，继而向西南流入伊水。狂水水域生长着许多三只脚的龟。人吃了这种龟的肉，能够不生大病，还能消除痈肿。

再向东七十里，有一座半石山。这座山上长着一种一出土就结果实的草，有一丈多高，生长着红色的叶子，开着红色的花，开花后果实就落了，这种草的名字叫作嘉荣。人吃了它，就不畏惧霹雳雷响。来需水就发源于这座山的南麓，继而向西流入伊水。来需水水域生长着许多鲐鱼。这种鱼身上长满黑色斑纹，形貌类似鲫鱼。人吃了这种鱼的肉，就不会打瞌睡。合水从这座山的北麓发源，之后向北流入洛水。合水水域生长着许多𩶣鱼，形貌类似鳜鱼，栖息在水底的洞穴里，身上长着青色的斑纹，拖着一条红尾巴。人吃了这种鱼的肉，就不患痈肿病，还可以治愈瘘疮。

再向东五十里，有一座少室山。山上的各种花草树木聚集在一起，就像圆圆的粮仓。这座山上生长着一种名字叫作帝休的树木。这种树木的叶子与杨树叶相似，树枝相互交叉着伸向四方。这种树开黄色的花，结黑色的果实。人吃了这种树的果实，可以心平气和，不发无名怒火。这座山的山上蕴藏着丰富的玉石，山下盛产铁。休水就发源于这座山，继而向北流入洛水。休水水域生活着许多鲋鱼。这种鱼形貌类似猕猴，长着公鸡一样的爪子，白色的脚相对而立。人吃了这种鱼的肉，就不会有疑心病，还能躲避兵器的伤害。

再向东三十里，有一座泰室山。这座山上长着一种叶子形状像梨树叶，却有红色纹理的树木，这种树的名字叫栯木。人吃了它，就没有了嫉妒心。这座山中还有一种形状像苍术或白术的草，开白色的花，结黑色的果实，果实的色泽与野葡萄很像，名字叫作蓇草。人吃了它，就不会头晕眼花。这座山上还盛产美丽的石头。

再往北三十里，有一座讲山。这座山上盛产玉石，还生长着茂密的柘树和柏树。山中还有一种名字叫帝屋的树木。这种树的叶子与花椒树叶相似，树身长满了倒刺，结红色的果实，可以辟凶邪之气。

再往北三十里，有一座婴梁山。山上蕴藏着丰富的青玉。这些青玉都附着在黑色石头里。

原文

又东三十里，曰浮戏之山。有木焉，叶状如樗而赤实，名曰亢木，食之不蛊。汜水出焉，而北流注于河。其东有谷，因名曰蛇谷，上多少辛（又名小辛、细辛，是一种草药）。

又东四十里，曰少陉之山。有草焉，名曰䓖（gāng，草名）草，叶状如葵，而赤茎白华，实如蘡薁，食之不愚。器难之水出焉，而北流注于役水。

又东南十里，曰太山。有草焉，名曰梨，其叶状如萩（qiū，蒿类植物）而赤华，可以已疽。太水出于其阳，而东南流注于役水；承水出于其阴，而东北流注于役水。

又东二十里，曰末山，上多赤金。末水出焉，北流注于役水。

又东二十五里，曰役山，上多白金，多铁。役水出焉，北流注于河。

又东三十五里，曰敏山。上有木焉，其状如荆，白华而赤实，名曰蓟柏（植物名，柏树的一种。蓟，jì），服者不寒。其阳多㻬琈之玉。

又东三十里，曰大騩之山，其阴多铁、美玉、青垩。有草焉，其状如蓍而毛，青华而白实，其名曰䔠（hěn，草名），服之不夭，可以为腹病。

凡苦山之首，自休与之山至于大騩之山，凡十有九山，千一百八十四里。其十六神者，皆豕身而人面。其祠：毛牷用一羊羞，婴用一藻玉瘗。苦山、少室、太室皆冢也。其祠之：太牢之具，婴以吉玉。其神状皆人面而三首，其余属皆豕身人面也。

译文

再向东三十里，有一座浮戏山。这座山中生长着一种叶子形状像臭椿树叶，结红色果实的树木。这种树的名字叫作亢木。人吃了它，可以驱除毒虫，躲避邪气。氾水就从这座山发源，继而向北流入黄河。这座山的东面有一道名叫蛇谷的峡谷，因峡谷中有很多蛇而得名，峡谷中还盛产细辛。

再向东四十里，有一座少陉山。这座山中有一种草，名字叫蕳草。蕳草叶子的形状与葵菜叶类似，有红色的茎干，开白色的花，结的果实与野葡萄很像。人吃了这种果实，会变得更有智慧。器难水就从这座山发源，继而向北流入役水。

再向东南十里，有一座太山。这座山中有一种名字叫梨的草。这种草的叶子类似藋草叶，开红色的花，能够治疗痈疽。太水就发源于这座山，继而向东南流入役水；承水发源于这座山的北麓，继而向东北流入役水。

再向东二十里，有一座末山，山上蕴藏着大量的黄金。末水发源于这座山，继而向北流入役水。

再向东二十五里，有一座役山。这座山上蕴藏着丰富的白银，还出产大量的铁。役水就发源于这座山，继而向北流入黄河。

再向东三十五里，有一座敏山。这座山上生长着一种形状与荆树相似的树木。这种树开白色的花朵，结红色的果实，名字叫作葪柏。人吃了这种树木的果实，就会不怕寒冷。这座山的南面还盛产瑻珸玉。

再往东三十里，有一座大騩山，山的北面蕴藏着丰富的铁、优质玉石、青色垩土。这座山中有一种形状像蓍草却长着茸毛的草。这种草开青色的花，结白色的果实，名字叫作㻌。人吃了它，能延年益寿，还能治疗各种腹部疾病。

苦山山系从首至尾，自休与山起到大騩山止，共计有十九座山，长达一千一百八十四里。其中，有十六座山的山神的形貌都是猪身人面。祭祀这些山神的礼仪为：用一只纯色的羊作为祭品，玉器用一块藻玉，祭祀后埋入地下。苦山、少室山、太室山是诸山的宗主。祭祀这三座山的礼仪为：用猪、牛、羊齐全的三牲做祭品，祭祀的玉器用上等的吉玉。这三座山的山神的形貌都是人面三首。另外十六座山的山神都是猪身人面。

解析

中次七经记录了从休与山到大騩山总共十九座山的地理位置、山川风貌、物产矿藏等方面的情况。这些山大致位于我国河南省境内。中次经中记载了许多奇草怪兽，如用来制箭的夙条、吃了不长瘤子的无条，还有牛伤、嘉荣草等，同时还记述了天帝之女死后化身瑶草、天愚神呼风唤雨的神话故事，令人遐想不已。

卷五　中山经

中次八经

原文

中次八山荆山之首，曰景山。其上多金玉，其木多杼（shù，栎树）檀。睢（jū，水名，在湖北省中部偏西）水出焉，东南流注于江，其中多丹粟，多文鱼。

东北百里，曰荆山，其阴多铁，其阳多赤金，其中多犛牛（黑色皮毛的大牛，可能是牦牛类。犛，máo，通"牦"），多豹、虎，其木多松、柏，多橘、櫾（yòu，通"柚"，常绿乔木，果实较大，味道酸甜），其草多竹，漳水出焉，而东南流注于睢，其中多黄金，多鲛鱼，其兽多闾、麋。

又东北百五十里，曰骄山，其上多玉，其下多青䨼（huò，一种青色的矿物颜料，即今之石青、白青之类），其木多松、柏，多桃枝、钩端。神䰠围（传说中神的名字。䰠，tuó）处之，其状如人而羊角虎爪，恒游于睢漳之渊，出入有光。

又东北百二十里，曰女几之山。其上多玉，其下多黄金，其兽多豹虎，多闾、麋、麖、麂（jǐ，一种体形较小的鹿），其鸟多白鷮（jiāo，一种像野鸡长有较长尾羽的鸟），多翟，多鸩（zhèn，传说中的一种毒鸟，经常捕食蝮蛇）。

又东北二百里，曰宜诸之山，其上多金玉，其下多青䨼。洈水出焉，而南流注于漳，其中多白玉。

蠪蚔

译文

中央第八列山系荆山山系的首座山叫景山。这座山中蕴藏着丰富的金属矿物和玉石，树木以栎树和檀树居多。睢水就从这座山发源，继而向东南流入江水。睢水水域有很多粟米粒大小的丹砂，还生长着许多有彩色斑纹的鱼。

再向东北一百里，有一座荆山。这座山的北面蕴藏着丰富的铁，山的南面蕴藏着丰富的黄金。这座山中生长着许多牦牛，还有大量的豹子和老虎栖息。这座山的树木以松树和柏树居多，草类以低矮的小竹丛最多。这座山还生长着许多的橘子树和柚子树。漳水就发源于这座山，继而向东南流入睢水。漳水水域盛产黄金，并生长着很多鲛鱼。这座山中的野兽大多数是山驴和麋鹿。

再向东北一百五十里，有一座骄山。这座山上盛产玉石，山下蕴藏着丰富的青䨼。这座山的树木以松树和柏树居多，到处都生长着桃枝和钩端一类的丛生小竹子。神䦲围就居住在这里。他形貌像人，长着羊的角、老虎的爪子，经常在睢水和漳水的深渊中畅游，出入时都带有光亮。

再向东北一百二十里，有一座女几山。这座山上盛产玉石，山下大量出产黄金，山中的野兽以豹子和老虎居多，还有很多山驴、麋鹿、麇、麂等野兽。这座山的禽鸟以白鹇最多，还有很多的长尾巴野鸡和鸩鸟。

再向东北二百里，有一座宜诸山。山上蕴藏着大量金属矿物及玉石，山下盛产青䨼。洈水从这座山发源，继而向南流入漳水，水中大量出产白色玉石。

四海八荒考

现今我国约有五座荆山，分别位于湖北省南漳县西部、陕西省西安市阎良区、河南省灵宝县阌乡南、安徽省怀远县西南、甘肃省灵台县。

湖北省内的荆山，呈西北到南东走向，因古代满山长满了荆条而得名，地质构造属扬子准地台，由石灰岩组成，属燕山隆起褶皱带，是强烈上升的新构造运动区。主要特产有木耳、茶叶、桑蚕等，其中抱璞岩传为春秋时代卞和得玉的地方。《书·禹贡》记载："导嶓冢，至于荆山。"《水经注·江水二》中记载："《禹贡》：'荆及衡阳惟荆州。'盖即荆山之称，而制州名矣。故楚也。"因此，荆山又有楚源之说。

陕西省境内的荆山被传为大禹铸鼎炼百草的地方。《书·禹贡》中记载："导岍及岐，至于荆山。"《帝王世纪》中记载："禹铸鼎于荆山，在冯翊怀德之南，今其下荆渠也。"

河南省境内的荆山相传是黄帝采首山之铜铸鼎的地方，因此又叫作覆釜山。《史记·封禅书》中记载："黄帝采首山铜，铸鼎于荆山下。"《史记·孝武本纪》中记载："黄帝采首山铜，铸鼎于荆山下。鼎既成，有龙垂胡髯下迎黄帝。"

安徽省境内的荆山，北魏郦道元在《水经注·淮水》中记载："《郡国志》曰：'平阿县有当涂山，在濠州钟离县西八十三里，即梁武帝筑堰之地，今怀远军正治荆山。'"

今甘肃省灵台县境内也有一座荆山。《山海经》中记载的荆山应该是河南省境内的那座荆山。

原文

又东北三百五十里,曰纶山。其木多梓、枏,多桃枝,多柤、栗、橘、櫾,其兽多闾、麈、麖(líng,兽名)、㚟(chuò,一种与兔子类似,长着鹿角,青色皮毛的野兽)。

又东二百里,曰陆䤡(山名。䤡,guǐ)之山,其上多㻬琈之玉,其下多垩,其木多杻、橿。

又东百三十里,曰光山,其上多碧,其下多水。神计蒙处之,其状人身而龙首,恒游于漳渊,出入必有飘风暴雨。

又东百五十里,曰岐山,其阳多赤金,其阴多白珉(mín,一种次于玉的美石),其上多金玉,其下多青雘,其木多樗。神涉鼍(传说中的神祇名。鼍,tuó)处之,其状人身而方面三足。

又东百三十里,曰铜山,其上多金、银、铁,其木多榖、柞、柤、栗、橘、櫾,其兽多豹(zhuó,传说中的野兽名)。

又东北一百里,曰美山,其兽多兕牛,多闾、麈,多豕、鹿,其上多金,其下多青雘。

又东北百里,曰大尧之山,其木多松、柏,多梓、桑,多机,其草多竹,其兽多豹、虎、麢、㚟。

又东北三百里,曰灵山,其上多金玉,其下多青雘,其木多桃、李、梅、杏。

又东北七十里,曰龙山,上多寓木(又叫宛童,是一种寄生在其他树木上的植物),其上多碧,其下多赤锡,其草多桃枝钩端。

计蒙

译文

再向东北三百五十里，有一座纶山。山中生长着大量的梓树、楠树，也有很多桃枝竹，以及大量的柤树、栗子树、橘子树、柚子树。这座山中的野兽以山驴、麈、羚羊、㚟居多。

再向东二百里，有一座陆郞山。这座山上盛产琈玉，山下盛产各种颜色的垩土，山中树木以杻树和檀树居多。

再向东一百三十里，有一座光山。山上遍布着碧玉，山下到处都是流水。名字叫作计蒙的神就居住在这座山里。他的形貌是人身龙头，经常在漳水的深渊里畅游。这位神出入时，一定伴有急风暴雨。

再向东一百五十里，有一座岐山。这座山的南面盛产黄金，山北面蕴藏着大量白色珉石，山上大量出产金属矿物和玉石，山下蕴藏着丰富的青雘。这座山的树木大多是臭椿树。名字叫作涉蠱的神就住在这座山中，形貌是人的身子、方形的面孔，有三只脚。

再向东一百三十里，有一座铜山。山上盛产金、银、铁，山上的树木以构树、柞树、柤树、栗子树、橘子树、柚子树居多，山中野兽大多数是㹇。

再向东北一百里，有一座美山。这座山中的野兽以兕、野牛最多，也有很多山驴、麈，还有许多野猪和鹿。山上盛产黄金，山下大量出产青雘。

再向东北一百里，有一座大尧山。这座山中的树木以松树和柏树居多，还有很多的梓树、桑树、机树。这座山中的草类以丛生的小竹子居多，野兽以豹子、老虎、羚羊、㚟居多。

再向东北三百里，有一座灵山。这座山上蕴藏着丰富的金属矿物及玉石，山下盛产青雘。这座山的树木大多数是桃树、李树、梅树、杏树。

再向东北七十里，有一座龙山。这座山上生长着许多寄生树，盛产碧玉，山下蕴藏着丰富的红色锡土，草类以桃枝、钩端之类的小竹丛居多。

四海八荒考

尧山位于我国河南省平顶山市鲁山县的西部，属于伏牛山的东段。相传尧孙刘累因为祭祖立了尧祠，此山也因此而得名。尧山处于秦岭造山带的重要构造部位，演化历史非常复杂，地质为花岗岩地貌。

尧山以奇山怪石、灵泉飞瀑著称，几乎每一处胜景都有一个神话传说故事。传说在上古时期，女娲炼五色石补苍天，剩下一块五彩顽石，年深日久，修炼成石人大仙。天宫中给王母娘娘耕地的白牛，因为给月宫中的嫦娥效劳，因此得罪了王母娘娘。王母娘娘以白牛违反天规为名，就将白牛打入了凡间的东海。

嫦娥请来白牛的师弟蟾蜍吸干海水，将白牛救出。白牛为此大反天宫。玉皇大帝派二郎神带领天兵天将征伐白牛，王母娘娘亲自督战。战场就在八百里范围的豫西山区，主战场在尧山。石人大仙来援助白牛，却不想一步迟来，鸡鸣天曙，战场就化作八百里伏牛山脉，囚禁白牛的地方化作白牛城，讲义气的蟾蜍化作蛤蟆石，石人就是顽石大仙，还有校点天兵天将的聚将台，天兵天将则化为座座将军石峰。

原文

又东南五十里，曰衡山，上多寓木、穀、柞，多黄垩、白垩。

又东南七十里，曰石山，其上多金，其下多青䨼，多寓木。

又南百二十里，曰若山，其上多㻬琈之玉，多赭，多封石（一种能做药用的矿物，味甜无毒），多寓木，多柘。

又东南一百二十里，曰彘山，多美石，多柘。

又东南一百五十里，曰玉山，其上多金玉，其下多碧、铁，其木多柏。

又东南七十里，曰谨山，其木多檀，多封石，多白锡。郁水出于其上，潜于其下，其中多砥砺。

又东北百五十里，曰仁举之山，其木多穀柞，其阳多赤金，其阴多赭。

又东五十里，曰师每之山，其阳多砥砺，其阴多青䨼，其木多柏，多檀，多柘，其草多竹。

又东南二百里，曰琴鼓之山，其木多穀、柞、椒（此处指一种矮小丛生的树，与上文的花椒树不同）、柘，其上多白珉，其下多洗石，其兽多豕、鹿，多白犀，其鸟多鸩。

凡荆山之首，自景山至琴鼓之山，凡二十三山，二千八百九十里。其神状皆鸟身而人面。其祠：用一雄鸡祈瘗，婴用一藻圭，糈用稌。骄山，冢也。其祠：用羞酒少牢祈瘗，婴毛一璧。

译文

再向东南五十里，有一座衡山。这座山上生长着许多寄生树、构树、柞树，山中还蕴藏着大量的黄色垩土和白色垩土。

再向东南七十里，有一座石山。山上盛产黄金，山下蕴藏着丰富的青雘，山中还生长着许多寄生树。

再向南一百二十里，有一座若山。这座山上盛产㻬琈玉，还出产大量的赭石，还有很多封石。山上遍布着寄生树，还生长着大量的柘树。

再向东南一百二十里，有一座彘山。这座山中盛产漂亮的石头，山上遍布着柘树。

再向东南一百五十里，有一座玉山。这座山中蕴藏着丰富的金属矿物和玉石，山下盛产碧玉、铁，这座山中的树木以柏树居多。

再向东南七十里，有一座谨山。山中树木以檀树居多，盛产封石，还出产大量的白色锡土。郁水就发源于这座山，从山顶潜流到山下。郁水水域大量出产磨石。

再向东北一百五十里，有一座仁举山。这座山中的树木多是构树和柞树。山的南面盛产黄金，山的北面盛产赭石。

再向东五十里，有一座师每山。这座山的南面盛产磨石，山的北面蕴藏着大量的青雘。山中树木以柏树居多，还生长着许多檀树和柘树。这座山中的草类以丛生的小竹子居多。

再向东南二百里，有一座琴鼓山。这座山中的树木多是构树、柞树、椒树、柘树，山上盛产白色珉石，山下大量出产洗石。山中野兽以野猪、鹿居多，还有许多白色犀牛栖息，鸟类以鸩鸟居多。

荆山山系从首至尾，自景山起到琴鼓山止，共计二十三座山，长达二千八百九十里。诸山山神的形貌都是鸟身人面。祭祀礼仪如下：祭品用一只公鸡，祭祀后埋入地下，用一块藻圭，米用稻谷的精米。骄山是诸山的宗主。祭祀骄山的礼仪为：用美酒和猪、羊祭祀，祭祀后埋入地下，玉器用一块玉璧。

解析

中次八经中记载了从景山到琴鼓山总计二十三座山的地理位置、山川风貌及物产矿藏等。这些山大致位于今天湖北省、河南省、安徽省境内。因年代久远，许多山的具体位置已经无从考证，许多水系也存在争议。这列山系中物产丰富，盛产黄金、玉石、铁、青雘等矿物质，记录了诸如牦牛、虎豹等野兽，描述了各山神的形象。

中次九经

原文

中次九山岷山之首，曰女几之山，其上多石涅，其木多杻、橿，其草多菊、茮。洛水出焉，东注于江（《山海经》记述山丘河流的方位走向不甚确切，这里所述洛水、长江也与实际流向不甚相符）。其中多雄黄，其兽多虎豹。

又东北三百里，曰岷山。江水出焉，东北流注于海，其中多良龟，多鼍（tuó，爬行动物，大概是我国特产的扬子鳄）。其上多金玉，其下多白珉。其木多梅、棠，其兽多犀象，多夔牛（传说中身体庞大的野牛），其鸟多翰、鷩（bì，雉的一种）。

又东北一百四十里，曰崃山。江水出焉，东流注于大江。其阳多黄金，其阴多麋、麈，其木多檀、柘，其草多薤（xiè，一种野菜）韭，多药、空夺（就是上文中的寇脱）。

又东一百五十里，曰崌山（山名）。江水出焉，东流注于大江，其中多怪蛇，多鷙鱼（神话传说中的鱼名。鷙，zhì）。其木多楢、杻，多梅、梓，其兽多夔牛、羬、臭、犀、兕。有鸟焉，状如鸮而赤身白首，其名曰窃脂，可以御火。

又东三百里，曰高梁之山，其上多垩，其下多砥砺，其木多桃枝、钩端。有草焉，状如葵而赤华，荚实白柎（fù，植物的子房），可以走马。

又东四百里，曰蛇山，其上多黄金，其下多垩，其木多栒（xún，木名），多豫章，其草多嘉荣、少辛。有兽焉，其状如狐，而白尾长耳，名㹮狼（传说中的兽类。㹮，shì），见则国内有兵。

又东五百里，曰鬲山，其阳多金，其阴多白珉。蒲鸞（hōng）之水出焉，而东流注于江，其中多白玉。其兽多犀、象、熊、罴，多猿、蜼（wěi）。

又东北三百里，曰隅阳之山，其上多金玉，其下多青䇼，其木多梓桑，其草多茈。徐之水出焉，东流注于江，其中多丹粟。

又东二百五十里，曰岐山，其上多白金，其下多铁，其木多梅、梓，多杻、楢。减水出焉，东南流注于江。

窃脂

译文

中央第九列山系岷山山系的第一座山叫作女几山。这座山上盛产石涅，山中树木以杻树、橿树居多，草类以野菊、苍术或白术居多。洛水就发源于这座山，继而向东流入长江。山中遍布着雄黄，野兽以老虎、豹子为多。

再向东北三百里，有一座岷山。长江就从这座山发源，继而向东北流，最终注入大海。附近水域生长着大量的良龟和扬子鳄。这座山上蕴藏着丰富的金属矿物及玉石，山下出产大量白色珉石。这座山中的树木以梅树和海棠树居多，野兽以犀牛和大象居多，还有很多夔牛在这里栖息。这座山中的禽鸟多是白翰鸟和赤鹫鸟。

再向东北一百四十里，有一座崃山。江水从这座山发源，向东流入长江。山南面盛产黄金，山北面到处有麋鹿和麈。这里的树木大多是檀树和柘树，而花草大多是野薤菜和野韭菜，还有许多白芷和寇脱。

再往东一百五十里，有一座崌山。江水就发源于这座山，继而向东注入长江。附近水域生长着许多怪蛇，还有很多鳖鱼。这座山中的树木大多数是楢树和杻树，还生长着许多梅树与梓树，野兽以夔牛、羚羊、臭、犀牛、兕居多。这座山中有一种鸟，形状类似猫头鹰，长着红色的身子和白色的脑袋，名字叫作窃脂。人们将它饲养在身边，可以躲避火灾。

再向东三百里，有一座高梁山。这座山上盛产垩土，山下出产磨石，山中草木以桃枝竹和钩端竹居多。山中生长着一种形状像葵菜却有红色的花朵、带荚的果实、白色的花萼的草。用这种草喂马，可以让马跑得更快。

再向东四百里，有一座蛇山。这座山上多出产黄金，山下盛产垩土，山中树木以栒树居多，还生长着许多豫章树，花草以嘉荣、细辛最多。这座山中有一种形貌类似狐狸，却长着白尾巴和长耳朵的野兽，名字叫作㹮狼。它出现在哪个国家，哪个国家就会发生大的战争。

再向东五百里，有一座崏山。山的南面盛产黄金，山的北面盛产白色珉石。蒲鸂水就发源于这座山，继而向东流入长江，江水中大量出产白色玉石。这座山中的野兽以犀牛、大象、熊、罴居多，也有许多猿猴、长尾猿栖息。

再向东北三百里，有一座隅阳山。这座山上蕴藏着丰富的金属矿物和玉石，山下盛产青䕆。这座山中的树木以梓树和桑树居多，草类大多数是紫草。徐水就发源于此，继而向东流入长江。附近水域蕴藏着许多粟米粒大小的丹砂。

再向东二百五十里，有一座岐山。山上盛产白银，山下蕴藏着丰富的铁。山中树木以梅树和梓树居多，还生长着大量的杻树和楢树。减水就发源于这座山，继而向东南流，最终注入长江。

原文

又东三百里，曰勾㳗（山名。㳗，mí）之山，其上多玉，其下多黄金，其木多栎、柘，其草多芍药。

又东一百五十里，曰风雨之山，其上多白金，其下多石涅，其木多椒（zōu，神话传说中的木名）樿（shàn，又名白理木，一种有白色纹理的树木），多杨。宣余之水出焉，东流注于江，其中多蛇。其兽多闾、麋、麀，多豹、虎，其鸟多白鷮。

又东北二百里，曰玉山，其阳多铜，其阴多赤金，其木多豫章、楢、杻，其兽多豕、鹿、麢、臭，其鸟多鸩。

又东一百五十里，曰熊山。有穴焉，熊之穴，恒出神人。夏启而冬闭，是穴也，冬启乃必有兵。其上多白玉，其下多白金，其木多樗、柳，其草多寇脱。

又东一百四十里，曰騩山，其阳多美玉赤金，其阴多铁，其木多桃枝、荆、芑。

又东二百里，曰葛山，其上多赤金，其下多瑊石（jiān shí，一种似玉的坚石），其木多柤、栗、橘、櫾、楢、杻，其兽多夔、臭，其草多嘉荣。

又东一百七十里，曰贾超之山，其阳多黄垩，其阴多美赭，其木多柤、栗、橘、櫾，其中多龙脩（即龙须草，可以用来编席和造纸）。

凡岷山之首，自女几山至于贾超之山，凡十六山，三千五百里。其神状皆马身而龙首。其祠：毛用一雄鸡瘗，糈用稌。文山、勾檷、风雨、骢山，是皆冢也。其祠之：羞酒，少牢具，婴用一吉玉。熊山，帝（魁首、首领）也。其祠：羞酒，太牢具，婴用一璧。干儛，用兵以禳；祈，璆（qiú，通"球"，一种美玉）冕舞。

译文

再向东三百里，有一座勾檷山。这座山上盛产玉石，山下盛产黄金，山中树木大多数是栎树和柘树，草类以芍药居多。

再向东一百五十里，有一座风雨山。山上盛产白银，山下出产石涅，山中树木以楩树和樟树居多，还生长着大量的杨树。宣余水就发源于此，继而向东流入长江，水中有许多水蛇。这座山中的野兽大多数是山驴和麋鹿，还有很多麈、豹子、老虎栖息，鸟类大多是白鹇。

再往东二百里，有一座玉山。这座山的南面盛产铜，山的北面大量出产黄金，这座山中的树木以豫章树、楢树、杻树居多，野兽以野猪、鹿、羚羊、臭居多，禽鸟类大多数是鸩鸟。

再向东一百五十里，有一座熊山。这座山中有一个洞穴。这个洞穴是熊的巢穴，经常有神人出入。这个洞穴通常在夏季开启，冬季关闭。如果这个洞穴在冬季开启，一定就会有战争发生。这座山上盛产白色玉石，山下多出产白银。山中树木以臭椿树和柳树居多，草类多是寇脱。

再向东一百四十里，有一座山。这座山的南面盛产美玉和黄金，山的北面蕴藏着铁。这座山的草木多是桃枝竹、牡荆树、枸杞树。

再向东二百里，有一座葛山。这座山上蕴藏着丰富的黄金，山下盛产瑊石。这座山中的树木大多数是柤树、栗子树、橘子树、柚子树、楢树、杻树。这座山中的野兽以羚羊和臬居多，草类大多数是嘉荣。

再向东一百七十里，有一座贾超山。这座山的南面盛产黄色垩土，山的北面出产精美的赭石。这座山中的树木大多数是柤树、栗子树、橘子树、柚子树，山中草类以龙须草居多。

岷山山系从首至尾，自女几山起到贾超山止，共计十六座山，逶迤三千五百里，诸山山神的形貌都是马身龙首。祭祀礼仪如下：用一只公鸡作为祭品，祭祀后埋入地下，米用稻谷的精米。文山、勾㭚山、风雨山、騩山是诸山的宗主。祭祀这几座山的礼仪为：以美酒及猪、羊作为祭品，玉器用一块上等的吉玉。熊山是诸山的首领。祭祀熊山的礼仪为：用美酒及猪、牛、羊齐全的三牲作为祭品，玉器用一块玉璧。还要手拿盾牌舞蹈，目的是为了禳除灾祸。想要祈求祥瑞，就要穿戴礼服，并手持美玉跳舞。

解析

中次九经记载了从女几山到贾超山总计十六座山的地理位置和山川风貌，现今大致分布在四川省、重庆市、湖北省等地。记载中这些山中都草木繁茂，很少有怪异的鸟兽，多是鹿、羚羊、猪等寻常野兽。这些山的山神都是龙首马身，还介绍了祭祀这些山神所用的礼仪。

中次十经

原文

中次十山之首，曰首阳之山，其上多金玉，无草木。

又西五十里，曰虎尾之山，其木多椒、椐，多封石，其阳多赤金，其阴多铁。

又西南五十里，曰繁缋（山名。缋，huì）之山，其木多楢、杻，其草多枝、勾。

又西南二十里，曰勇石之山，无草木，多白金，多水。

又西二十里，曰复州之山，其木多檀，其阳多黄金。有鸟焉，其状如鸮，而一足彘尾，其名曰跂踵，见则其国大疫。

又西三十里，曰楮山，多寓木，多椒、椐，多柘，多垩。

又西二十里，曰又原之山，其阳多青䕫，其阴多铁，其鸟多鸜鹆（qú yù，八哥）。

又西五十里，曰涿山，其木多榖、柞、杻，其阳多㻬琈之玉。

又西七十里，曰丙山，其木多梓、檀，多弞杻（这里指高大的杻树。弞，shěn，长）。

凡首阳山之首，自首山至于丙山，凡九山，二百六十七里。其神状皆龙身而人面。其祠之：毛用一雄鸡瘗，糈用五种之糈。堵山，冢也。其祠之：少牢具，羞酒祠，婴用一璧瘗。骐山，帝也。其祠：羞酒，太牢具，合巫祝二人儛，婴一璧。

跂踵

译文

中央第十列山系的第一座山叫首阳山。这座山上蕴藏着丰富的金属矿物和玉石，不生长任何花草树木。

再向西五十里，有一座虎尾山。这座山中的树木大多是花椒树和椐树，山上遍布着封石，山的南面蕴藏着丰富的黄金，山的北面盛产铁。

再向西南五十里，有一座繁缋山。这座山中的树木以楢树和杻树居多，草类大多是桃枝、钩端之类的低矮小竹丛。

再向西南二十里，有一座勇石山。这座山上不生长任何花草树木，蕴藏着丰富的白银，遍布着流水。

再向西二十里，有一座复州山。这座山中的树木以檀树居多，山的南面蕴藏着丰富的黄金。这座山中有一种形状像猫头鹰一样的鸟。这种鸟长着一只爪子，拖着一条猪的尾巴，名字叫作跂踵。这种禽鸟出现在哪个国家，哪个国家就会暴发瘟疫。

再向西三十里，有一座楮山。这座山中到处都生长着寄生树，遍布着花椒树、椐树，还生长着许多柘树，垩土储藏量也非常丰富。

再向西二十里，有一座又原山。这座山的南面盛产青䈟，山的北面蕴藏着丰富的铁。这座山中的禽鸟大多数是八哥。

再向西五十里，有一座涿山。这座山中的树木多数是构树、柞树、杻树。这座山的南面盛产㻬琈玉。

再向西七十里，有一座丙山。这座山中的树木以梓树和檀树居多，还生长着许多㰤杻树。

首阳山山系从首至尾，自首阳山起到丙山止，共计有九座山，长达二百六十七里。诸山山神的形貌都是龙身人面。祭祀礼仪如下：用一只公鸡作为祭品，祭祀后埋入地下，祭祀用五种粮食的精米。堵山是诸山的宗主。祭祀这座山的礼仪为：用猪、羊二牲作为祭品，进献美酒，玉器用一块玉璧，祭祀过后埋入地下。騩山是诸山的首领。祭祀这座山的礼仪为：用猪、牛、羊齐全的三牲作为祭品，还要让巫师和祝师一同跳舞，玉器用一块玉璧。

解析

中次十经中主要记载了从首阳山到丙山，共计九座山的地理位置、山川风貌及物产矿藏。这九座山大致分布在我国河南省、湖北省一带。这列山系中草木繁盛，多出产黄金、玉石及铁等矿物质，还有一种能够预测瘟疫的鸟，名字叫跂踵。这些山的山神都是人面龙身。另外，中次十经中还记录了祭祀这些山神的礼仪。

四海八荒考

目前，我国的首阳山至少有六座，对于书中首阳山具体所处位置，历来争论很多。至于首阳山真正的位置，结论很难下定。

一说是渭源首阳山。《渭源县志》中记载，周秦时期，渭源是戎族的领地，到汉高祖二年，一直由獂道管辖的渭源由獂道分置首阳县，也因伯夷、叔齐死后都葬于首阳山内而著名，直到西魏文帝大统十七年，才更名为渭源县。

二说是陕西首阳山。《史记》中记述的伯夷、叔齐《采薇歌》曰："登彼西山兮，采其薇矣。以暴易暴兮，不知其非矣。神农、虞、夏忽焉没兮，我安适归矣？于嗟徂兮，命之衰矣！"根据史料分析，周族的先民们在很早就居住在西北泾、渭水一带。周文王逐渐消灭了西北小国后，周武王在沣水东岸建立都城镐京，也就是现今的陕西省长安县。因此，根据地理方位推断，渭源首阳山应该在镐京以西的地方。《定西史略》记述：

"越过陇山进入甘肃,溯渭河西进,经今清水、秦安、通渭、陇西、渭源。"

《史记·伯夷传》:"武王已平殷乱,天下宗周,而伯夷、叔齐耻之,义不食周粟,隐于首阳山,采薇而食之。"伯夷、叔齐的行为主要体现了一种精神,垂范了忠于职守、不朝秦暮楚、不见异思迁的做人准则。

中次十一经

原文

中次一十一山荆山之首，曰翼望之山。湍水（水系名，在今河南省境内。湍，zhuān）出焉，东流注于济，贶水（水系名。贶，kuàng）出焉，东南流注于汉，其中多蛟。其上多松、柏，其下多漆、梓，其阳多赤金，其阴多珉。

又东北一百五十里，曰朝歌之山。潕水出焉，东南流注于荥，其中多人鱼。其上多梓、楠，其兽多麢、麋。有草焉，名曰莽草，可以毒鱼。

又东南二百里，曰帝囷之山，其阳多㻬琈之玉，其阴多铁。帝囷之水出于其上，潜于其下，多鸣蛇。

又东南五十里，曰视山，其上多韭。有井焉，名曰天井，夏有水，冬竭。其上多桑，多美垩、金、玉。

又东南二百里，曰前山，其木多槠（zhū，常绿乔木，木材坚硬，可制器具），多柏。其阳多金，其阴多赭。

又东南三百里，曰丰山。有兽焉，其状如猿（yuán，即猿），赤目、赤喙、黄身，名曰雍和，见则国有大恐。神耕父处之，常游清泠（líng，清凉、冷清）之渊，出入有光，见则其国为败。有九钟焉，是和霜鸣。其上多金，其下多榖、柞、杻、橿。

雍和

译文

中央第十一列山系荆山山系的第一座山叫作翼望山,湍水就发源于这座山,继而向东流,注入济水。贶水也发源于这座山,继而向东南流入汉水。济水水域有许多蛟龙。这座山上遍布着松树和柏树,山下生长着茂密的漆树和梓树。这座山的南面盛产黄金,山的北面盛产珉石。

再向东北一百五十里,有一座朝歌山。潕水就发源于这座山,继而向东南流入荥水,水中生长着许多人鱼。这座山上遍布着梓树、楠树,山中野兽以羚羊、麋鹿居多。这座山中有一种名字叫作莽草的草类,这种草能够毒死鱼。

再向东南二百里,有一座帝囷山。这座山的南面蕴藏着丰富的㻬琈玉,山的北面出产大量的铁。帝囷水就发源于这座山的山顶,潜流到山下,帝囷水水域栖息着许多鸣蛇。

再向东南五十里,有一座

视山。这座山上遍布着野韭菜。山中有一口叫作天井的井，夏天有水，冬天枯竭。这座山上生长着茂密的桑树，蕴藏着丰富的优质垩土、金属矿物及玉石。

再向东南二百里，有一座前山。这座山中的树木大多数是楮树，还生长着许多柏树。这座山的南面盛产黄金，山的北面盛产赭石。

再向东南三百里，有一座丰山。这座山中有一种形状像猿猴，却长着红眼睛、红嘴巴、黄色身子的野兽。这种野兽的名字叫雍和。它出现在哪个国家，哪个国家就会发生大恐慌。神耕父就居住在这座山里。他经常在清泠渊畅游，出入时都有光亮。他出现在哪个国家，哪个国家就要衰败。这座山中还有九口钟，它们都会随着霜降而鸣响。这座山上蕴藏着丰富的金，山下生长着茂盛的构树、柞树、杻树、橿树。

原文

又东北八百里，曰兔床之山，其阳多铁，其林多楮、芋，其草多鸡谷，其本如鸡卵，其味酸甘，食者利于人。

又东六十里，曰皮山，多垩，多赭，其木多松、柏。

又东六十里，曰瑶碧之山，其木多梓、枏，其阴多青雘，其阳多白金。有鸟焉，其状如雉，恒食蜚，名曰鸩。

又东四十里，曰攻离之山。淯水出焉，南流注于汉。有鸟焉，其名曰婴勺，其状如鹊，赤目、赤喙、白身，其尾若勺，其鸣自呼。多柞牛，多羬羊。

又东北五十里，曰袟筲（zhì diāo，山名）之山，其上多松、柏、机桓（jī huán，树名，又称无患树，古人认为其有驱邪避恶的功能）。

又西北一百里，曰堇理（山名。堇，qín，黏土）之山，其上多松、柏，多美梓。其阳多丹雘，多金，其兽多豹、虎。有鸟焉，其状如鹊，青身白喙，白目白尾，名曰青耕，可以御疫，其鸣自叫。

又东南三十里,曰依轱(山名。轱,kū)之山,其上多杻、檀,多苴(jū,通"柤",树名)。有兽焉,其状如犬,虎爪有甲,其名曰獜(lín,神话传说中的怪兽),善駚牦(yāng fèn,奔腾跳跃),食者不风。

獜

译文

再向东北八百里，有一座兔床山。这座山的南面盛产铁，山中的树木以楮树和芋树居多。草类以鸡谷居多，这种草的根茎很像鸡蛋，酸中带甜。人食用它，对身体大有好处。

再向东六十里，有一座皮山。这座山上盛产垩土，赭石的储存量也非常丰富。这座山中的树木大多数是松树和柏树。

再向东六十里，有一座瑶碧山。这座山中的树木以梓树和楠树居多，山北面盛产青䨼，山南面盛产白银。这座山中有一种形状类似野鸡的鸟，这种鸟以蜚蝗为食，名字叫作鸩。

再向东四十里，有一座攻离山。淯水就发源于这座山，继而向南流入汉水。这座山中有一种禽鸟，名字叫作婴勺。这种禽鸟的形貌类似喜鹊，长着红眼睛、红嘴巴、白身子，尾巴类似酒勺，它的叫声就是它自身名字。另外，这座山中还栖息着大量的牦牛和羬羊。

再向东北五十里，有一座祑筒山，这座山上生长着茂密的松树、柏树、机树、桓树。

再向西北一百里，有一座堇理山。这座山中生长着大量的松树和柏树，还有许多优良的梓树。这座山的北面盛产青䨼，还有储量很丰富的黄金，山中的野兽以豹子和老虎居多。这座山中还有一种形貌类似喜鹊的鸟，长着青色的身子、白色的嘴巴、白色的眼睛、白色的尾巴，这种鸟的名字叫作青耕。人将这种禽鸟饲养在身边，可以躲避瘟疫。它的叫声与它的名字相同。

再向东南三十里，有一座依轱山。这座山上生长着茂密的杻树和橿树，柤树也有很多。山中有一种形貌像狗的野兽。这种野兽长着老虎一样的爪子，身上披着鳞甲，名字叫作獜。獜擅长跳跃腾挪。人吃了这种野兽的肉，就不会得风痹病。

原文

又东南三十五里，曰即谷之山，多美玉，多玄豹，多闾麋，多麢、臭。其阳多珉，其阴多青䨼。

又东南四十里，曰鸡山，其上多美梓，多桑，其草多韭。

又东南五十里，曰高前之山。其上有水焉，甚寒而清，帝台之浆也，饮之者不心痛。其上有金，其下有赭。

又东南三十里，曰游戏之山，多杻、橿、榖，多玉，多封石。

又东南三十五里，曰从山，其上多松、柏，其下多竹。从水出于其上，潜于其下，其中多三足鳖，枝尾，食之无蛊疾。

又东南三十里，曰婴硬（古山名。硬，zhēn）之山，其上多松柏，其下多梓、檿。

又东南三十里，曰毕山。帝苑之水出焉，东北流注于瀙（qìn，水名，在河南省境内，是汝水的支流之一），其中多水玉，多蛟。其上多㻬琈之玉。

又东南二十里，曰乐马之山。有兽焉，其状如彙（huì，刺猬），赤如丹火，其名曰㹐（lì，怪兽的名字），见则其国大疫。

译文

再向东南三十五里，有一座即谷山。这座山中盛产品质优良的玉石，山里栖息着许多黑豹、山驴和麋，羚羊和臭的数量也很多。这座山的南面盛产珉石，山的北面盛产青䨼。

再向东南四十里，有一座鸡山。这座山上长满了优良的梓树，桑树的数量也很多，草类以野韭菜最多。

再向东南五十里，有一座高前山。这座山上有一条溪水，冰凉而清澈，是神仙帝台所用过的水。人喝了它，就不会患心痛病。这座山上蕴藏着丰富的黄金，山下出产大量的赭石。

再向东南三十里，有一座游戏山。这座山中遍布着茂密的杻树、檀树、构树，山中玉石储量丰富，封石也有很多。

再向东南三十五里，有一座从山。这座山上生长着茂盛的松树和柏树，山下密布着低矮的小竹丛。从水就发源于这座山的山顶，继而潜流到山下，从水水域有很多三足鳖，长着分叉的尾巴。人吃了这种鳖的肉，就不会得疑心病。

再向东南三十里，有一座婴硬山。山上到处都生长着松树和柏树，山下生长着茂盛的梓树和櫄树。

再向东南三十里，有一座毕山。帝苑水就发源于这座山，继而向东北流入瀔水。帝苑水水域盛产水晶石，还有很多蛟龙。这座山上还蕴藏着丰富的璵珒玉。

再向东南二十里，有一座乐马山。这座山中有一种形貌类似刺猬的野兽。这种野兽全身赤红如火，名字叫作㺄。它出现在哪个国家，哪个国家就会暴发大瘟疫。

原文

又东南二十五里，曰葴山（山名。葴，zhēn）。澧水出焉，东南流注于汝水，其中多人鱼，多蛟，多颉（jié，传说中形状如青狗的一种野兽）。

又东四十里，曰婴山，其下多青䨼，其上多金玉。

又东三十里，曰虎首之山，多苴、椆、椐。

又东二十里，曰婴侯之山，其上多封石，其下多赤锡。

又东五十里，曰大孰之山，杀水出焉，东北流注于澧水，其中多白垩。

又东四十里，曰卑山，其上多桃、李、苴、梓，多纍（lěi，藤）。

又东三十里，曰倚帝之山，其上多玉，其下多金。有兽焉，其状如鼣鼠（传说中一种叫声像狗的鼠类。鼣，fèi），白耳白喙，名曰狙如（传说中的一种怪兽），见则其国有大兵。

又东三十里，曰鲵（ní）山，鲵水出于其上，潜于其下，其中多美垩。其上多金，其下多青䨼。

又东三十里，曰雅山。澧水出焉，东流注于澧水，其中多大鱼。其上多美桑，其下多苴，多赤金。

又东五十五里，曰宣山。沦水出焉，东南流注于澧水，其中多蛟。其上有桑焉，大五十尺，其枝四衢，其叶大尺余，赤理黄华青柎，名曰帝女之桑。

译文

再向东南二十五里，有一座葴山。瀙水就发源于这座山，继而向东南流入汝水。瀙水水域有许多人鱼和蛟龙，还有很多的颉。

再向东四十里，有一座婴山。山下蕴藏着丰富的青雘，山上盛产金属矿物和玉石。

再向东三十里，有一座虎首山，山上生长着茂密的苴树、椆树、椐树。

再向东二十里，有一座婴侯山。这座山上盛产封石，山下盛产红色锡土。

再向东五十里，有一座大孰山。杀水就发源于这座山，继而向东北流入瀙水，沿岸盛产白色垩土。

再向东四十里，有一座卑山。这座山上生长着茂密的桃树、李树、柤树、梓树，还生长着很多紫藤树。

再向东三十里，有一座倚帝山。这座山上蕴藏着丰富的玉石，山下盛产黄金。这座山中有一种形状类似鼩鼠的野兽。这种野兽长着白色的耳朵和白色的嘴巴，名字叫狙如。它出现在哪个国家，哪个国家就会有大的战争爆发。

再向东三十里，有一座鲵山。鲵水就发源于这座山的山顶，继而潜流到山下。这座山大量出产优质垩土。山上黄金储备很丰富，山下盛产青雘。

再向东三十里，有一座雅山。澧水就发源于这座山，继而向东流入瀙水。澧水水域有大量的大鱼。山上生长着大量品质优良的桑树，山下生长着茂密的苴树。这座山中还盛产黄金。

再向东五十里，有一座宣山。沦水就发源于这座山，继而向东南流入瀙水，附近水域栖息着许多蛟龙。这座山有一种树干合抱有五十尺粗细的桑树。这种树的树枝交错着伸向四方，树叶有一尺多长，还长有红色的纹理、黄色的花朵、青色的花萼。这种桑树的名字叫作帝女桑。

原文

又东四十五里，曰衡山，其上多青䨼，多桑，其鸟多鸜鹆。

又东四十里，曰丰山，其上多封石，其木多桑，多羊桃，状如桃而方茎，可以为（治疗）皮张（通"胀"，浮肿）。

又东七十里，曰妪山，其上多美玉，其下多金，其草多鸡谷。

又东三十里，曰鲜山，其木多楢、杻、苴，其草多䕧冬，其阳多金，其阴多铁。有兽焉，其状如膜犬（一种体形高大，毛发浓密，性情凶悍的犬类），赤喙、赤目、白尾，见则其邑有火，名曰狺即（传说中的一种怪兽名。狺，yí）。

又东三十里，曰皋山，其阳多金，其阴多美石。皋水出焉，东流注于澧水，其中多脃石（指一种轻软易断的石头。脃，cuì，通"脆"）。

又东二十五里，曰大支之山，其阳多金，其木多榖、柞，无草。

又东五十里，曰区吴之山，其木多苴。

又东五十里，曰声匈之山，其木多榖，多玉，上多封石。

又东五十里，曰大騩之山，其阳多赤金，其阴多砥石。

又东十里，曰踵臼之山，无草木。

又东北七十里，曰历石之山，其木多荆、芑，其阳多黄金，其阴多砥石。有兽焉，其状如狸，而白首虎爪，名曰梁渠，见则其国有大兵。

译文

再向东四十五里，有一座衡山。这座山上盛产青雘，还生长着茂盛的桑树，山中禽鸟大多数是八哥。

再向东四十里，有一座丰山。山上盛产封石，山中树木以桑树居多，还生长着大量的羊桃。这种树的形状类似普通的桃树，但树干却是方形的，能够治疗人的各种皮肤肿胀病。

再向东七十里，有一座妪山。这座山上盛产品质优良的玉石，山下盛产黄金，山中的草类以鸡谷草生长得最为繁茂。

再向东三十里，有一座鲜山。这座山中盛产楢树、杻树、枑树，花

梁渠

草类以薹冬居多。这座山的南面蕴藏着丰富的黄金，山的北面大量出产铁。这座山中有一种形状像膜犬的野兽。这种野兽长着红嘴巴、红眼睛、白尾巴。它出现在哪里，哪里就会有火灾发生，它的名字叫作狪即。

再向东三十里，有一座皋山。这座山的南面盛产黄金，山的北面大量出产漂亮的石头。皋水就发源于这座山，继而向东流入澧水。皋水水域盛产脆石。

再向东二十五里，有一座大支山。这座山的南面蕴藏着丰富的黄金，山中树木以构树和柞树居多，但不生长草。

再向东五十里，有一座区吴山。这座山中的树木以租树生长得最为繁盛。

再向东五十里，有一座声匈山。这座山中生长着大量的构树，山上遍布着玉石，还盛产封石。

再向东五十里，有一座大騩山。山的南面盛产黄金，山的北面盛产细磨石。

再向东十里，有一座踵白山。这座山上不生长任何花草树木。

再向东北七十里，有一座历石山，山中树木以牡荆和枸杞居多。这座山的南面盛产黄金，山的北面盛产细磨石。这座山中有一种形貌类似野猫的野兽，长着白色脑袋、老虎的爪子，名字叫作梁渠。这种野兽出现在哪个国家，哪个国家就会爆发大的战争。

原文

又东南一百里，曰求山。求水出于其上，潜于其下，中有美赭。其木多苴，多䉋（mèi，竹名）。其阳多金，其阴多铁。

又东二百里，曰丑阳之山，其上多椆、椐（chóu、jū，两者都是树名）。有鸟焉，其状如乌而赤足，名曰駅鵌（zhǐ tú，鸟名），可以御火。

又东三百里，曰奥山，其上多柏、杻、橿，其阳多㻬琈之玉。奥水出焉，东流注于灌水。

又东三十五里，曰服山，其木多苴，其上多封石，其下多赤锡。

又东三百里，曰杳山（这里是山名。杳，yǎo，幽暗），其上多嘉荣草，多金、玉。

又东三百五十里，曰几山，其木多楢、檀、杻，其草多香。有兽焉，其状如彘，黄身、白头、白尾，名曰闻獜（古代传说中的一种怪兽。獜，lìn），见则天下大风。

凡荆山之首，自翼望之山至于几山，凡四十八山，三千七百三十二里。其神状皆彘身人首。其祠：毛用一雄鸡祈瘗，婴用一珪，糈用五种之精。禾山，帝也。其祠：太牢之具，羞瘗倒毛，婴用一璧。牛无常。堵山、玉山，冢也。皆倒祠，羞毛少牢，婴用吉玉。

译文

再向东南一百里，有一座求山。求水就发源于这座山的山顶，继而潜流到山下。山中盛产优良的赭石。山中遍布着柤树，还生长着低矮的小箭竹。这座山的南面盛产黄金，山的北面蕴藏着丰富的铁。

再向东二百里，有一座丑阳山。这座山中生长着茂密的椆树和椐树。山中有一种形貌类似乌鸦，却长着红色爪子的鸟，名字叫作𪄀鵌。人饲养这种鸟，可以躲避火灾。

再向东三百里，有一座奥山。这座山上盛产柏树、杻树、橿树，山的南面蕴藏着大量的㻬琈玉。奥水就发源于这座山，继而向东流入灌水。

再向东三十五里，有一座服山。这座山中的树木以柤树居多，山上蕴藏着丰富的封石，山下盛产红色锡土。

再往东三百里，有一座杳山。这座山上遍布着嘉荣草，还蕴藏着丰富的金属矿物及玉石。

再向东三百五十里，有一座几山。山中生长的树木以楢树、檀树、杻树居多，草类主要是各种香草。这座山中有一种形貌类似猪，却长着黄色身子、白色脑袋、白色尾巴的野兽。这种野兽的名字叫作獭。它一出现，天下就会刮起大风。

荆山山系从首至尾，自翼望山起到几山止，总计有四十八座山，长达三千七百三十二里。诸山山神的形貌都是猪身人头。祭祀礼仪如下：用一只公鸡做祭品，祭祀后埋入地下，祭祀的玉器用一块玉珪，祀神用黍、稷、稻、粱、麦五种谷物的精米。禾山是诸山的首领。祭祀这座山的礼仪为：用猪、牛、羊齐全的三牲做祭品，祭祀后埋入地下，而且要将祭祀的牲畜倒着埋；祭祀的玉器用一块玉璧，虽然用太牢礼，却不一定要三牲全备。堵山和玉山是诸山的宗主。祭祀之后也要将牲畜倒着埋，祭品要用猪、羊，祭祀的玉器要用上等的吉玉。

解析

中次十一经记载了自翼望山到几山总计四十八座山的地理位置、山川风貌、植被分布及物产矿藏等方面的情况。这些山大致分布在今天的河南省、湖北省、安徽省境内。中次十一经中记载的山很多，山中的植物和禽鸟、兽类大多是常见的生物，奇异怪兽的数量记述较少，对这些山的山神形貌及祭祀礼仪也有详细描述。

中次十二经

原文

中次十二山洞庭山之首，曰篇遇之山，无草木，多黄金。

又东南五十里，曰云山，无草木，有桂竹（竹子的一种，皮是红色的），甚毒，伤人必死。其上多黄金，其下多琈瑀之玉。

又东南一百三十里，曰龟山，其木多榖、柞、椆、椐，其上多黄金，其下多青、雄黄，多扶竹（即邛竹，因可制作手杖而得名）。

又东七十里，曰丙山，多筀竹（guì zhú，即桂竹），多黄金、铜、铁，无木。

又东南五十里，曰风伯之山，其上多金玉，其下多痠（suān）石、文石，多铁，其木多柳、杻、檀、楮。其东有林焉，曰莽浮之林，多美木鸟兽。

又东一百五十里，曰夫夫之山，其上多黄金，其下多青、雄黄，其木多桑、楮，其草多竹、鸡鼓。神于儿居之，其状人身而手操两蛇，常游于江渊，出入有光。

又东南一百二十里，曰洞庭之山，其上多黄金，其下多银铁，其木多柤、梨、橘、櫾，其草多葌、蘪芜、芍药、芎䓖。帝之二女居之，是常游于江渊。澧、沅之风，交潇湘之渊，是在九江之间，出入必以飘风暴雨。是多怪神，状如人而载（携带）蛇，左右手操蛇。多怪鸟。

神于儿

又东南一百八十里，曰暴山，其木多棕、枏、荆、芑、竹、箭、䉅、箘，其是多黄金、玉，其下多文石、铁，其兽多麋、鹿、麐，就（通"鹫"，鹰一类的大猛禽）。

又东南二百里，曰即公之山，其上多黄金，其下多㻬琈之玉，其木多柳、杻、檀、桑。有兽焉，其状如龟，而白身赤首，名曰蛫（guǐ，传说中像龟一样的怪兽），是可以御火。

又东南一百五十九里，有尧山，其阴多黄垩，其阳多黄金，其木多荆、芑、柳、檀，其草多薯藇、茉。

又东南一百里，曰江浮之山，其上多银、砥砺，无草木，其兽多豕、鹿。

译文

中央第十二列山系洞庭山山系的第一座山是篇遇山。这座山中蕴藏着丰富的黄金，但不生长花草树木。

再向东南五十里，有一座云山。山中不生长花草树木，但长有桂竹。桂竹毒性非常大，人被这种竹子的枝叶刺着后，就必死无疑。这座山上盛产黄金，山下盛产㻬琈玉。

再向东南一百三十里，有一座龟山。这座山中生长的树木以构树、柞树、椆树、椐树居多。山上盛产黄金，山下多出产石青、雄黄，还生长着大量的扶竹。

再向东七十里，有一座丙山。山上生长着大量的桂竹，蕴藏着丰富的黄金、铜、铁，但不生长树木。

再向东南五十里，有一座风伯山。这座山上盛产金属矿物和玉石，山下盛产瘐石和色彩斑斓的漂亮石头。这座山的铁储藏量也很大，树木以柳树、杻树、檀树、构树居多。风伯山的东面有一片树林，名字叫莽浮林。这座树林中可出产许多品质优良的树木，栖息着很多飞禽和走兽。

再向东一百五十里，有一座夫夫山。山上盛产黄金，山下盛产石青、雄黄。这座山中生长的树木以桑树、构树居多，草类以竹子、鸡谷草长得最为繁盛。神于儿就在这座山中居住。这位神的形貌是人的身子，手中握着两条蛇，经常在长江深渊中畅游，出入时都闪着光亮。

再向东南一百二十里，有一座洞庭山。这座山上盛产黄金，山下大量出产银和铁，山中生长的树木以柤树、梨树、橘子树、柚子树居多，草类以兰草、蘪芜、芍药、芎䓖类香草居多。天帝的两个女儿就在这座山中居住。她们经常在长江深渊中畅游。从澧水和沅水吹来的风，在幽清的湘水渊潭上交汇。这里就是九条江水汇合的中心。这两位神女出入的时候，都伴随着急风暴雨。洞庭山中还居住着很多怪神，形貌类人，身上缠绕着蛇，两只手中也各握着蛇。这座山中还栖息着许多怪鸟。

再向东南一百八十里，有一座暴山。山中生长的树木以棕树、楠木、牡荆树、枸杞和竹子、箭竹、䉶竹、箘竹居多。山上盛产黄金和玉石，山下大量出产带有彩色花纹的漂亮石头和铁。这座山中的野兽大多数是麋鹿、鹿、麞，山中禽鸟以鸷鹰居多。

再向东南二百里，有一座即公山。这座山上蕴藏着丰富的黄金，山下盛产瑅珃玉，山中树木以柳树、杻树、檀树、桑树居多。这座山中有一种形状类似乌龟的野兽，长着白色的身体、红色的脑袋，名字叫作蛫。人将它饲养在身边，可以躲避火灾。

再向东南一百五十九里，有一座尧山。这座山的北面盛产黄色垩土，山的南面出产大量的黄金，山中树木以牡荆树、枸杞树、柳树、檀树居多，草类多为山药、术草。

再向东南一百里，有一座江浮山。山上盛产银、磨石。这座山中不生长花草树木，野兽大多是野猪、鹿。

原文

又东二百里，曰真陵之山，其上多黄金，其下多玉，其木多榖、柞、柳、杻，其草多荣草。

又东南一百二十里，曰阳帝之山，多美铜，其木多櫨、杻、䍃（yǎn，一种野生桑树，木材坚韧，可做弓、车辕）、楮，其兽多麢、麝。

又南九十里，曰柴桑之山，其上多银，其下多碧，多泠石、赭，其木多柳、芑、楮、桑，其兽多麋、鹿，多白蛇、飞蛇（即神话传说中的螣蛇，能够腾云驾雾）。

又东二百三十里，曰荣余之山，其上多铜，其下多银，其木多柳、芑，其虫多怪蛇、怪虫。

凡洞庭山之首，自篇遇之山至于荣余之山，凡十五山，二千八百里。其神状皆鸟身而龙首。其祠：毛用一雄鸡，一牝豚刉（jī，切割），糈用稌。凡夫夫之山、即公之山、尧山、阳帝之山，皆冢也。其祠：皆肆（陈设、摆设）瘗，祈用酒，毛用少牢，婴用一吉玉。洞庭、荣余山，神也。其祠：皆肆瘗，祈酒太牢祠，婴用圭璧十五，五采惠（通"绘"，描绘）之。

右中经之山，大凡百九十七山，二万一千三百七十一里。

大凡天下名山五千三百七十，居地，大凡六万四千五十六里。

禹曰：天下名山，经五千三百七十山，六万四千五十六里，居地也。言其《五臧》（"五臧"即"五脏"，这里将山比喻成中土的五脏。臧，zàng，通"脏"），盖其余小山甚众，不足记云。天地之东西二万八千里，南北二万六千里，出水者八千里，受水者八千里，出铜之山四百六十七，出铁之山三千六百九十。此天地之所分壤树（种植、培育）谷（泛指农作物）也，弋矛之所发也，刀铩（古代一种兵器，长刃的刀矛）之所起也，能者有余，拙者不足。封于太山（这里指帝王在泰山祭祀天地及四方山岳之神的活动。太山，泰山），禅于梁父，七十二家，得失之数（天命、命运），皆在此内，是谓国用（国家物产财富的来源，即为国所用）。

右《五臧山经》五篇，大凡一万五千五百三字。

译文

再向东二百里，有一座真陵山。这座山上盛产黄金，山下盛产玉石。这座山中生长的树木以构树、柞树、柳树、杻树居多，草类大多以能够治疗风痹病的荣草居多。

再向东南一百二十里，有一座阳帝山。这座山遍布着品质优良的铜，生长着大量的橿树、杻树、山桑树、构树。这座山中的野兽大多数是羚羊和麝香鹿。

再向南九十里，有一座柴桑山。这座山中盛产白银，山下盛产碧玉，山上还有很多柔软的泠石和赭石。这座山中生长的树木以柳树、枸杞、构树、桑树居多，野兽则以麋鹿、鹿居多。山中还栖息着许多白蛇和飞蛇。

再向东二百三十里，有一座荣余山。这座山上蕴藏着丰富的铜，山下盛产白银，山中的树木以柳树、枸杞居多。这座山中还有许多怪蛇、怪虫栖息。

洞庭山山系从首至尾，自篇遇山起到荣余山止，共计有十五座山，长达二千八百里。诸山山神的形貌都是鸟身龙首。祭祀礼仪如下：用宰杀的一只公鸡和一头母猪做祭品，祭祀的米要用稻谷的精米。夫夫山、即公山、尧山、阳帝山是诸山的宗主。祭祀这几座山的礼仪为：先要陈列牲畜、玉器，然后埋入地下，用美酒献祭，祭品用猪、羊二牲，祭祀的玉器用上等的吉玉。洞庭山、荣余山是有神灵会显圣的山。祭祀这两座山的礼仪为：陈列牲畜、玉器，之后埋入地下，祭祀要用美酒及猪、牛、羊齐全的三牲为祭品，祭祀的玉器要用十五块玉圭、十五块玉璧，用青、黄、赤、白、黑五种色彩来绘饰它们。

以上就是中央山脉的记录，总计有一百九十七座山，长达二万一千三百七十一里。

总计天下名山，共有五千三百七十座，分布在大地的东、西、南、北、中各个方位，总计长达六万四千零五十六里。

大禹说：天下的名山，他自己已经经历了五千三百七十座，长达六万四千零五十六里。这些山都分布在大地东、南、西、北、中的各个方位。之所以将这些山脉记载在《五臧山经》中，是因为除此之外的小山不胜枚举，无法一一列举记述。天地广阔，从东方到西方，总计有二万八千里，有江河流出的山有八千里，江河流经的地方八千里，出产铜的山有四百六十七座，出产铁的山有三千六百九十座。这些大山是划分疆土、种植庄稼的标准，也是天下刀兵产生的原因，所有武器出现的来源，有能力的人就富足有余，没有能力的人就贫困不足。帝王在泰山上举行祭天礼仪，在梁父山上举行祭地礼仪，有德行能力封禅的帝王共有七十二家。他们的兴衰成败都在这些山川间上演，国家财富用度也都来源于这些土地。

以上就是《五臧山经》五篇，总计一万五千五百零三字。

解析

中次十二经记载了从篇遇山到荣余山共计十五座山的地理位置、山川形貌、物产矿藏及动植物分布等方面的情况。目前，这些山大致分布在湖南省、湖北省、江西省境内。这一篇也是山经的结束，在篇尾对天下名山做出总结，并以大禹的话作为山经的结尾。

四海八荒考

柴桑山大致在现今江西省九江市的西南面。早在东汉末年，曹操曾率军自江陵东下，诸葛亮至柴桑与孙权在此谋划抵抗曹军。此地也是我国晋代大诗人陶渊明的故乡。柴桑又名九江，这个称呼最早出现在《尚书·禹贡》中，记载中有"九江孔殷""过九江至东陵"等。《晋太康地记》中记载："刘歆以为湖汉九水入彭蠡泽也。"长江流经九江水域境内，与鄱阳湖和赣、鄂、皖三省毗连的河流汇集，形成百川归海之势，水势浩渺，波澜壮阔。

柴桑的开发历史非常久远。早在夏、商时期，柴桑隶属荆、扬二州；春秋时期，柴桑分属于吴国的西境、楚国的东境，因此又有着"吴头楚尾"的称呼。

柴桑作为行政区划，最早出现在秦代。秦始皇统一六国后，划天下为三十六郡，就有九江郡。此后，九江又有柴桑、浔阳、汝南、湓城、德化等称呼，但主要以九江、柴桑、浔阳、江州著称于世。汉高帝六年，车骑大将军灌婴曾经在此凿井筑城戍守，称之为湓城，又叫灌婴城。

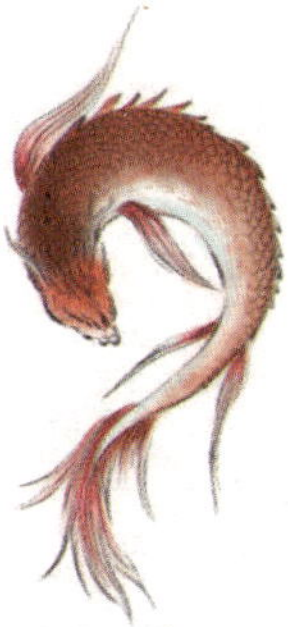

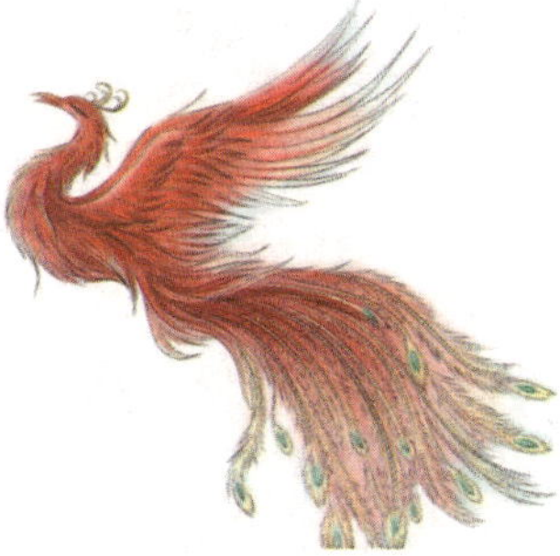

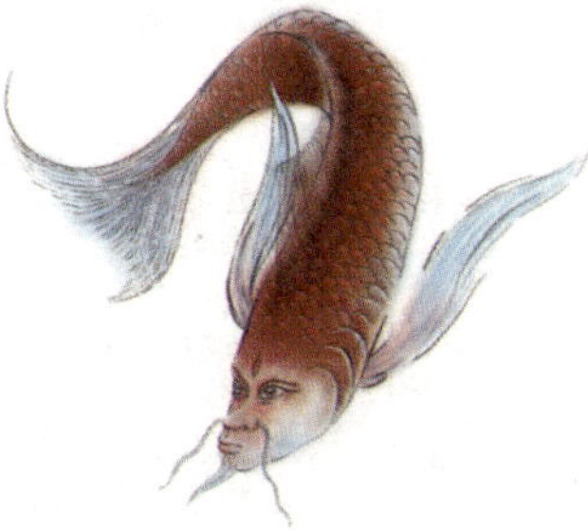

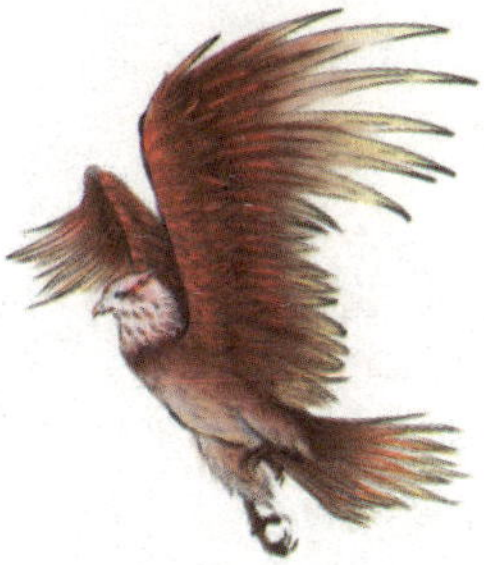

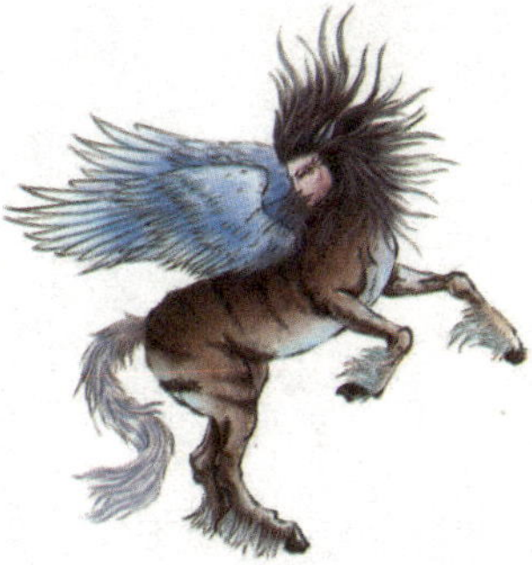

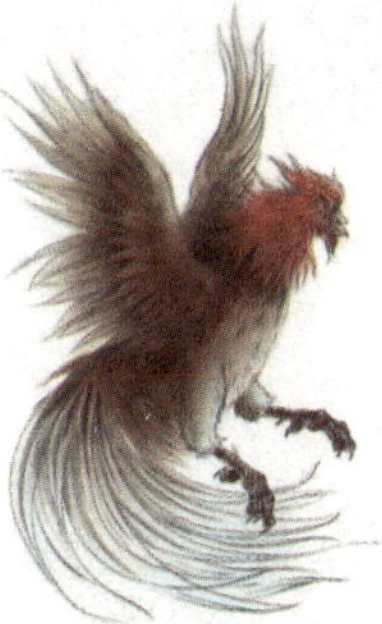

海經

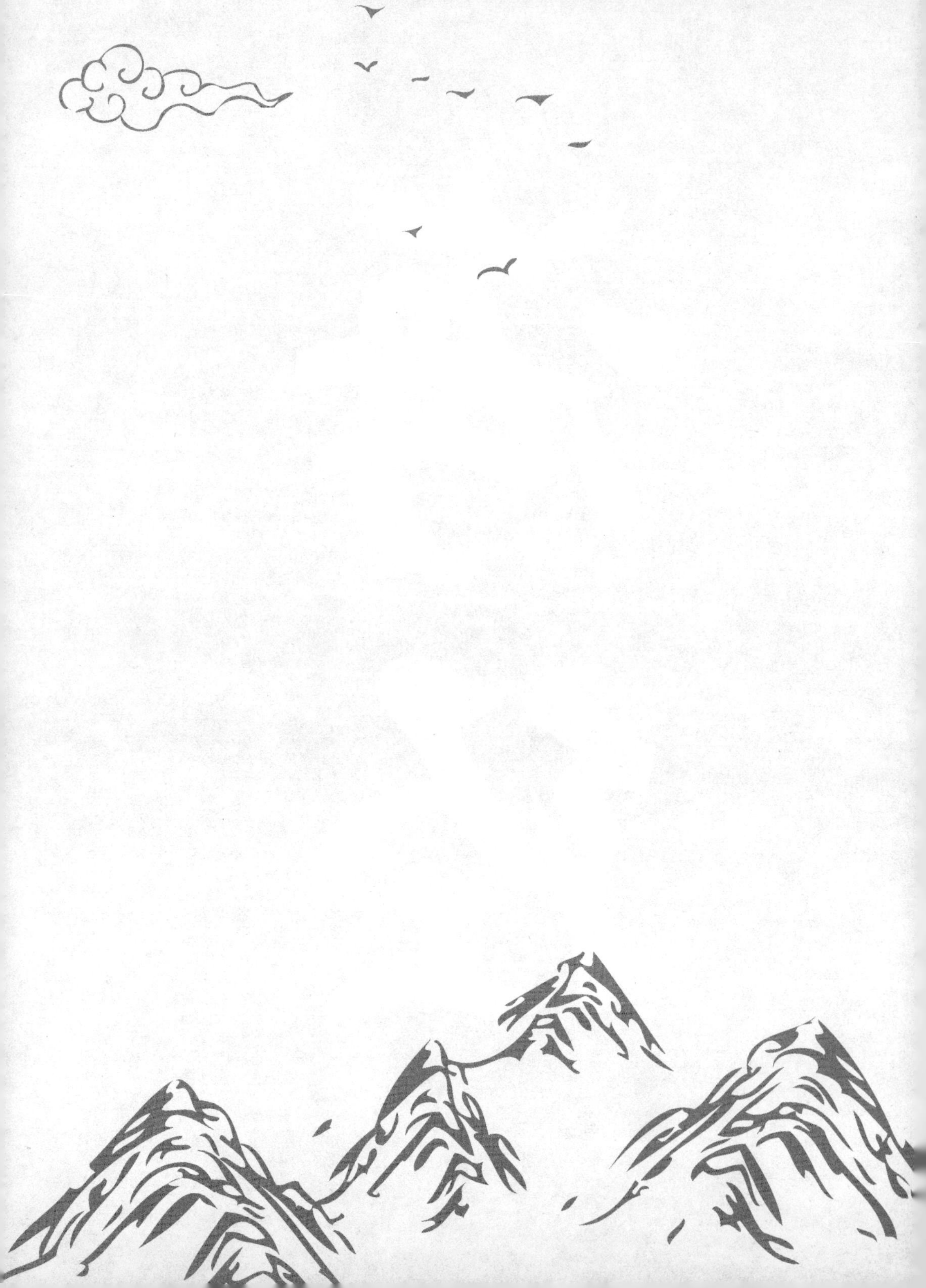

卷六 海外南经

《山海经》中"海外"的"海"不能简单地理解为海洋或大海,"海外"指的是上古时代中国中心区域外没有开化或还没有被充分了解的偏远之地。《海外南经》中记述的位置大致在我国南部,但其具体位置难以确定。

《海外南经》的记述顺序由西至东,经中记载的三苗族也是南方有名的部族,羿与凿齿战于寿华之野也是我国古代神话传说中的重要一篇。另外,需要注意的是,《山海经》中关于帝尧与帝喾都葬在海外狄山的记载,表明在上古时期,我国南方是华夏文明比较发达的地区。

原文

地之所载，六合（古人以东、西、南、北、上、下六方为六合）之间，四海之内，照之以日月，经之以星辰，纪之以四时（古人以春、夏、秋、冬四季为四时），要之以太岁（又叫岁星，即木星。木星在黄道带里每年经过一宫，约十二年运行一周天，古人用以纪年），神灵所生，其物异形，或夭或寿，唯圣人能通其道。

译文

凡是大地所负载的，天地之间，四海之内，都有日月光辉的照耀，无数星辰运行着，用春夏秋冬四个季节来记载，用木星的运行轨迹来纪年。世间神灵所生的万物，都有不同的形貌，有的早亡，有的长寿。只有那些品德高尚、智慧超群的人才能懂得其中的道理，从中获得启发。

比翼鸟

原文

海外自西南陬至东南陬者。

结匈国在其西南，其为人结匈（有可能指的是鸡胸类的畸形。匈，通"胸"）。

南山在其东南。自此山来，虫为蛇，蛇号为鱼。一曰南山在结匈东南。

比翼鸟在其东，其为鸟青、赤，两鸟比翼。一曰在南山东。

羽民国在其东南，其为人长头，身生羽。一曰在比翼鸟东南，其为人长颊（面颊，脸两侧的部位）。

有神人二八，连臂，为帝司夜（守候和管理夜晚）于此野。在羽民东。其为小人颊赤肩。

毕方鸟在其东，青水西，其为鸟一脚。一曰在二八神东。

译文

海外从西南角至东南角的各个国家、山川、物产等，分别如下所述。

结胸国处于西南面。这个国家的人都长着像鸡胸那样尖锐突出的胸骨。

南山在它的东面。从这座山来的人将虫称作蛇，将蛇称作鱼。还有一种说法认为，南山在结胸国的东南方。

比翼鸟在它的东面，此类鸟的羽毛青色与红色间杂，只有两只鸟的翅膀配合起来才能飞翔。另外一种说法认为，比翼鸟在南山的东面。

羽民国在它的东南面。这个国中的人全身长满羽毛，脑袋很长。另一种说法认为，羽民国在比翼鸟的东南面，国中人生有红色翅膀和一副长长的脸颊。

有个神人名叫二八。他的两条手臂连在一起，在旷野中为天帝守候和管理夜晚。这神人在羽民国东面，那里的人有赤红的肩膀和狭小的脸颊。

毕方鸟在它的东面、青水的西面。此类鸟只生有一只脚。另外一种说法认为，毕方鸟在二八神人的东面。

原文

讙（huān）头国在其南，其为人人面有翼，鸟喙，方捕鱼。一曰在毕方东。或曰讙朱国。

厌火国在其南，其为人兽身黑色。火出其口中。一曰在讙朱东。

三株树在厌火北，生赤水上，其为树如柏，叶皆为珠。一曰其为树若彗（彗星，这里指树长得像扫把一样）。

厌火国人

　　谨头国在它的南边。这个国家的人长着人的面孔，却生有一对翅膀，长着鸟嘴，正在捕鱼。另一种说法认为，谨头国在毕方鸟的东边，也有人认为谨头国就是谨朱国。

　　厌火国在它的南边。这个国家的人长着野兽的身子，全身都是黑色的。他们的口中能吐出火焰。另一种说法认为，厌火国在谨朱国的东面。

　　三珠树在厌火国的北边，生长在赤水边上。它的形貌与柏树相差不多，叶子都是珍珠。另一种说法认为，珠树的样子很像扫把一样的彗星。

原文

三苗国在赤水东，其为人相随（人们彼此排队跟随）。一曰三毛国。

䑏国（传说中的国名。䑏，zhì）在其东，其为人黄，能操弓射蛇。一曰盛国在三毛东。

贯匈国在其东，其为人匈有窍。一曰在䑏国东。

交胫（jiāo jìng，传说中的古国名）国在其东，其为大交胫。一曰在穿匈（贯胸）东。

不死民在其东，其为人黑色，寿，不死。一曰在穿匈国东。

反舌国在其东，其人为反舌。一曰支舌国，在不死民东。

昆仑虚在其东，虚四方。一曰在反舌东，为虚四方。

译文

三苗国在赤水的东边。这个国家的人彼此跟随着结伴而行。另一种说法认为，三苗国也叫三毛国。

䑏国在它的东边。这个国家的人都是黄色皮肤，能操持弓箭射死蛇。还有一种说法认为，盛国处于三毛国的东面。

贯胸国在它的东面。这个国中的人胸膛上都有个洞。还有一种说法认为，贯胸国在䑏国的东面。

交胫国在它的东边。这个国中的人小腿是相互交叉着的。还有一种说法认为，交胫国在穿胸国的东边。

不死民在它东面。国中的人全身都是黑色的,每个人都很长寿,不会死。还有一种说法认为,不死民在穿胸国的东边。

反舌国在它的东边。这个国中的人都是舌根在前,舌尖伸向喉部。还有一种说法认为,反舌国在不死民的东面,又叫支舌国。

昆仑山在它的东面,山脚呈四方形。还有一种说法认为,昆仑山在反舌国的东边,山基是四方形的。

原文

羿与凿齿战于寿华之野,羿射杀之。在昆仑虚东。羿持弓矢,凿齿持盾。一曰持戈。

三首国在其东,其为人一身三首。一曰在凿齿东。

周饶国在其东,其为人短小,冠带(戴帽子束腰带)。一曰焦侥国(即周饶国,"焦侥""周饶"都是"侏儒"的转声,形容身材矮小)在三首东。

长臂国在其东,捕鱼水中,两手各操一鱼。一曰在焦侥东,捕鱼海中。

狄山,帝尧葬于阳,帝喾(传说中的帝王。喾,kù)葬于阴。爰有熊、罴、文虎、蜼、豹、离朱(有可能是神话传说中的三足鸟,与乌鸦类似)、视肉。吁咽(有可能指的是虞舜)、文王(周文王姬昌)皆葬其所。一曰汤山。一曰爰有熊、罴、文虎、蜼、豹、离朱、鸱久、视肉、虖交。

其范林方三百里。

南方祝融,兽身人面,乘两龙。

祝融

译文

羿与凿齿在寿华郊外交战厮杀，羿射杀了凿齿。这个地方就位于昆仑山的东面。在交战中，羿手持弓箭，凿齿手拿盾牌。还有一种说法认为，凿齿拿的是戈。

三首国在它的东边。这个国中的人都是一个身子三个头。还有一种说法认为，三首国在凿齿的东面。

周饶国在它的东边。这个国中的人身材都十分矮小，但戴着帽子，系着腰带，很文明。还有一种说法认为，周饶国在三首国的东边。

长臂国在它的东面。那里有人正在水中捕鱼，左右两只手都抓着一条鱼。还有一种说法认为，长臂国在焦侥国的东边。那里的人在大海中捕鱼。

有一座山叫狄山，唐尧死后葬在这座山的南面，帝喾死后葬在这座山的北面。这座山中有熊、罴、花纹虎、长尾猿、豹子、三足乌、视肉兽。吁咽和文王也埋葬在这里。还有一种说法认为，狄山就是汤山。那里有熊、罴、花纹虎、长尾猿、豹子、离朱鸟、鸱久、视肉兽、虖交。

这一带有一片方圆三百里大小的范林。

南方的神祝融，长着野兽的身子、人的面孔，驾乘着两条龙。

解析

《海外南经》中总计记载了十二个国家，其中有能喷火的厌火国、身上长满羽毛的羽民国等国家，也介绍了许多神奇的动物和植物等。同时，《海外南经》中还涉及许多历史和神话传说，如火神祝融、帝尧、羿与凿齿之战等，也为后来各种神话传说的发展提供了足够的想象空间和素材。

卷七 海外西经

《海外西经》记载了海外西南角到西北角的国家及地区，从结匈国起，向北逐次展开描述，主要记述了这些国家的物产、文明及相关神话传说。关于刑天的神话传说也在《海外西经》中出现。我国大诗人陶渊明在《读山海经》中称赞刑天的精神为："刑天舞干戚，猛志固常在。"

《海外西经》中对夏后启的记载与夏族为西方诸侯的传说相印证，与前文帝尧、帝喾葬在南方，以及下文中帝舜、颛顼葬在北方相互对比，就可以对我国上古时期的帝王部族背景进行合理的推测。同时，《山海经》中关于巫咸等神话传说中经常出现的名字的相关记载，也表明在上古时期部落因争取生存领域，进行的大规模长距离迁徙是有可能存在的。

原文

海外自西南陬至西北陬者。

灭蒙鸟在结匈国北，为鸟青，赤尾。

大运山高三百仞，在灭蒙鸟北。

大乐之野，夏后启于此儛（夏后启就是夏国开国君主夏启，大禹之子。儛，wǔ，通"舞"）《九代》，乘两龙，云盖三层。左手操翳（yì，用羽毛做的华盖），右手操环，佩玉璜（huáng，半璧形的玉，属于一种礼器）。在大运山北。一曰大遗之野。

三身国在夏后启北，一首而三身。

一臂国在其北，一臂、一目、一鼻孔。有黄马虎文，一目而一手。

奇肱（jī gōng，传说中的国名）之国在其北，其人一臂三目，有阴有阳，乘文马（wén mǎ，毛色有纹饰的马）。有鸟焉，两头，赤黄色，在其旁。

三身国人

译文

海外从西南角到西北角的所有国家、物产、山川综述如下。

灭蒙鸟位于结胸国的北面。这种鸟拖着红色的尾巴，长着青色的羽毛。

在灭蒙鸟的北面是高达三百仞的大运山。

夏后启在大乐野观看《九代》乐舞。他乘驾着两条龙，有三重云雾在其头上充当伞盖。他左手握着一把华盖，右手拿着一只玉环，腰间还佩戴着一块玉璜。大乐野就处于大运山的北面。还有一种说法认为，夏后启观看乐舞《九代》的地方是大遗野。

夏后启的北面是三身国。这个国中的人都生有一个脑袋、三个身子。

三身国的北面是一臂国。这个国中的人只有一条胳膊、一只眼睛和一个鼻孔。国中还有一种身上长着老虎斑纹的黄色马。这种马长着一只眼睛和一只手。

一臂国的北面是奇肱国。这个国中的人都长着一条胳膊、三只眼睛，而且眼睛都分阴阳，阴眼在上面，阳眼在下面。奇肱国的人都骑着一种身上生有花纹的吉良马。那里还有一种长着两个脑袋、红色身子的鸟，栖息在人的身边。

四海八荒考

启也称为夏启、帝启、夏后启、夏王启，是夏朝的第二任君主，也是禹的儿子。屈原在他的《天问》中曾记载："禹巡治洪水，走遍四方。一次，偶然与涂山氏相遇于台桑，怀孕的涂山氏女生下了启。"《竹书纪年》中记载，夏启在位三十九年。

禹死后让位给伯益，启通过武力征讨，击败了伯益后继位，成为我国历史上由"禅让制"变更为"世袭制"的第一人，也宣告了原始社会的结束和奴隶社会的开始，启也被公认为我国历史上的第一个帝王。

夏启放弃阳翟，西迁到大夏，建都安邑。又通过甘之战，击败了有扈氏，消除了华夏族内部的反对势力。他在位时四处征战，最终病死，葬于安邑附近。相传禹本来要按照禅让制传位给皋陶。皋陶早亡，就决定传给皋陶的儿子伯益。史籍记载："禹子启贤，天下属意焉。及禹崩，虽授益，益之佐禹日浅，天下未洽。故诸侯皆去益而朝启，曰：'吾君帝禹之子也。'于是启遂即天子之位，是为夏后帝启。"

禹死后，启按照尧舜禅让和舜禹禅让的惯例避位，让伯益当君主。结果却是诸侯离开伯益到启的身边，臣子和人民也支持启，所以启即位。从此以后，我国的世袭制代替了禅让制，让"公天下"变成了"家天下"。

原文

刑天（传说中没有脑袋的神）与帝争神，帝断其首，葬之常羊之山。乃以乳为目，以脐为口，操干戚以舞。

女祭、女薎（miè，同"蔑"）在其北，居两水间，薎操鱼䱉（古代一种圆形小酒器），祭操俎（zǔ，祭祀时放祭品的礼器）。

䳓鸟（鸟名。䳓，cì）、鶬鸟（鸟名。鶬，音zhān），其色青黄，所经国亡。在女祭北。䳓鸟人面，居山上。一曰维鸟，青鸟、黄鸟所集。

丈夫国在维鸟北，其为人衣冠带剑。

女丑之尸，生而十日炙（炙烤）杀之。在丈夫北。以右手鄣（zhàng，通"障"，遮挡、遮掩）其面。十日居之，女丑居山之上。

巫咸国在女丑北，右手操青蛇，左手操赤蛇。在登葆山，群巫所从上下也。

并封在巫咸东，其状如彘（zhì，猪），前后皆有首，黑。

女子国在巫咸北，两女子居，水周之。一曰居一门中。

轩辕之国在此穷山之际，其不寿者八百岁。在女子国北，人面蛇身，尾交首上。

穷山在其北，不敢西射，畏轩辕之丘。在轩辕国北，其丘方，四蛇相绕。

译文

刑天与天帝争夺神位，结果被天帝砍掉了脑袋，天帝将刑天的头埋在常羊山下。没了头的刑天就用乳头当眼睛，用肚脐当嘴巴，一只手拿着盾牌，另一只手挥舞着大斧头，继续作战。

有两个分别叫作祭和薎的女巫，住在刑天北边的两条河流中间。女巫薎手里拿着一个小酒器，女巫祭手里捧着一个礼器俎。

䳓鸟和鶬鸟都栖息在女巫祭的北面。它们身上颜色青中带黄。它们经过哪个国家，哪个国家就会很快灭亡。䳓鸟生有一副人的面孔，栖息

刑天

在山上。还有另外一种说法认为，这两种鸟统称维鸟，是青鸟和黄鸟聚集在一起的混称。

维鸟的北面是丈夫国。这个国中人都穿着衣服，戴着帽子，佩带着宝剑。

有一具女丑的尸体横卧在丈夫国的北面，生前是被十个太阳的热气活活烤死的。她临死时用右手遮住了脸。女丑的尸体横卧在山顶上，十个太阳就高挂在尸体上方的天空中。

女丑尸体的北面是巫咸国。这个国中的人左手拿着一条红蛇，右手握着一条青蛇。附近有一座众巫师来往于天上与人间的登葆山。

巫咸国的东面有并封兽，形貌与猪类似，前后两端都有脑袋，全身呈黑色。

巫咸国的北面有一个女子国，四周被水环绕着，有两个女子住在那里。还有一种说法认为，这两个女子住在一道门里面。

穷山的旁边就是轩辕国。国中寿命很短的人也能活到八百岁。轩辕国位于女子国的北面，国中的人长着人的脸庞和蛇的身子，尾巴盘绕在头顶上。

穷山位于轩辕国的北边。那里的人因为畏惧黄帝威灵所在的轩辕丘，拉弓射箭都不敢向着西方。轩辕丘处于轩辕国的北面，呈方形，有四条大蛇相互环绕。

原文

诸沃之野，沃民是处鸾鸟自歌，凤鸟自舞。凤皇卵，民食之；甘露，民饮之，所欲自从也。百兽相与群居。在四蛇北。其人两手操卵食之，两鸟居前导之。

龙鱼陵居在其北，状如鲤。一曰鰕（xiā，体形较大的鲵鱼，俗称娃娃鱼，叫声如同婴儿啼哭）。即有神圣乘此以行九野（九州的土地）。一曰鳖鱼在沃野北，其为鱼也如鲤。

白民之国在龙鱼北，白身被（pī）发。有乘黄，其状如狐，其背上有角，乘之寿二千岁。

肃慎之国在白民北，有树名曰雒棠，圣人代立，于此取衣（中原地区有英明的帝王出现，雒棠树就会长出一种树皮，肃慎国的人就用这种树皮做成衣服穿）。

长股之国在雒棠北，被发。一曰长脚。

西方蓐（rù）收，左耳有蛇，乘两龙。

蓐收

译文

有一个地方叫作沃野。鸾鸟在那里自由自在地歌唱，凤鸟在那里自由自在地跳舞。那里的居民食用凤凰生下的蛋，饮用上天降下的甘露，只要是他们想要的，都能遂心如意地得到。在那里，各种野兽混杂居住在一起。沃野就位于四条蛇的北边。那里的人用双手捧着凤凰蛋吃，还有一只鸟在他们前面引导。

龙鱼在沃野的北边。它在水中和山陵上都能居住。龙鱼的形貌与鲤鱼很像，还有一种说法认为龙鱼很像鰕鱼。有神人骑着它遨游在九州的原野上。另外一种说法认为，鳖鱼生活在沃野的北面，而且形貌也与鲤鱼非常类似。

龙鱼所在地的北面是白民国。这个国中的人都披散着头发，皮肤白皙。这里有一种形貌类似狐狸，脊背上有角的野兽，名叫乘黄。人要是能骑上它，就能活两千年。

白民国的北面是肃慎国。那里有一种叫雒棠的树。每当中原地区出现圣明的天子，雒棠树就会长出一种树皮。肃慎国的人就会用雒棠树的树皮来制作衣服穿。

长股国在雒棠树的北面。那里的人总是披散着头发。还有一种说法认为，它叫长脚国。

西方的神蓐收左耳上挂着一条蛇，驾乘着两条龙飞行。

解析

　　《海外西经》中记载了西部许多国家的地理位置及人物形貌，如三身国中的人有三个身子却只有一个脑袋；一臂国中的人只长着一只眼睛、一个鼻孔、一只胳膊；女子国中都是女子，丈夫国中都是男子等。另外，还记录了许多神话故事，包括夏启在大乐之野举行歌舞、刑天战天帝等。当然，除去这些故事的夸张描述，还有很高的历史参考性，对于研究上古时期人类生存和发展的状况具有特殊的价值。

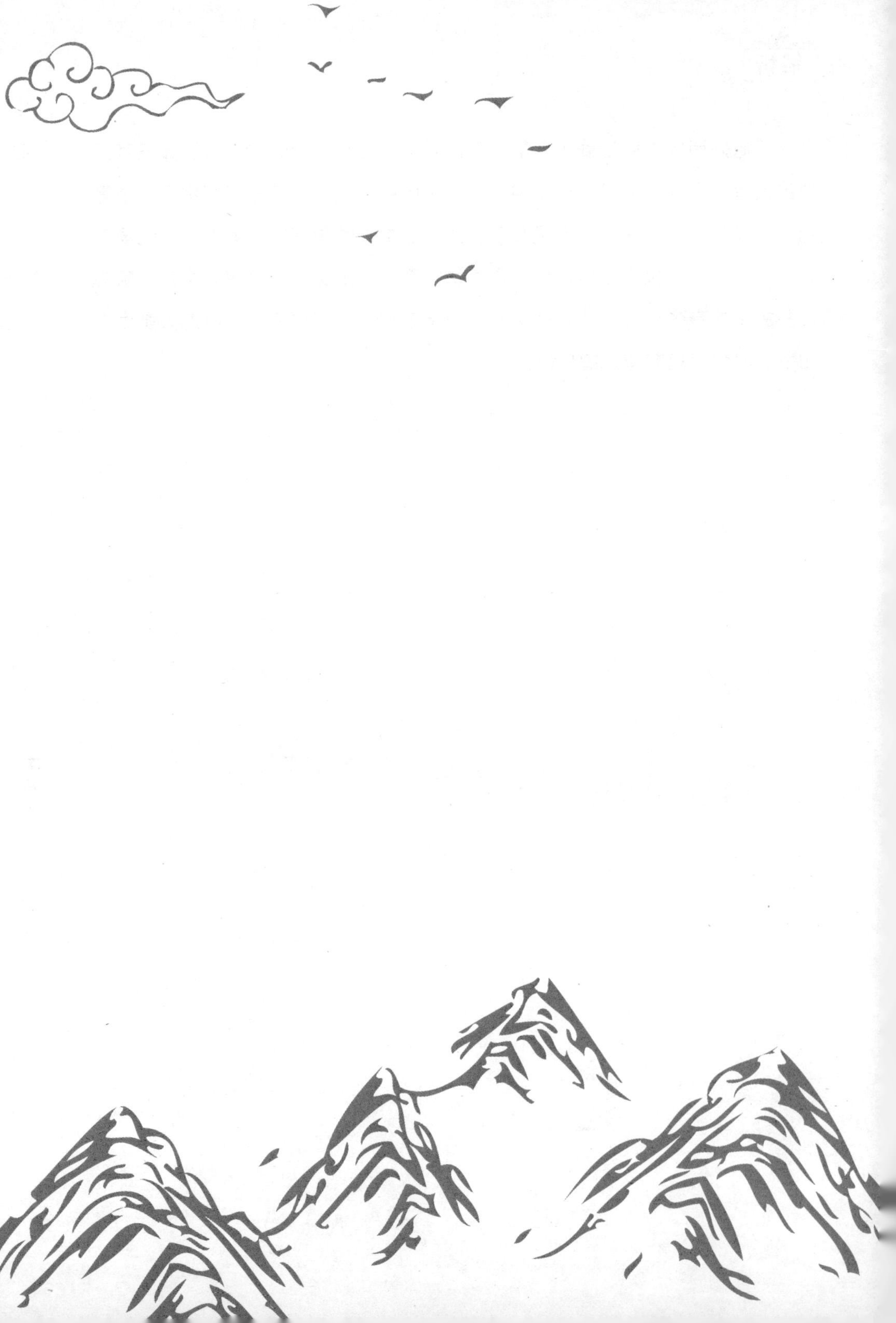

卷八 海外北经

《海外北经》记录了中土本土以北的国家及文明。这些国家大致在我国北部，具体位置已经难以考证，记录顺序为由西向东。

钟山山神烛阴在《大荒北经》中被称为烛龙，位置在西北海外，与《海外北经》中的记载可以相互印证。《海外北经》还记载了共工之臣相柳氏被大禹所杀的神话故事，为人们呈现出人与超自然力量进行斗争的画面。

《海外北经》中还记载了夸父逐日等重要的神话故事。夸父在全书中有两种面目，一种是野兽名，一种是人名。这就需要综合起来考虑。这个逐日的夸父有可能是某个以夸父兽为图腾的氏族首领。

另外，关于务隅山是颛顼帝死后埋葬之地的记载，与下文颛顼帝由东夷抚养长大的记载相互印证，表明五帝可能出于不同的部族，而关于欧丝之野的记载则体现了我国丝织业的悠久历史。

原文

海外自西北陬至东北陬者。

无启（没有后代。传说无启国的人死后心脏不会腐朽，一百二十年又可以重新化成人，因此不需要生育）之国在长股东，为人无启。

钟山之神，名曰烛阴。视为昼，瞑（瞑目、闭眼）为夜，吹为冬，呼为夏，不饮，不食，不息，息为风，身长千里。在无启之东。其为物，人面，蛇身，赤色，居钟山下。

一目国在其东，一目中其面而居。

柔利国在一目东，为人一手一足，反䯻（膝盖骨长在后面。䯻，古"膝"字），曲足居上（足弓长在脚背上，脚尖上翘）。一云留利之国，人足反折。

烛阴

译文

海外从西北角至东北角的国家、地区、山丘、河川、物产分别如下所述。

长股国的东面是无启国。这个国中的人并不繁衍子孙后代。

名字叫烛阴的神是钟山的山神。他睁开眼睛就是白天，闭上眼睛就是黑夜，吹口气就是寒冬，呼口气就是夏天。他既不吃东西也不喝水，也不呼吸。他一呼吸就成了风。他的身体足足有一千里长。这位烛阴神形貌是人面蛇身，全身赤红，就住在无启国东面的钟山脚下。

钟山的东面有一个一目国。这个国中的人只长着一只眼睛，眼睛长在脸的正中间。另一种说法认为，一目国人像普通人那样有手有脚。

柔利国在一目国的东边。那里的人只长着一只手和一只脚，膝盖反长在后面，脚背比脚尖低。还有一种说法认为，柔利国也叫留利国。这个国中的人的脚是反折着的。

原文

共工之臣曰相柳氏（即相繇氏），九首，以食于九山。相柳之所抵，厥（通"掘"，挖掘。此处指相柳氏身躯庞大，所过之处地表都被破坏）为泽溪。禹杀相柳，其血腥，不可以树五谷种。禹厥之，三仞三沮（这里指的是地面塌陷），乃以为众帝之台。在昆仑之北，柔利之东。相柳者，九首人面，蛇身面青。不敢北射，畏共工之台。台在其东。台四方，隅有一蛇，虎色，首冲南方。

深目国在其东，为人深目，举一手。一曰在共工台东。

无肠之国在深目东，其为人长而无肠。

聂（shè，通"摄"，拿捏、把持）耳之国在无肠国东，使两文虎（身上有花纹的老虎），为人两手聂其耳。县居（独立居住。县，通"悬"）海水中，及（通"极"，极尽之意）水所出入奇物。两虎在其东。

相柳氏

译文

天神共工有一位臣子叫作相柳氏。他生有九个头，分别在九座山上吃东西。相柳氏所经过的地方，地表都会被破坏，变成沼泽和溪流。大禹将相柳氏杀死。他的血流过的地方腥臭无比，无法再种植五谷粮食。大禹只好用其他地方的土壤填这里，结果填满多少次就塌陷下多少次。后来，大禹就将挖掘出来的泥土为众帝修造了帝台。这些帝台就在昆仑山的北面、柔利国的东面。相柳氏生有九个脑袋，每个脑袋上都长着人的面孔。他有青色的蛇身。因为敬畏共工威灵所在的共工台，人们射箭不敢射向北方。共工台处于相柳的东面，台呈四方形，每个角上有一条身上布满跟老虎斑纹相似的蛇，蛇头面向南方。

深目国在相柳氏的东面。国中人眼睛深陷，眼眶很高，总是举起一只手。还有一种说法认为，深目国在共工台的东面。

深目国的东面有一个无肠国。这个国中的人身材高大，但肚子内却没有肠子。

聂耳国在无肠国的东边。这个国中的人都驱使着两只身上布满花纹的老虎，用手托着自己的两只大耳朵。聂耳国处于海水环绕的孤岛上，经常能看到海水中的各种怪物。聂耳国的东面有两只老虎。

原文

夸父与日逐走，入日。渴欲得饮，饮于河渭，河渭不足，北饮大泽。未至，道渴而死。弃其杖，化为邓林。

夸父国在聂耳东，其为人大，右手操青蛇，左手操黄蛇。邓林在其东，二树木。一曰博父。

禹所积石之山在其东，河水所入。

拘瘿（yǐng，一种疾病，指长在脖子上的肉瘤）之国在其东，一手把瘿。一曰利瘿之国。

寻木长千里，在拘瘿南，生河上西北。

跂踵国在拘瘿东，其为人两足皆支。一曰反踵（脚跟在前，脚尖在后，指脚是反着长的）。

欧丝之野在反踵东，一女子跪据（依靠）树欧（呕吐、吐出）丝。

三桑无枝，在欧丝东，其木长百仞，无枝。

范林方三百里，在三桑东，洲环其下。

务隅之山，帝颛顼葬于阳（山的南面和水的北面为阳），九嫔葬于阴（山的北面和水的南岸为阴）。一曰爰有熊、罴、文虎、离朱、鸱久、视肉。

平丘在三桑东，爰有遗玉、青马、视肉、杨柳、甘柤（树名。柤，zhā）、甘华，百果所生。在两山夹上谷，二大丘居中，名曰平丘。

译文

有一位神人夸父与太阳赛跑。逐渐追上了太阳的时候，夸父非常渴，想要喝水，于是就到黄河和渭河中去喝水。夸父将两条河的水喝干后，还不解渴，就想去喝北面大泽中的水。结果还没跑到，就渴死在了半路上。夸父死时扔掉的拐杖变成了邓林。

聂耳国的东面就是夸父国。这个国中的人身形高大，左手握着黄蛇，右手握着青蛇。邓林就在夸父国的东面，实际上就是由两棵树冠非常庞大的树木组成。还有一种说法认为，夸父国叫博父国。

博父国的东面是禹所积石山，也是黄河流经的地方。

禹所积石山的东面是拘瘿国。这个国中的人常用一只手托着自己脖子上的大肉瘤。还有一种说法认为，拘瘿国叫利瘿国。

在拘瘿国的南面有一种一千里高，叫作寻木的树，生长在黄河的西北边。

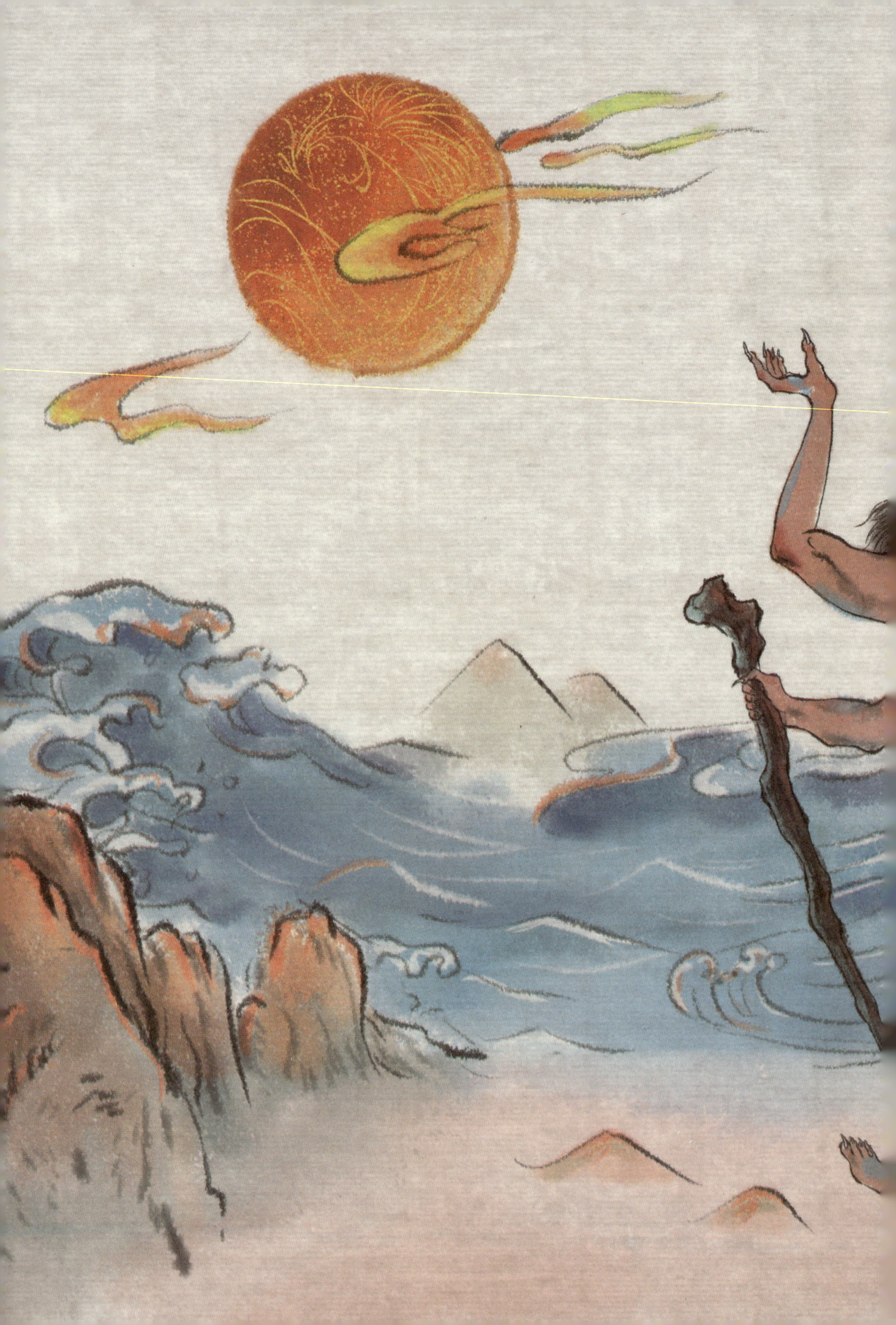

夸父逐日

跂踵国在拘瘿国的东方。这个国中的人身材非常高大，走路时双脚都不着地。也有一种说法认为，跂踵国叫作反踵国。

反踵国的东面有一个欧丝野。在那里有一位女子跪倚着桑树在吐丝。

在欧丝野的东面生长着三棵没有枝干的桑树。这种树虽然高达一百仞，却没有生长树枝。

在三棵桑树的东面是方圆三百里的范林。范林下面被沙洲环绕着。

有一座务隅山。颛顼帝死后就埋葬在这座山的南面。他的九位嫔妃就埋葬在山的北面。还有一种说法认为，这座山中有熊、罴、虎、离朱鸟、鹞鹰、视肉兽。

三棵桑树的东面有一个平丘。此处有遗玉、青马、视肉兽、杨柳树、甘柤树、甘华树，各种果树也都在这里生长。平丘就是两座山之间山谷中的两个较大的土丘。

原文

北海内有兽，其状如马，名曰騊駼（táo tú，一种野马）。有兽焉，其名曰驳，状如白马，锯牙，食虎豹。有素兽焉，状如马，名曰蛩蛩（qióng qióng，一种长相类似马的白色兽类）。有青兽焉，状如虎，名曰罗罗。

北方禺强（即玄冥，也就是水神。），人面鸟身，珥（ěr，耳朵上穿挂饰品）两青蛇，践两青蛇。

禺强

译文

　　北海中有一种形貌像马一样的野兽，名字叫䮝騟。还有一种形貌像白马，长着锯齿般的牙的野兽，名字叫驳，以老虎和豹子为食。还有一种形貌像马的白色野兽，叫作蛩蛩。还有一种形貌类似老虎的青色的野兽，名字叫作罗罗。

　　北方的神是禺强。这位神人面鸟身，耳朵上穿挂着两条青蛇，脚踩两条青蛇。

解析

　　《海外北经》中记述了九个国家的地理位置和人物形貌，包括只长了一只眼睛的一目国、肚子中没有肠子的无肠国等，也记录了这些国家中的各种动物和植物。《海外北经》中还记述了夸父逐日、禹杀相柳等神话故事。这对不同部落氏族所崇拜的图腾有很高的研究价值。

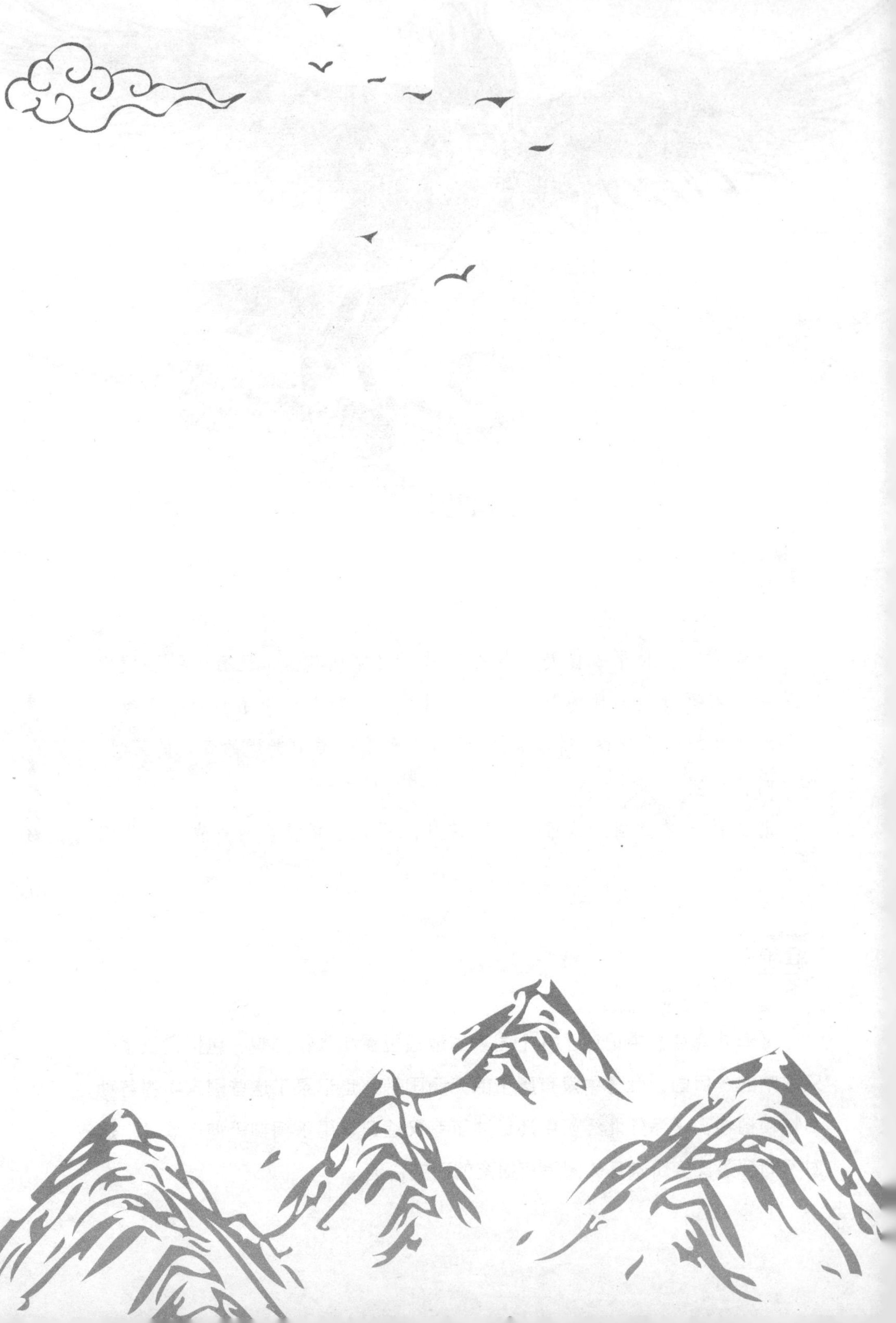

卷九 海外东经

《海外东经》记录了海外从东南角到东北角的国家及山川地貌。经中记载的关于九尾狐的形象一直盛行于齐地和朝鲜，也是东夷文化的重要组成部分。关于竖亥步测大地的描述，也印证了上古先民们进行地理观测的实际活动。

《海外东经》中还描述了扶桑、汤谷及十个太阳的神话传说，但可惜的是，其中很多神话细节没有流传下来。《山海经》一直是后世神话传说及文学作品的材料来源，如后世著名的小说《镜花缘》中关于君子国的描述就取材于《山海经》。

原文

海外自东南陬至东北陬者。

䴸丘（地名。䴸，jiē），爰有遗玉、青马、视肉、杨桃、甘柤、甘华，百果所生。在东海，两山夹丘，上有树木。一曰嗟丘。一曰百果所在，在尧葬东。

大人国在其北，为人大，坐而削船（划船、行船。削，shāo，通"梢"）。一曰在䴸丘北。

奢比之尸在其北，兽身、人面、大耳，珥两青蛇。一曰肝榆之尸在大人北。

君子国在其北，衣冠（穿衣服，戴帽子）带剑，食兽，使二文虎在旁，其人好（喜欢）让不争。有薰华草，朝生夕死。一曰在肝榆之尸北。

虹虹（虹霓。古人将颜色鲜艳的虹称为雄，称虹；颜色暗淡为雌，称霓。）在其北，各有两首。一曰在君子国北。

图说山海

君子国人

译文

海外从东南角到东北角的国家地区、河川分布及物产如下所述。

䃜丘这个地方有遗玉、青马、视肉兽、杨桃树、甘柤树、甘华树。这个地方生长着能结出甜美果子的树木。东海边上,两座山夹着䃜丘,䃜丘上面生长着树木。还有一种说法认为,䃜丘也叫作嗟丘。还有另外一种说法,认为生长着各种果树的地方在帝尧埋葬之地的东面。

大人国在䃜丘的北边。这个国中的人身材非常高大,坐在船上撑船。还有一种说法认为,大人国在䃜丘的北面。

大人国的北面有一位奢比尸。他长着野兽的身子、人的面孔,大大的耳朵上穿挂着两条青蛇。还有一种说法认为,肝榆尸在大人国的北面。

奢比尸的北面是君子国。这个国中的人穿着衣服,戴着帽子,腰间佩带着剑,吃野兽。他们身边有两只花纹老虎以供驱使。君子国的人喜欢谦让,不喜欢争斗。这个地方有一种草叫作薰华草,早晨开花,傍晚凋谢。还有一种说法认为,君子国在肝榆尸的北边。

虹虹国在奢比尸的北边。这个国中的人长着两个脑袋。还有一种说法认为，虹虹国在君子国的北边。

原文

朝阳之谷，神曰天吴，是为水伯。在虹虹北两水间。其为兽也，八首人面，八足八尾，背青黄。

青丘国在其北，其人食五谷，衣丝帛。其狐四足九尾。一曰在朝阳北。

帝命竖亥（shù hài，神话传说中的人物）步，自东极至于西极，五亿十选（suàn，即是万，量词）九千八百步。竖亥右手把算（古代计数用的筹码，长六寸），左手指青丘北。一曰禹令竖亥。一曰五亿十万九千八百步。

译文

有一位叫天吴的神居住在朝阳谷，也就是传说中的水伯。他住在虹虹北面两条河流的中间。他身形类似野兽，长着八个脑袋，每个脑袋上都生有人的脸面，有八只脚和八条尾巴，背部颜色青中带黄。

青丘国在它的北边。这个国中的人以五谷为食，以丝帛为衣。这里还有一种长着四只爪子、九条尾巴的狐狸。还有另一种说法，认为青丘国在朝阳谷的北边。

天帝命令竖亥用脚步测量大地的长度，结果从大地的最东端走到最西端，一共有五亿十万九千八百步。竖亥右手拿着算筹，左手指着青丘国的北面。还有一种说法，认为是大禹命令竖亥测量大地的。还有另外一种说法认为，测量出的距离是五亿十万九千八百步。

天吴

原文

黑齿国在其北，为人黑齿，食稻啖（dàn，咬着吃或囫囵吞吃）蛇，一赤一青，在其旁。一曰在竖亥北，为人黑齿，食稻使蛇，其一蛇赤。

下有汤谷（地名）。汤谷上有扶桑，十日所浴，在黑齿北。居水中，有大木，九日居下枝，一日居上枝。

雨师妾在其北，其为人黑，两手各操一蛇，左耳有青蛇，右耳有赤蛇。一曰在十日北，为人黑身人面，各操一龟。

玄股之国在其北，其为人股（大腿）黑，衣（穿）鱼（用鱼皮做的衣服）食鸥（yōu，一种海鸥），两鸟夹之。一曰在雨师妾北。

毛民之国在其北，为人身生毛。一曰在玄股北。

劳民国在其北，其为人黑，食草果实。有一鸟两头。或曰教民。一曰在毛民北，为人面目手足尽黑。

东方句芒（gōu máng，古代传说中的木神），鸟身人面，乘两龙。

建平元年四月丙戌日，臣待诏太常的下属丁望校对整理，臣侍中光禄勋臣王龚、侍中奉车都尉光禄大夫刘歆领衔主持此事。

译文

黑齿国在它的北边。这个国中人的牙齿是黑色的，既吃稻米也吃蛇，身边有一条红蛇和一条青蛇。还有一种说法认为，黑齿国在竖亥的北边。那里的人牙齿漆黑，以稻米为食，善于驱使蛇。他们所驱使的蛇中，有一条蛇是红色的。

黑齿国的下面有一个汤谷。汤谷边上有一棵扶桑树，十个太阳在这里洗澡。这个地方就在黑齿国的北面。浩瀚的海水中间有一棵高大的树，九个太阳在树枝下休息，一个太阳停留在树枝上。

汤谷的北面是雨师妾国。这个国中的人全身的皮肤都是黑色的，左

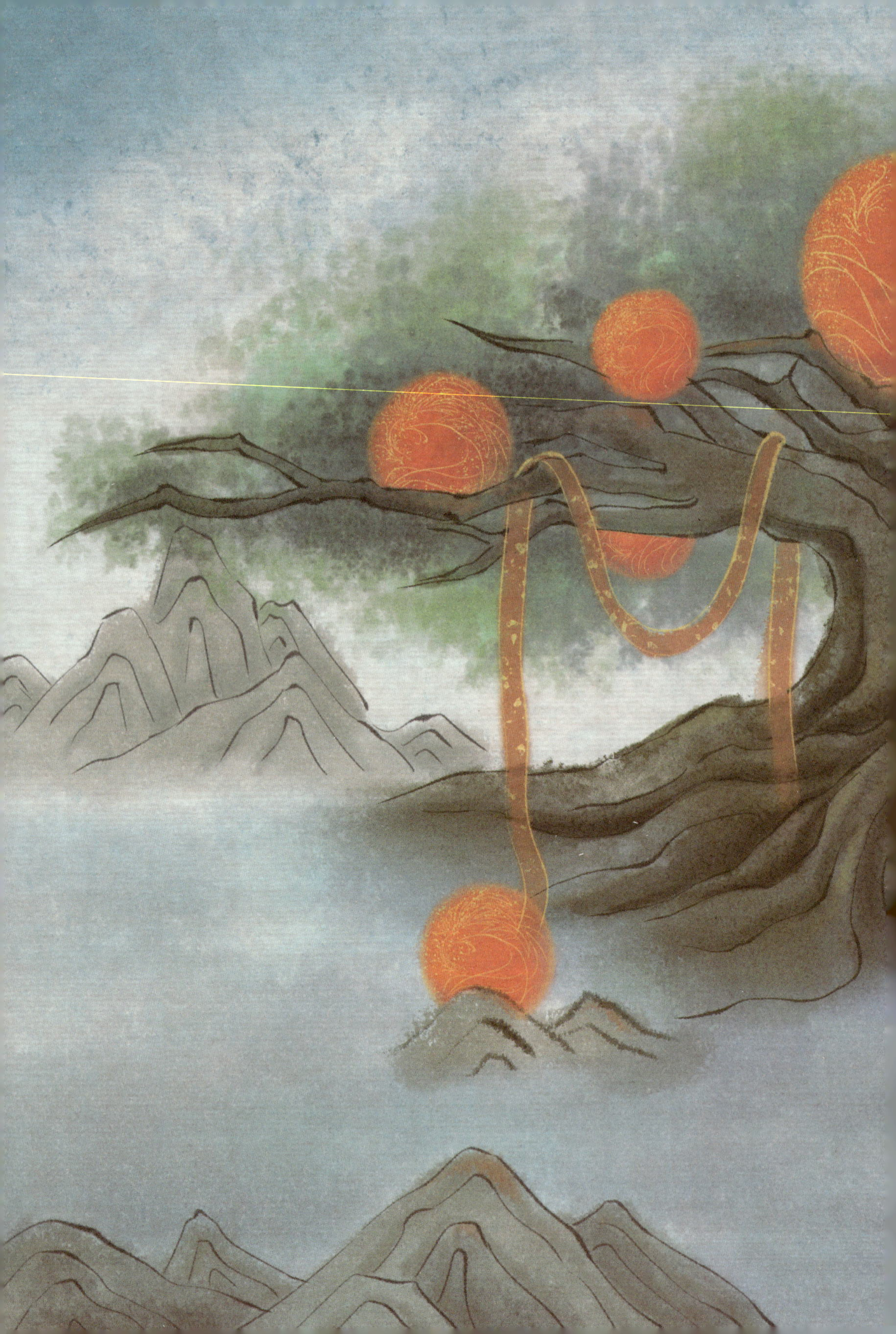

扶桑树与十个太阳

右两只手中都各抓着一条蛇。左边的耳朵上穿挂着一条青蛇,右边耳朵上穿挂着一条红蛇。还有一种说法认为,雨师妾国位于十个太阳的北面,那里的人全身是黑色的,长着人的面孔,两只手中各抓着一只乌龟。

  玄股国处于它的北边。这个国中的人穿着鱼皮做成的衣服,以海鸥为食,大腿的颜色是黑色的。还有一种说法认为,玄股国在雨师妾国的北面。

  毛民国处在它的北边。这个国中的人全身长满了毛发。另外还有一种说法认为,毛民国处在玄股国的北边。

  劳民国处于它的北边。这个国中的人身体是黑色的,以野果和草莓为食。这个地方有一种生有两个脑袋的鸟。有人将劳民国称作教民国。还有另外一种说法认为,劳民国位于毛民国的北边。那里人的脸面、眼皮、手脚全部都是黑色的。

  东方有神叫句芒,形貌为鸟身人面,出行时乘着两条龙。

  建平元年(即公元前6年。建平,为西汉汉哀帝刘欣的年号。本段文字是西汉末年刘歆等人校勘整理《山海经》之后的记录)四月丙戌,待诏太常属臣望校治,侍中光禄勋臣龚、侍中奉车都尉光禄大夫臣秀(即刘歆,刘向之子,西汉末著名学者,因避哀帝刘欣的讳,改名刘秀)领主省。

解析

  《海外东经》记载了海外八个国家的地理位置和物产、民俗、风貌等。这些传说很可能就是上古时期部落之间交流时产生的印象。此外,《海外东经》中还记载了十个太阳沐浴、八面八首的天神等神话传说,充分体现了古人的想象力。

卷十 海内南经

《海内南经》记述了从海内东南角到西南角的山川、国家、动植物以及相关的神话传说，记载顺序由东到西，大致范围位于现今海南省、广西壮族自治区、广东省、福建省、浙江省、四川省、湖南省、湖北省、长江以南一带。

《海内南经》中许多关于地区称呼的记载与现有称呼相印证，表明早在先秦时期，中华文明就已经在闽越、岭南等地生根发芽。关于夏后启之臣孟涂的传说故事，很可能与远古的巴文明有着某种联系。

《海内南经》还记载了犀牛等动物，虽然没有办法考证这些动物是否就是现在的物种，但也表明西北地区的气候曾经可能十分潮湿温暖。总体而言，《海内南经》在《山海经》的诸经中，写实性相对较强。

原文

海内东南陬以西者。

瓯（ōu，地名，今浙江省温州一带）居海中。闽（古地名，今指福建省福州市一带）在海中，其西北有山。一曰闽中山在海中。

三天子鄣山（山名。鄣，zhāng）在闽西海北。一曰在海中。

桂林八树在番隅（古地名。番，pān）东。

伯虑国、离耳国、雕题国、北朐（传说中的国名。朐，qú）国皆在郁水南。郁水出湘陵南海。一曰相虑。

枭阳国在北朐之西，其为人人面长唇，黑身有毛，反踵，见人则笑，左手操管。

兕（sì，犀牛）在舜葬东，湘水南，其状如牛，苍黑，一角。

苍梧之山，帝舜葬于阳，帝丹朱葬于阴。

氾林（地名）方三百里，在狌狌东。

狌狌知人名，其为兽如豕而人面，在舜葬西。

狌狌西北有犀牛，其状如牛而黑。

译文

海内从东南角开始,向西的国家、山丘、河川及物产综下所述。

瓯在海中,闽也在海中,闽的西北方向有一座山。也有一种说法认为,闽中山在海的中央。

闽的西北方是三天子鄣山。还有另一种说法认为,三天子鄣山也在海中。

在番隅的东面有由八棵巨大的桂树组成的树林。

郁水的南岸有伯虑国、离耳国、雕题国、北朐国。湘陵南山是郁水的发源地。还有另外一种说法认为,伯虑国叫作相虑国。

在北朐国的西面是枭阳国。这个国中的人长着人的面孔,嘴唇很长,全身都是黑色,长有长毛,脚跟在前而脚尖在后,左手握着一根竹筒,看见人就张口大笑。

兕在帝舜葬地的东边,处于湘水的南岸。兕通体青黑色,样子和普通的牛很相似,长有一角。

帝舜死后就葬在苍梧山的南面,帝尧的儿子帝丹朱死后就葬在这座山的北面。

在猩猩聚居生活的东面有方圆三百里的汜林。

猩猩能知道人的姓名,是一种形貌类似于猪,却长着一副人面的野兽,在帝舜葬地的西面生活。

猩猩的西北面有形状如牛,全身都是黑色的犀牛。

原文

夏后启之臣曰孟涂,是司神于巴。巴人讼(sòng,打官司)于孟涂之所,其衣有血者乃执之,是请生。居山上,在丹山西。

窫窳(yà yǔ,蛇身人面神)居弱水中,在狌狌之西,其状如貙(chū,

兽名），龙首，食人。

有木，其状如牛，引之有皮，若缨、黄蛇。其叶如罗（捕鸟的网），其实如栾（即栾华，传说中的一种树，黄色的树根，红色的树枝，青色的树叶），其木若蓲（音ōu，刺榆树），其名曰建木。在窫窳西弱水上。

氐人国（传说中的古国名。氐，dí）在建木西，其为人人面而鱼身，无足。

巴蛇食象，三岁而出其骨，君子服之，无心腹之疾。其为蛇青赤黑。一曰黑蛇青首，在犀牛西。

旄马（髦马。旄，máo），其状如马，四节有毛。在巴蛇西北，高山南。

巴蛇

译文

夏朝国王启有一位叫孟涂的臣子，他是掌管巴地的神。巴地的人到孟涂那里去诉讼，诉讼的人中谁的衣服上沾有血迹，孟涂就将谁拘禁起来。据说，这样就不会发生冤案，算是有好生之德。孟涂居住在丹山西面的一座山上。

窫窳居住在弱水中，长着龙头，样子与䝙类似，会吃人，位于猩猩的西面。

有一种形状像牛的树，树皮一拉就会剥落，很像冠帽上的缨带，又像黄色的蛇皮。这种树的叶子像罗网，果实与栾树的果实很像，树干与刺榆类似，名字叫作建木。建木生长在窫窳所在地往西的弱水岸边。

建木的西面有氐人国。这个国中的人长着一副人面和鱼的身体，没有脚。

巴蛇可以吞吃大象，吞吃三年后才会吐出大象的骨头。有才能品德的君子吃了巴蛇的肉，就不会心痛或肚子痛。巴蛇的颜色是青色、黄色、红色、黑色混杂在一起的。还有一种说法认为，巴蛇是黑色的身子和青色的脑袋，处于犀牛所在地的西面。

旄马的形貌与马类似，但四条腿的关节上都生长着长长的毛。这种马处在巴蛇所在地的西北面、高山的南边。

解析

《海内南经》中记载了伯虑国、离耳国等国家的人物形貌和动植物的特点；介绍了一些重要的历史人物及故事，如夏启的臣子孟涂断案等；记述了巴蛇的神话传说等一些奇异的故事。将神话故事的夸张成分去掉后，对于还原历史真相，研究上古时期人类生活状态及社会发展都有着极其重要的作用。

卷十一

海内西经

《海内西经》主要记载了古代所谓西域地区的国家、物产、山川形貌等，其地理位置大致位于我国陕西省、山西省一带。《海内西经》的描述主要围绕着昆仑山进行。昆仑山是华夏文明的圣山，有着重要的地位。

《海内西经》中记载的内容是神话与真实并存的，如流沙实际上指的就是今天甘肃省以西的沙漠，也是当时中原文明与西域文明的分界线，许多记载也反映出当时西北地区的民族情况和地理风貌。

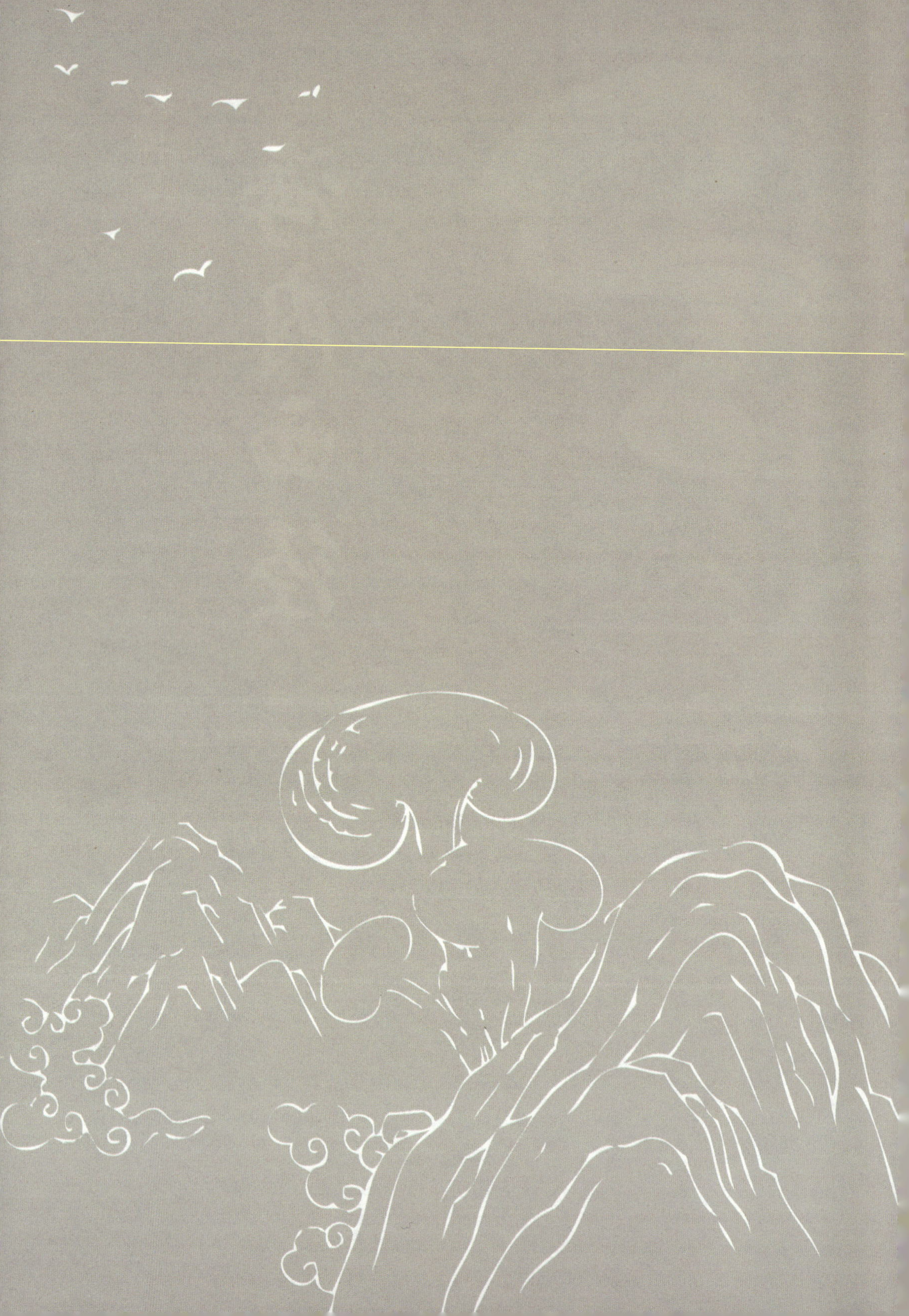

原文

海内西南陬以北者。

后稷（传说中周人的先祖）之葬，山水环之。在氐国西。

流黄酆氏之国（国名。酆，fēng），中（国土以内）方三百里，有涂（通"途"，道路）四方，中有山。在后稷葬西。

流沙（沙子与水一起流行移动的一种自然现象）出钟山，西行又南行昆仑之虚，西南入海，黑水之山。

国在流沙中者埻端（古代地名。埻，guó）、玺晱（古代地名。晱，huàn），在昆仑虚东南。一曰海内之郡，不为郡县，在流沙中。

国在流沙外者，大夏、竖沙、居繇（国名。繇，yáo）、月支之国。

西胡白玉山在大夏东，苍梧在白玉山西南，皆在流沙西，昆仑虚东南。昆仑山在西胡西。皆在西北。

译文

海内由西南角向北的所有国家、山丘、河川依次如下所述。

后稷的埋葬之地有青山绿水环绕着,在氐人国的西边。

流黄酆氏国的疆域有方圆三百里。有道路通向四方,国中有一座大山。流黄酆氏国就处在后稷葬地的西边。

钟山是流沙的发源地,继而向西流动,再向南流过昆仑山,向西南流,最终注入大海,到达黑水山。

处于流沙中的国家有埻端国、玺晥国,都在昆仑山的东南边。还有一种说法认为,埻端国和玺晥国都是在海内设置的郡,因为处于流沙中的缘故,不能将它们称为郡县。

流沙之外的国家有大夏国、竖沙国、居繇国、月支国。

大夏国的东面是西胡的白玉山国,白玉山国的西南面有苍梧国,两国都在流沙的西面、昆仑山的东南面。昆仑山位于西胡的西边,总的位置都在西北方。

原文

海内昆仑之虚，在西北，帝之下都。昆仑之虚，方八百里，高万仞。上有木禾，长五寻(古代八尺为一寻)，大五围(一个成年人合抱的长度为一围)。面有九井，以玉为槛(jiàn，栏杆)。面有九门，门有开明兽守之，百(此处形容数量众多)神之所在。在八隅之岩，赤水之际，非仁羿(后羿)莫能上冈之岩。

赤水出东南隅，以行其东北，西南流注南海厌火东。

河水出东北隅，以行其北，西南又入渤海，又出海外，即西而北，入禹所导积石山。

洋水(古水名。洋，xiáng)、黑水出西北隅，以东，东行，又东北，南入海，羽民南。

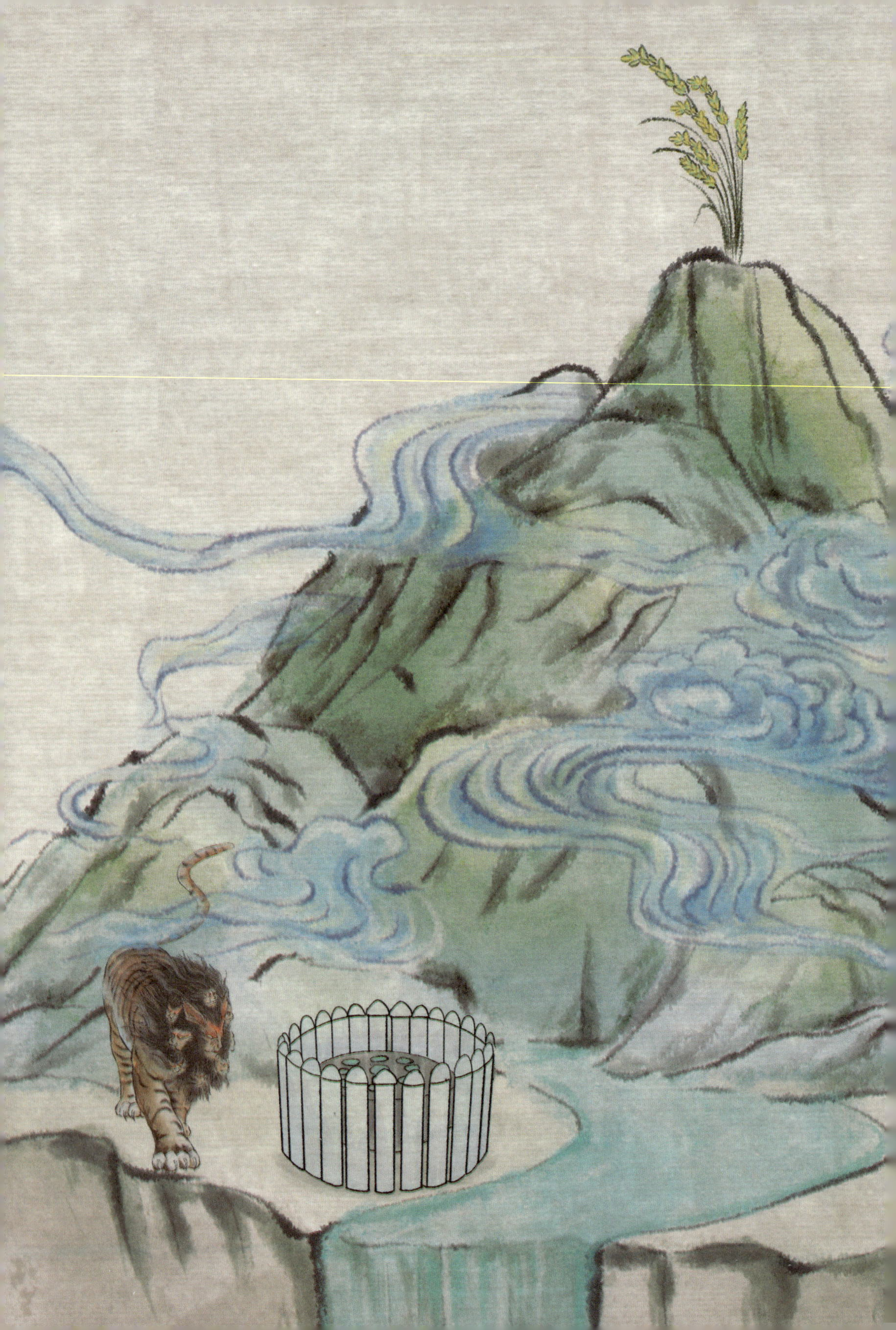

昆仑山

译文

　　海内的昆仑山屹立在西北方，是天帝在下方的都城。昆仑山方圆八百里，高达万仞。山顶有一棵高达五寻、粗细须五人合抱的像大树一样的稻谷。昆仑山的每一面都有九眼井，每眼井周围都有用玉石制成的围栏。昆仑山的每一面有九道门，每道门都有叫作开明的神兽在守卫着，那里是众多天神聚集的地方。天神们聚集的场所在赤水岸边的八方山岩之间，如果不是有像羿那样本领的人，根本就无法攀登上山冈岩石。

　　昆仑山的东南角是赤水的发源地，继而流向东北方，再由东北方转向流入到南海厌火国的东边。

　　昆仑山的东北角是黄河水的发源地，继而流到昆仑山的北面，再折向西南，注入渤海，又流出海外，向西后再往北，一直流入大禹所疏导过的积石山。

　　洋水、黑水从昆仑山的西北角发源，继而向东方流去，再转向东北方，又朝南流注入大海，入海的地方在羽民国的南面。

原文

　　弱水、青水出西南隅，以东，又北，又西南，过毕方鸟东。

　　昆仑南渊深三百仞。开明兽身大类（像）虎而九首，皆人面，东向立昆仑上。

　　开明西有凤皇、鸾鸟，皆戴蛇践蛇，膺（yīng，胸口）有赤蛇。

　　开明北有视肉、珠树、文玉树、玗琪（yú qí，美玉名）树、不死树。凤皇、鸾鸟皆戴瞂（fá，盾牌）。又有离朱、木禾、柏树、甘水、圣木曼兑，一曰挺木牙交。

　　开明东有巫彭、巫抵、巫阳、巫履、巫凡、巫相，夹窫窳之尸，皆操不死之药以距之。窫窳者，蛇身人面，贰负臣所杀也。

服常树，其上有三头人，伺琅玕（láng gān，传说果实为珠玉的仙树）树。

开明南有树鸟，六首；蛟、蝮、蛇、蜼（wèi，一种长尾猿）、豹、鸟秩树，于表池树（环绕排列）木，诵鸟、鶽（sǔn，一种雕类）、视肉。

蛇巫之山，上有人操柸（通"杯"，盛酒的礼器）而东向立。一曰龟山。

西王母梯（凭倚、依靠）几（矮小的桌子）而戴胜。其南有三青鸟，为西王母取食。在昆仑虚北。

开明

译文

昆仑山的西南角是弱水和青水的发源地，两水折向东方，继而朝北流去，又折向西南方，流经毕方鸟栖息之所的东面。

昆仑山的南面有一个深渊，深达三百仞。开明神兽长着九个脑袋，身体大小像老虎一样，每个脑袋上都长着人的面孔，面朝东方，站立在昆仑山上。

开明神兽的西边是凤凰、鸾鸟的栖息地。它们都头上缠绕着蛇，脚下踩着蛇，胸前还挂着有红色的蛇。

开明神兽的北边是视肉兽的栖息地，还有珠树、文玉树、玗琪树、不死树，那里还有带着盾牌的凤凰和鸾鸟。另外，还有离朱、像树一样的稻谷、柏树、甜美的泉水和圣木曼兑。还有一种说法认为，圣木曼兑又叫作挺木牙交。

开明神兽的东面有巫彭、巫抵、巫阳、巫履、巫凡、巫相几位巫师。他们围绕在窫窳尸体旁边，手中都捧着不死药，想要将他救活。窫窳蛇身而人面，是被贰负和他的臣子危合谋杀死的。

有一种服常树，树上有个长着三颗头颅的人，静静地观察着附近的琅玕树，因为那是凤凰的食物。

开明神兽的南边有树鸟，这种鸟长着六个脑袋。那里还有蛟龙、蝮蛇、长尾猿、豹、鸟秩树，环绕在一个水池周围，水池因此也显得非常华美。这个水池可能是西王母的瑶池。此处还有诵鸟、鹞鸟、视肉兽等。

蛇巫山上有人捧着杯子，面向东方站立着。还有一种说法认为，这座蛇巫山叫作龟山。

西王母头戴玉胜靠在一张小桌案上，南面有三只凶猛的青鸟在为西王母觅食。西王母与青鸟所在的位置都处于昆仑山的北方。

解析

《海内西经》主要记载了昆仑山及昆仑山附近的山川地貌、动物植物等情况，也记述了许多神话传说故事，如贰负杀死窫窳被囚禁在山中、九头开明兽守护昆仑山、六巫用不死药救窫窳等。昆仑山是我国道教神话故事的发源地。

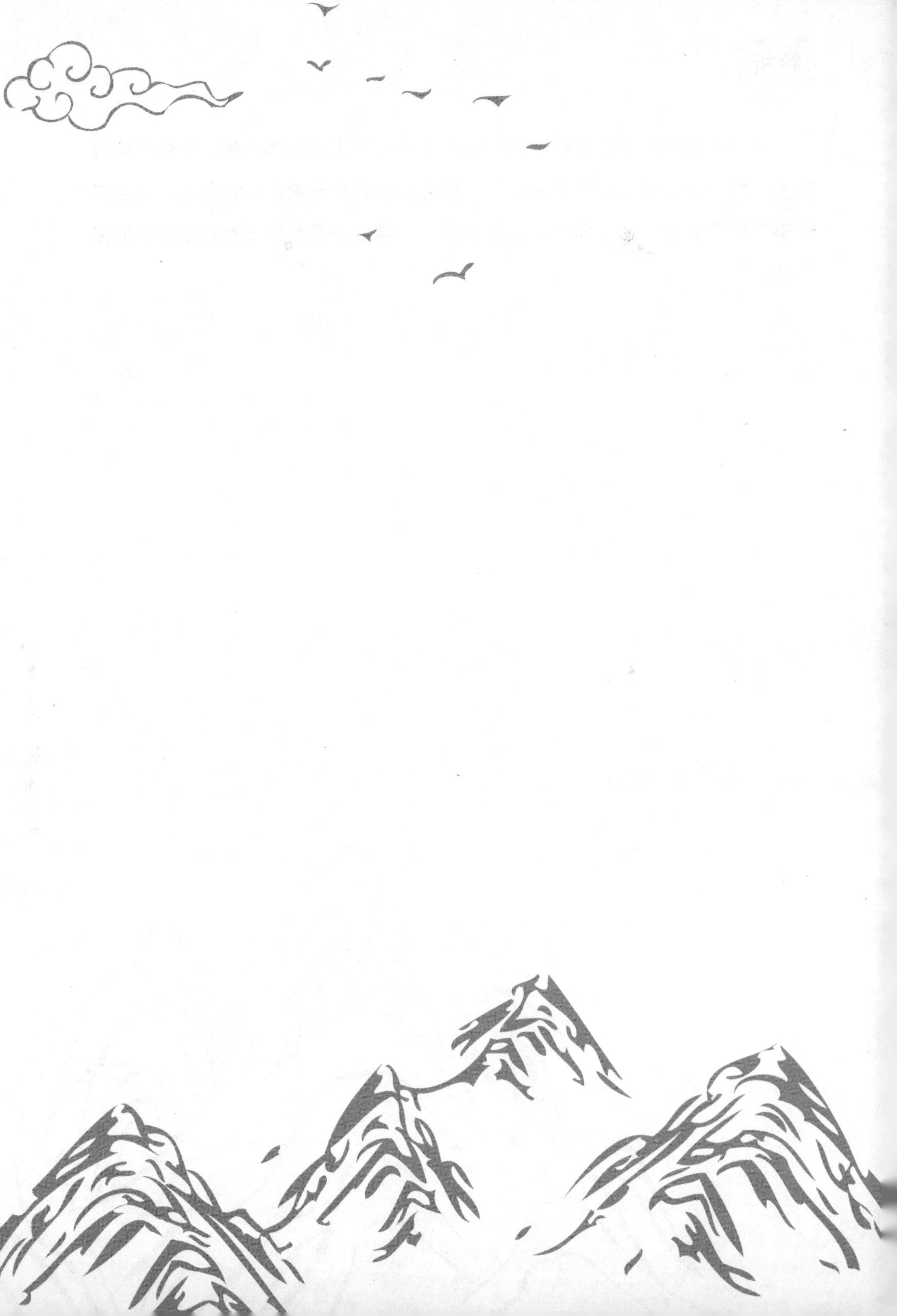

卷十二 海内北经

《海内北经》记载了从海内西边到东北角的国家及山川。这一区域一直延伸到朝鲜以东的大海中，是对我国古代塞外国度的一次描述。《海内北经》中关于神话故事的描述相对较少，但对于许多怪兽的描述很详细。关于雁门、高柳等地的记载，基本反映出当时我国西北地区的民族情况和地理风貌。

原文

海内西北陬以东者。

匈奴、开题之国、列人之国并在西北。

贰负（传说是人面蛇身的天神）之臣曰危，危与贰负杀窫窳，帝乃梏（gù，此处指用刑具拘禁）之疏属之山，桎（zhì，古代拘束犯人两脚的刑具）其右足，反缚两手，系之山上木。在开题西北。

有人曰大行伯，把戈。其东有犬封国。贰负之尸在大行伯东。

犬封国曰大戎国，状如犬。有一女子，方（表示动作正在进行的副词）跪进杯食。有文马，缟（gǎo，未经染色的绢，这里指白色）身朱鬣（liè，脖子上的鬃毛），目若黄金，名曰吉量，乘之寿千岁。

鬼国在贰负之尸北，为物人面而一目。一曰贰负神在其东，为物人面而蛇身。

蜪犬（传说中的兽名。蜪，táo）如犬，青，食人从首始。

穷奇状如虎，有翼，食人从首始，所食被发（披头散发）。在蜪犬北。一曰从足。

吉量

译文

　　海内由西北角向东的国家地区、山丘河川、物产等如下所述。
　　匈奴、开题国、列人国都在西北方。
　　贰负有个叫危的臣子，与贰负合谋杀死了窫窳。天帝将贰负拘禁在疏属山上，给他的右脚戴上刑具，反绑着他的双手，捆在山上的一棵大树下面。这座山就在开题国的西北方。
　　有一个叫大行伯的神，手中持着一把长戈。在他的东面是犬封国。贰负的尸体也在大行伯的东面。

犬封国也叫犬戎国。这个国中人的形貌都类似狗的模样。有一位女子正跪在地上，捧着一杯酒食向人进献。这个国中还有白色身子，长着红色鬃毛的文马，眼睛像黄金一样闪闪发亮，这种马的名字叫作吉量。人骑上它，就能长寿千岁。

　　鬼国在贰负尸体的北面，这个国中的人都长着人的面孔，只有一只眼睛。还有另外一种说法认为，贰负神在鬼国的东面，他长着人的面孔、蛇的身子。

　　蜪犬的形貌与普通的狗类似，全身都是青色。它吃人的时候是先从脑袋开始的。

　　穷奇的形貌像老虎，生有一对翅膀。穷奇吃人的时候是从头开始吃的，被吃的人都是披头散发的。穷奇在蜪犬的北边。还有另外一种说法认为，穷奇吃人是从脚开始吃起的。

四海八荒考

　　犬戎国应该在现今陕西省、甘肃省一带。根据文献记载，犬戎族应该是自称祖先是白犬，并以白犬为图腾的古老游牧民族，属于西羌族。早在炎黄时期，犬戎族就是炎黄族的劲敌。《后汉书》记载为："昔高辛氏有犬戎之寇，帝患其侵暴，而征伐不克。"高辛氏是黄帝的曾孙，也就是尧帝的父亲。

　　根据《后汉书》中的记载，到汉朝时期，犬戎族的活动范围内曾经出现过一个人口众多的西戎白狼国。到东汉明帝时，自愿归属东汉。白狼王还命人作诗三首，合称《白狼歌》，献给东汉皇帝。因此，可以推测出白狼国很可能就是犬戎国的后裔，白狼王是犬戎的后人。白狼族崇拜白狼，并以白狼为图腾。根据白狼国的存在可以推测出，犬戎族所崇拜的白犬很有可能就是白狼。

　　史料记载，犬戎族非常野蛮凶悍，犬戎的母族古羌族也崇拜犬图腾。

《资治通鉴》记载，在唐朝初年有"白简、白狗羌并遣使入贡"之说，而且，唐朝"以白狗等羌地置维、恭二州"，说明古羌族也崇拜白犬。从民族归类上看，犬戎族是西羌族的可能性非常大。《说文解字》中记述为："羌，西戎牧羊人也。"因此，也表明犬戎就是西羌，西羌包含犬戎。以上所述的"犬戎""白狗""白狼"等族，极有可能就是西羌族。由此可以推测出，西羌族是以白狼或白犬为图腾的游牧民族。现今蒙古族和羌族中崇拜狼图腾的部族很可能就是犬戎族的后代。

原文

帝尧台、帝喾台、帝丹朱台、帝舜台，各二台，台四方，在昆仑东北。

大蜂，其状如螽（zhōng，虫名，蝗虫类昆虫）；朱蛾，其状如蛾（yǐ，蚍蜉，也就是蚂蚁）。

蟜（qiáo，传说中文身野人），其为人虎文，胫有䏿（qǐ，强劲的筋骨）。在穷奇东。一曰状如人，昆仑虚北所有。

阘非（传说中的野人。阘，tà），人面而兽身，青色。

据比之尸，其为人折颈被发，无一手。

环狗，其为人兽首人身。一曰蝟（今作"猬"）状如狗，黄色。

袜（mèi，鬼魅、鬼怪），其为物人身、黑首、从（zòng，通"纵"，竖立）目。

戎，其为人人首三角。

林氏国有珍兽，大若虎，五采毕具，尾长于身，名曰驺（zōu）吾，乘之日行千里。

駱吾

译文

帝尧台、帝喾台、帝丹朱台、帝舜台各有两座台,都呈四方形,位于昆仑山的东北边。

有一种大蜂,形貌与蠡类似。有一种红蚂蚁,形貌类似蚍蜉。

蟜,长着人的身子,身上有老虎的斑纹,小腿上有强劲的肌肉。蟜位于穷奇的东边。还有另外一种说法认为,蟜的形貌与人很相似,是昆仑山北面所独有的。

阘非有着人的面孔,长着兽的身子,全身上下都是青色。

神掾比的尸体,形貌与人类似,被拧断了脖子,披头散发,没了一只手。

环狗长着野兽的脑袋、人的身子。还有一种说法认为,它的形貌类似刺猬,又与狗很像,全身上下都是黄色的。

袜有着人的身子,脑袋是黑色的,长着竖立的眼睛。

戎长着人头,上面却生有三只角。

林氏国有一种与老虎一般大小的珍奇野兽,身上长满了五种颜色的斑纹,尾巴比身体还要长,名字叫作驺吾。人骑上它,能够日行千里。

原文

昆仑虚南所,有氾林方三百里。

从极之渊,深三百仞,维冰夷(传说中的河伯)恒都焉。冰夷人面,乘两龙。一曰忠极之渊。

阳汙(山名。汙,wū)之山,河出其中;凌门之山,河出其中。

王子夜之尸,两手、两股、胸、首、齿,皆断异处。

大泽方百里,群鸟所生及所解。在雁门北。

雁门山,雁出其间。在高柳北。

高柳在代北。

舜妻登比氏生宵明、烛光，处河大泽，二女之灵能照此所方百里。一曰登北氏。

东胡在大泽东。

夷人在东胡东。

貊国（北方古国名。貊，mò）在汉水东北。地近于燕（北方古国名），灭之。

孟鸟在貊国东北。其鸟文赤、黄、青，东乡（面朝东。乡，xiàng，通"向"）。

译文

氾林在昆仑山的南面，占地大约方圆三百里。

从极渊深达三百仞，只有河神冰夷经常住在这里。冰夷神长着人的面孔，出行时驾乘着两条龙。还有另外一种说法认为，从极渊应该叫作忠极渊。

阳汙山，河水从这里发源；凌门山，河水也从这里发源。

王子夜的尸体，两只手、两条腿、胸脯、头颅、牙齿都被斩断，散落在不同的地方。

有一个方圆百里的大沼泽，是各种禽鸟生蛋、栖息及孵化的地方。这个大沼泽位于雁门山的北面。

雁门山是大雁迁徙时出入的地方，位于高柳山的北面。

高柳山位于代地的北方。

帝舜的妻子登比氏生了宵明、烛光两个女儿。她们住在黄河边的大沼泽中。两位神女的灵光可以照亮方圆百里的地方。还有一种说法认为，帝舜的妻子叫作登北氏。

东胡国位于大沼泽的东边。

夷人国在东胡国的东边。

貊国位于汉水的东北边，靠近燕国，后来被燕国所灭。

貊国东北边有一种孟鸟。这种鸟的羽毛有红、黄、青三种颜色的花纹。这些鸟都面向东方站着。

解析

《海内北经》中记述的内容相对比较简单，主要描述了一些奇异的动物，如为西王母取食的三青鸟、形似老虎却长着翅膀的穷奇，另外还记载了人面蛇身的鬼国人、相貌似狗的犬封国人、头上长着三只角的戎族人等，充满了神奇色彩，给人留下深刻的印象。

四海八荒考

燕国始封的时间大致在西周初年周武王灭商到周成王亲政期间。西周封宗室召公于燕，但召公并没有前去，而是由长子克前往就任，其地理位置大约是现今北京及河北中、北部。因为封地在燕山，才有了燕国的名字。燕国的都城在"蓟"，在今北京市境内。

燕惠公时，燕国发生了政治危机。燕惠公想要重用下层官吏，以取代"诸大夫"，遭到上层贵族的反对。于是，燕惠公不得不逃往齐国避难。诸大夫拥立新君燕悼公为国君，对要复立惠公的齐、晋联军采取分化瓦解的策略，迫使齐国不得不承认燕国拥立的新君。

燕在甲骨文、金文中同"匽"，有"都邑"的含义，国君为姬姓燕氏。燕国第一代国君是周武王的弟弟召公奭。古代北京地区有很多部族以"匽"为图腾、族名，夏、商、周三代分封诸侯国时也一直奉行"夏君夷民"的做法。

古燕地具体成于什么时间，现在已经无法考证。但是，考古人员在北京市房山区琉璃河乡一带发现了规模相当大的商周遗址，包括建于商末延续至西周的城址。部分专家学者认为，这一带可能就是商末时期燕国都城的遗址。

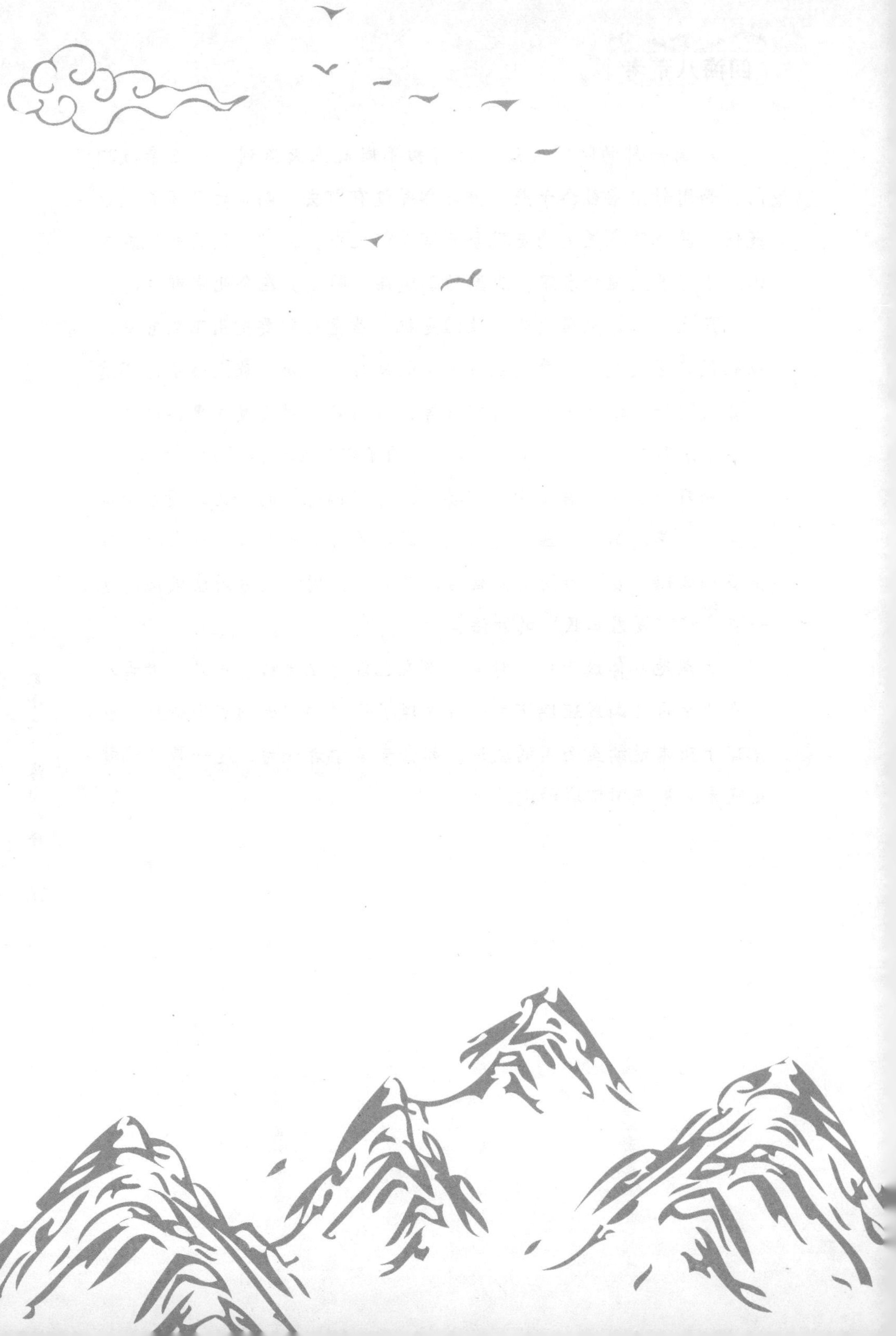

卷十三 海内东经

《海内东经》主要记载了我国东部从河北省到浙江省一带的国家、山岳河流的分布情况。经中记载的雷泽在吴地的西部，接近江苏省、安徽省一带，琅邪台位于现今山东省一带，会稽山位于现今浙江省一带。《海内东经》还记述了这一带的物产情况，对传说中的蓬莱仙山所处的地理位置也有所描述。

原文

海内东北陬以南者。

钜（通"巨"，巨大的）燕在东北陬。

盖国在钜燕南，倭北。倭属燕。

朝鲜在列阳东，海北山南。列阳属燕。

列姑射（古国名。射，yè）在海河州中。

射姑国在海中，属列姑射；西南，山环之。

大蟹在海中。

陵鱼（传说中的人鱼）人面，手足，鱼身，在海中。

大鯾（biān，即鳊鱼）居海中。

明组邑（海岛上的某个部落）居海中。

蓬莱山在海中。

大人之市在海中。

琅邪台在渤海间，琅邪之东。其北有山，一曰在海间。

都州在海中。一曰郁州。

韩雁在海中，都州南。

始鸠在海中，韩雁南。

雷泽中有雷神，龙身而人头，鼓其腹（传说中，雷神鼓动自己的肚子就会打雷）。在吴西。

会稽山（山名）在大楚南。

译文

海内由东北角向南的国家、山丘、河流依次如下所述。

大燕国位于海内东北角。

盖国位于大燕国的南方、倭国的北方。倭国隶属于燕国。

朝鲜在列阳的东边，北临大海，南靠高山。列阳隶属于燕国。

列姑射位于大海的河洲上。

姑射国位于海中，隶属于列姑射，在西南方有高山环绕。

大蟹生活在海里。

陵鱼长着人的面孔、鱼的身子，生有手和脚，生活在大海中。

大鳊鱼生活在海中。

明组邑部落居于海岛上。

蓬莱山屹立在大海之中。

大人贸易的集市在大海里。

琅邪山位于渤海与海岸之间，处于琅邪台的东边。琅邪台的北面有一座山。还有一种说法认为，琅邪山在大海中。

都州在海中。还有一种说法认为，都州叫作郁州。

韩雁在海中，位于都州的南面。

始鸠在海中，位于韩雁的南面。

雷泽中有一位雷神，龙身而人头，他的肚子一鼓起就响雷。雷泽位于吴地的西面。

会稽山位于大楚的南面。

解析

《海内东经》主要记载了一些风貌独特的国家，另外还简单记录了一些山名、地名和神名，内容较为简单。

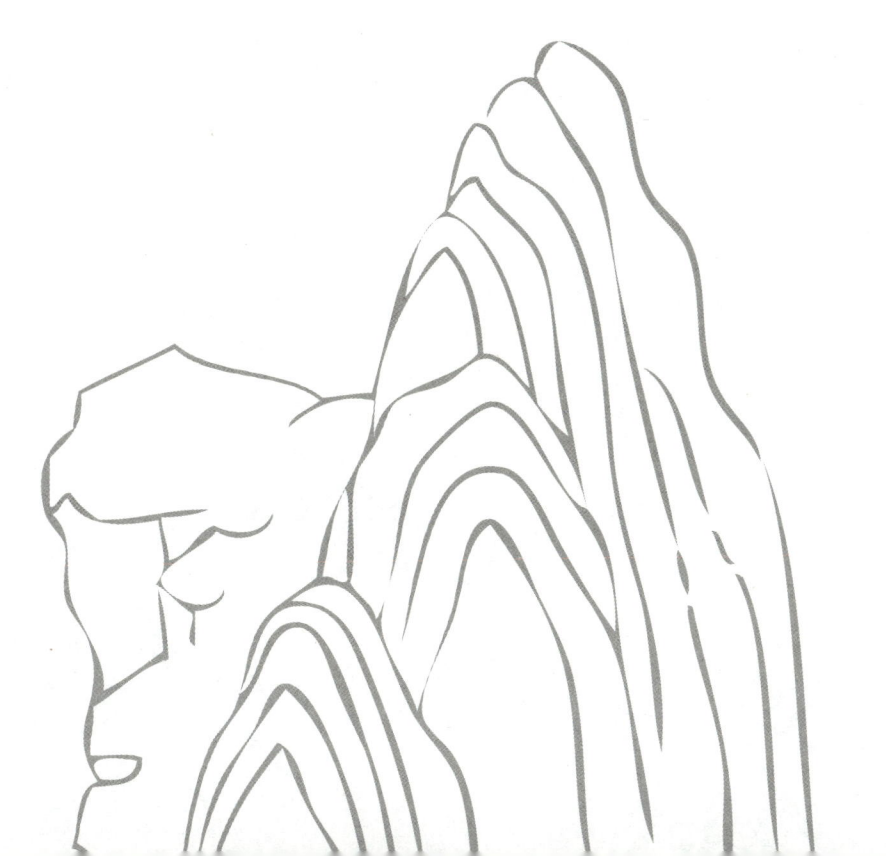

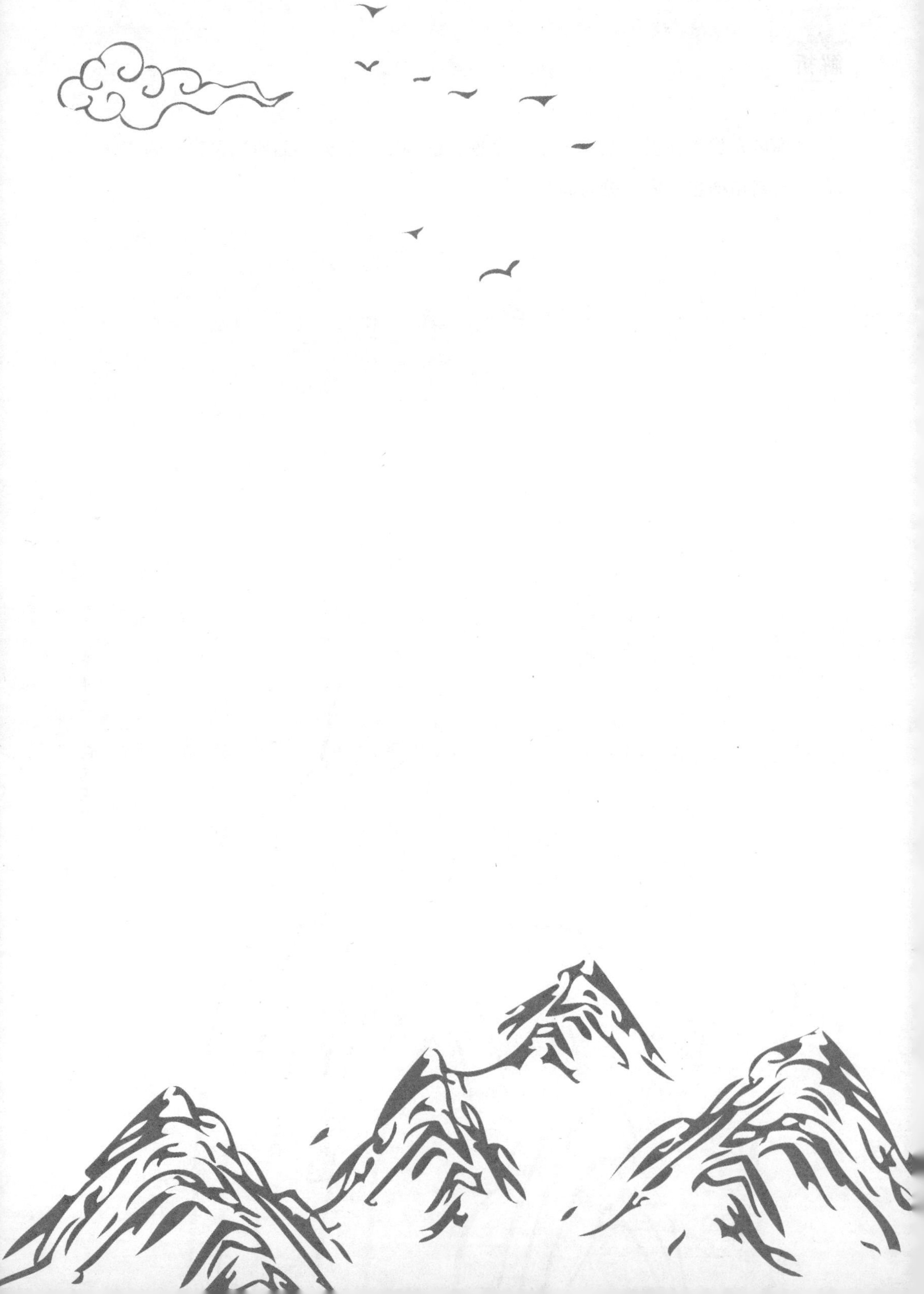

卷十四 大荒东经

《大荒东经》中所记录的山川、河流、国度大致位于我国东部,与《海外东经》中所记录的地理位置大致相同。《大荒东经》中的许多记载都荒诞不经,多为神话传说,也是后世许多文学作品的素材来源。

关于少昊与帝俊的记载,表明当时的国家已经脱离游牧的习惯,开始向定居的农耕生活发展。青丘国等国度,很可能是古代东夷部落的遗种。关于太阳、月亮运行的描述,反映出古时人类对天文知识的观测成果及天文知识对农耕的重要影响。

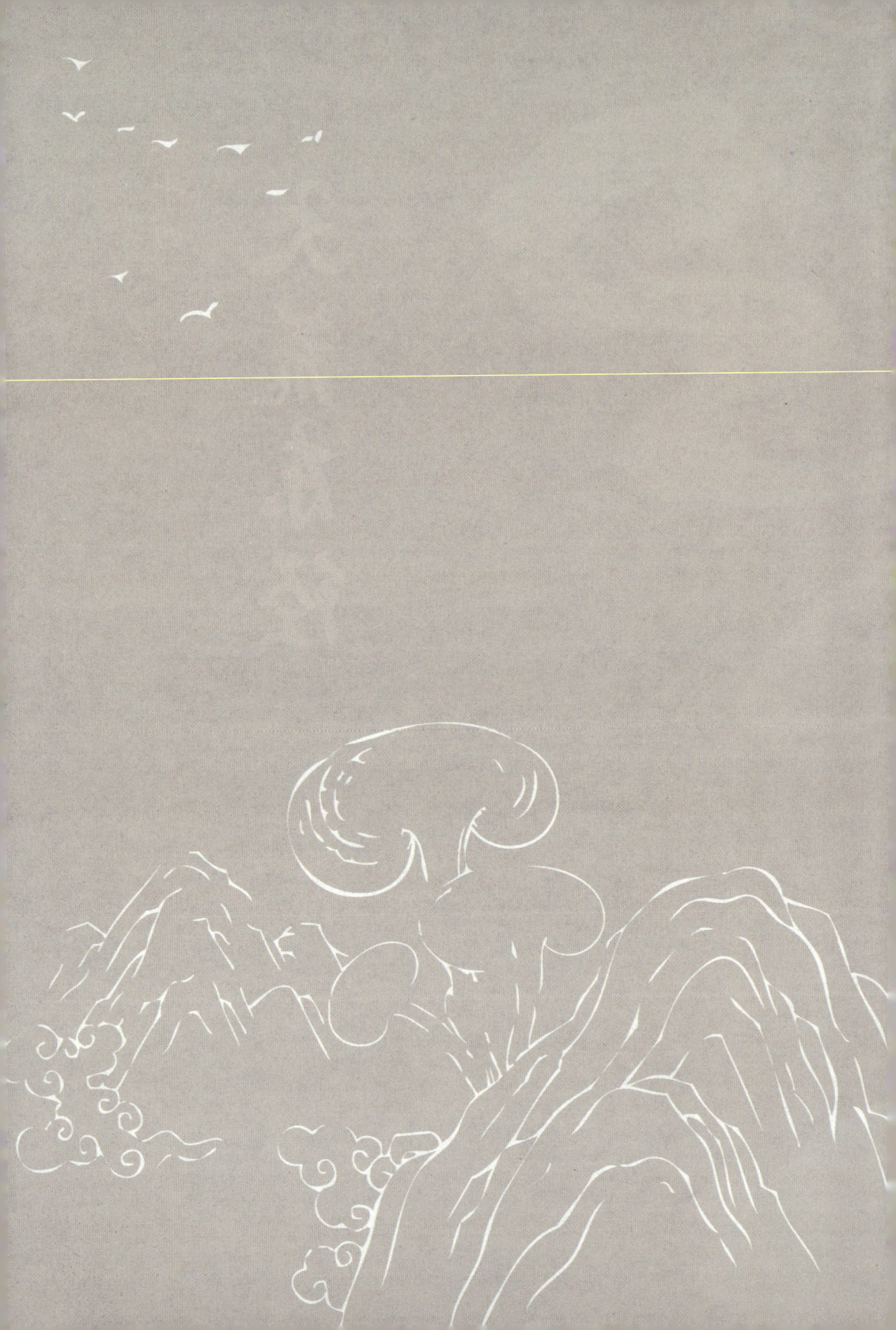

原文

东海之外大壑,少昊之国。少昊孺(通"乳",用乳汁喂养)帝颛顼于此,弃其琴瑟。有甘山者,甘水出焉,生甘渊。

东南海之外,甘水之间,有羲和之国。有女子名曰羲和,方浴日于甘渊。羲和者,帝俊之妻,是生十日。

大荒东南隅有山,名皮母地丘。

东海之外,大荒之中,有山名曰大言,日月所出。

有波谷山者,有大人之国。有大人之市,名曰大人之堂。有一大人踆(dūn,是"蹲"的古字)其上,张其两臂。

有小人国,名靖人。

有神,人面兽身,名曰犁䰱(古尸。䰱,líng)之尸。

有潏山(山名。潏,jué),杨水出焉。

有蒍国(古国名。蒍,wěi),黍(shǔ,一种黏性谷米,北方称黄米)食,使四鸟(上古鸟兽统名,这里指兽类):虎、豹、熊、罴。

義和

译文

　　东海之外的地方有一道深不见底的大沟壑，此处是少昊建国的地方。少昊在这个地方将颛顼帝抚养长大，颛顼帝小时候玩耍过的琴瑟还丢在沟壑中。有一座甘山，是甘水的发源地，甘水的水流最终汇聚成甘渊。

　　东海之外到甘水中间，有一个羲和国，国中有一位女子叫作羲和，在甘渊里为太阳洗澡。羲和是帝俊的妻子，十个太阳就是她所生。

　　在大荒的东南角有一座名叫皮母地丘的山。

　　在东海外面的大荒中有一座大言山，那里是太阳和月亮升起的地方。

　　有一座波谷山，山中有一个大人国。这里有大人做买卖的集市，集市就位于名叫大人堂的山上。有一个大人正蹲在山上，张开着他的两只手臂。

　　有个小人国，那里的人叫作靖人。

　　有一个神，人面而兽身，名叫犁䰙尸。

　　有一座㶍山，是杨水的发源地。

　　有一个芶国。这个国中的人以黄米为食，可以驯化驱使老虎、豹子、熊、黑四种野兽。

四海八荒考

　　羲和是中国上古传说中的一位人物，是东夷人的祖先帝俊的妻子。在远古的时代，羲和是光明的象征，她居住在旸谷，那里是太阳升起的地方。在众多天神中，羲和拥有着崇高的地位，她被尊为太阳神，是太阳的化身和代表。

　　据郭璞引《归藏·启筮》曰："瞻彼上天，一明一晦，有夫羲和之官，以主四时，其后世遂为此国。作日月之象而掌之，沐浴运转之于甘水中，以效其出入旸谷虞渊也，所谓世不失职耳。"日母羲和主职太阳们从东到西,形成早晚晦明,先民的时间观或许正由太阳东升西落的运转而来。

传说羲和每天都会驾驶着太阳车,带领着她的十个太阳儿子穿越天际,为大地带来光明和温暖。她的太阳儿子们轮流出现在天空中,照亮大地,为万物生长提供能量。

然而,有一天羲和的十个太阳儿子们却同时出现在天空中,炽热的阳光烤焦了大地,万物枯萎,生灵涂炭。人们陷入了无尽的恐慌和痛苦之中。

羲和看到这一切,心中十分痛苦。她决定亲自去解决这个问题。于是,她化身为一棵巨大的桑树,让她的十个太阳儿子们栖息在树上。她用树枝将太阳儿子们一个个地捆绑起来,确保他们不再同时出现在天空中。

在羲和的帮助下,人们终于重新获得了光明和温暖。万物复苏,生机勃勃。人们感激羲和的拯救,称她为"太阳之母"。

关于羲和与太阳十子的神话传说有很多版本,"十日并出,焦禾稼,杀草木",后羿射日的神话故事也是在此基础上演变而来的。

原文

大荒之中,有山名曰合虚,日月所出。

有中容之国。帝俊生中容,中容人食兽、木实,使四鸟:豹、虎、熊、罴。

有东口之山。有君子之国,其人衣冠带剑。

有司幽之国。帝俊生晏龙,晏龙生司幽,司幽生思士,不妻;思女,不夫。食黍,食兽,是使四鸟。

有大阿之山者。

译文

在大荒当中,有一座山名叫合虚山,是太阳和月亮升起的地方。

有一个国家名叫中容国。帝俊有一个后代,叫作中容。这个国中的人以野兽的肉、树木的果实为食,能驯化驱使豹子、老虎、熊、罴四种野兽。

有一座东口山。东口山附近有一个君子国。这个国中的人穿衣戴帽,腰间佩带宝剑。

有一个司幽国。帝俊生了晏龙,晏龙生了司幽,司幽生了思士,而思士没有娶妻子。司幽还生了思女,思女没有嫁人。司幽国的人以黄米饭为食,也吃野兽肉,能够驯化和驱使四种野兽。

有一座山,名叫大阿山。

原文

大荒之中,有山名曰明星,日月所出。

有白民之国。帝俊生帝鸿,帝鸿生白民,白民销姓,黍食,使四鸟:虎、豹、熊、罴。

有青丘之国,有狐,九尾。

有柔仆民,是维(语助词)嬴土(肥沃的土地)之国。

有黑齿之国。帝俊生黑齿,姜姓,黍食,使四鸟。

有夏州之国。有盖余之国。

有神人,八首人面,虎身十尾,名曰天吴。

译文

大荒当中，有一名字叫作明星山的高山，是太阳和月亮升起的地方。

有一个白民国。帝俊生了帝鸿，白民则是帝鸿所生，白民国的人都姓销，以黄米为食物，可以驯化驱使老虎、豹子、熊、罴四种野兽。

有一个国家叫青丘国，青丘国栖息着一种长着九条尾巴的狐狸。

有一群被叫作柔仆民的人，他们生活的国土很肥沃。

有一个黑齿国。黑齿是帝俊的后代，国中的人都是姜姓，以黄米饭为食，能驯化驱使四种野兽。

有一个夏州国，夏州国附近还有一个盖余国。

有一个神叫作天吴。他生有八颗头颅，每颗头颅上都长着人的面孔，身体与老虎相似，长着十条尾巴。

原文

大荒之中，有山名曰鞠陵于天、东极、离瞀（山名。瞀，mào），日月所出。有神名曰折丹——东方曰折，来风曰俊——处东极以出入风。

东海之渚（zhǔ，水中的小块陆地）中，有神，人面鸟身，珥两黄蛇，践两黄蛇，名曰禺䝞。黄帝生禺䝞，禺䝞生禺京。禺京处北海，禺䝞处东海，是为海神。

有招摇山，融水出焉。有国曰玄股，黍食，使四鸟。

有因民国，勾姓，黍食。有人曰王亥，两手操鸟，方食其头。王亥托于有易、河伯仆牛。有易杀王亥，取仆牛。河伯念有易，有易潜出，为国于兽，方食之，名曰摇民。帝舜生戏，戏生摇民。

海内有两人，名曰女丑。女丑有大蟹。

译文

　　大荒当中，有叫作鞠陵于天山、东极山、离瞀山的三座高山，它们是太阳和月亮升起的地方。有一个名叫折丹的神，东方人称其为折，从东方吹来的风叫俊。这位神就处在大地的最东边，掌管着风起与风停。

　　东海的岛屿上，有一个名叫禺䝞的神。他长着人面、鸟的身体，耳朵上穿挂着两条黄蛇，脚下还踩着两条黄蛇。禺䝞是黄帝所生，禺䝞又生了禺京。禺京居于北海，禺䝞居于东海，都是海神。

　　招摇山是融水的发源地。有玄股国。这个国中的人以黄米饭为食，能驯化驱使四种野兽。

　　有一个因民国。这个国中的人都姓勾，以黄米为食。有一个叫王亥的人，他用双手抓着一只鸟，正在吃鸟的头。王亥将一群肥牛寄养在有易族人和水神河伯那里。有易族人为了强占这群肥牛，杀死了王亥。王亥的后人来寻仇，河伯怜悯有易族人，就偷偷帮助有易族人逃亡，在野兽出没的荒凉地方建立国家，他们正在吃野兽肉，这个国家就叫摇民国。还有一种说法认为，帝舜生了戏，戏的后代是摇民。

　　海内有两个神，其中一个名叫女丑，女丑驱使着一只巨大无比的螃蟹。

原文

　　大荒之中，有山名曰孽摇頵羝（山名。頵，jūn；羝，dī）。上有扶木（扶桑树），柱（像柱子般直立）三百里，其叶如芥（芥菜）。有谷曰温源谷。汤谷上有扶木，一曰方至，一曰方出，皆载于乌（可能指的是神话中栖息在太阳里，长着三只爪子的乌鸦）。

　　有神，人面、犬耳、兽身，珥两青蛇，名曰奢比尸。

　　有五采之鸟，相乡弃沙（这两个字意义不详，有学者考证，可能是"婆娑"二字讹误而成）。惟帝俊下友（友好，做朋友）。帝下两坛，采鸟是司。

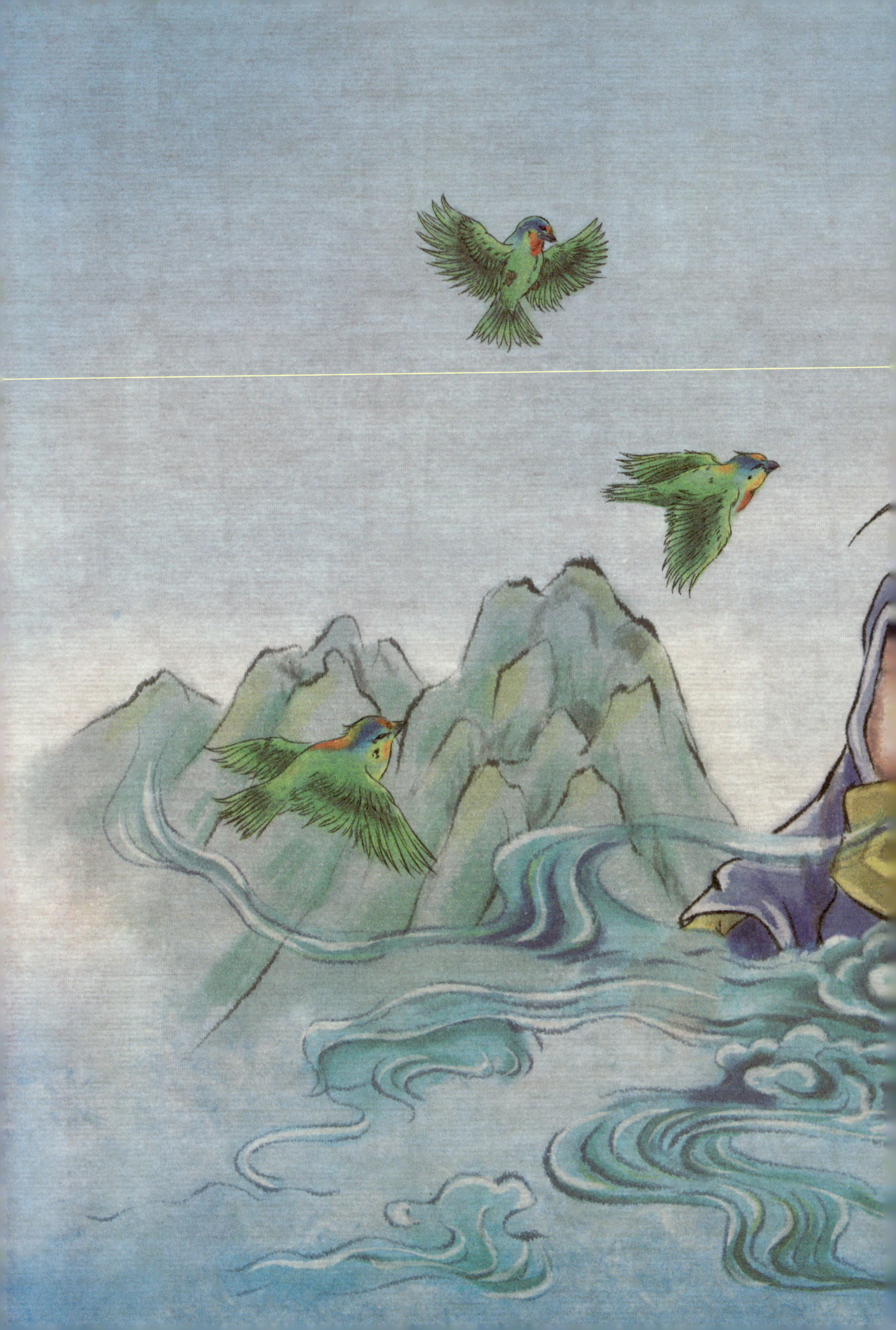

帝俊与五彩鸟

译文

大荒当中，有一座山名叫孽摇頵羝，山上有一棵高达三百里的扶桑树，树叶与芥菜叶子很相似。有一道山谷，名叫温源谷。汤谷上面也生长着一棵扶桑树，一个太阳刚刚回到汤谷，另一个太阳就从扶桑树升上去，这两个太阳都驮在三足乌的背上。

有一个神名叫奢比尸，他人面兽身，有着大大的耳朵，耳朵上穿挂着两条青色的蛇。

有一群鸟，生着五彩斑斓的羽毛，相对而舞。帝俊从天上下来，和它们交友。帝俊在下界的两座祭坛，由这群五彩的鸟掌管着。

原文

大荒之中，有山名曰猗天苏门山，日月所生。有埙民（国名。埙，xūn）之国。

有綦山（山名。綦，qí）。又有摇山。有䍿山（山名。䍿，zèng）。又有门户山。又有盛山。又有待山。有五采（通"彩"）之鸟。

译文

大荒当中有一座山，名叫猗天苏门山，是太阳和月亮升起的地方。有一个国家名叫埙民国。

有一座綦山。又有一座摇山。又有一座䍿山。又有一座门户山。又有一座盛山。又有一座待山。还有一群长着五彩缤纷羽毛的鸟。

四海八荒考

大荒意指偏远荒凉的地方，以"大荒"命名的地区或国家，通常都是处于荒凉的偏远地带，有的时候也指大灾难。《山海经》中的"海内""海外""大荒"指的是时空中的远方，"海外"比"海内"更久远，"大荒"的意思就是指比"海外""海内"更为遥远的时代或时空距离，具体可能指的是商朝及其他四方区域的考察记录。

原文

东荒之中，有山名曰壑明俊疾，日月所出。有中容之国。

东北海中，又有三青马、三骓（**毛色青白相间的马**）、甘华。爰有遗玉、三青鸟、三骓、视肉、甘华、甘柤。百谷所在。

有女和月母之国。有人名曰䴅（**yuān，一种鸟的名字**）——北方曰䴅，来风曰狻（**yǎn，从女和月母之国吹来的风的名称**）——是处东北隅以止日月，使无相间出没，司其短长。

译文

东荒之中有一座山，名叫壑明俊疾山，是太阳和月亮升起的地方，附近有一个中容国。

东北海外有三青马、三骓马、甘华树。这附近还有遗玉、三青鸟、三骓马、视肉兽、甘华树、甘柤树。这里还是各种庄稼生长的地方。

有一个国家，名叫女和月母国。有一个名叫䴅的神——北方称之为䴅，从那里吹来的风叫作狻——这位神就居于大地的东北角，控制着太阳和月亮的升落，让它们不会交相错乱地出没。䴅神还掌控着太阳和月亮在天空运行时间的长短。

原文

大荒东北隅中,有山名曰凶犁土丘。应龙处南极,杀蚩尤与夸父,不得复上。故下数(shuò,屡次、数次)旱。旱而为应龙之状,乃得大雨。

东海中有流波山,入海七千里。其上有兽,状如牛,苍身而无角,一足,出入水则必风雨,其光如日月,其声如雷,其名曰夔(kuí,传说中的怪兽)。黄帝得之,以其皮为鼓,橛(jué,敲打)以雷兽之骨,声闻五百里,以威天下。

译文

在大荒的东北角,有一座名叫凶犁土丘山的高山。应龙居住在这座山的最南端,应龙帮助黄帝杀死了蚩尤和夸父,用尽了神力,再也无法回到天上。天上也因为没有了应龙兴云布雨,导致人间经常闹旱灾。下界的人们遇到旱灾,就装扮成应龙的样子,向上天求雨,这样就能得到大雨。

东海当中有一座流波山,这座山位于深入东海七千里的地方。这座山中有一种形貌类似牛的野兽,身体是青色的,没有犄角,只有一条腿。它出入海水时,一定有大风大雨相伴,能发出融通太阳和月亮的光芒,吼叫的声音如同打雷,这种野兽的名字叫作夔。黄帝得到它后,就用它的皮做成鼓面,再用雷兽的骨头敲打,响声能传到五百里以外,用以威震天下。

> 解析

　　《大荒东经》中所记述的国家有大人国、小人国、君子国、黑齿国等，这些国家同样出现在《海外东经》中。在此，这些国家的居民开始有了姓氏。并且《大荒东经》还详细介绍了这些国家形成的过程，也描述了一些国家灭亡的原因，在一定程度上展示了上古时期各部落间的斗争。另外，《大荒东经》中还描述了许多日月所处的山，也反映出古人对日月活动规律的一些认识和对没有能力解释的自然现象的大胆幻想。

夒

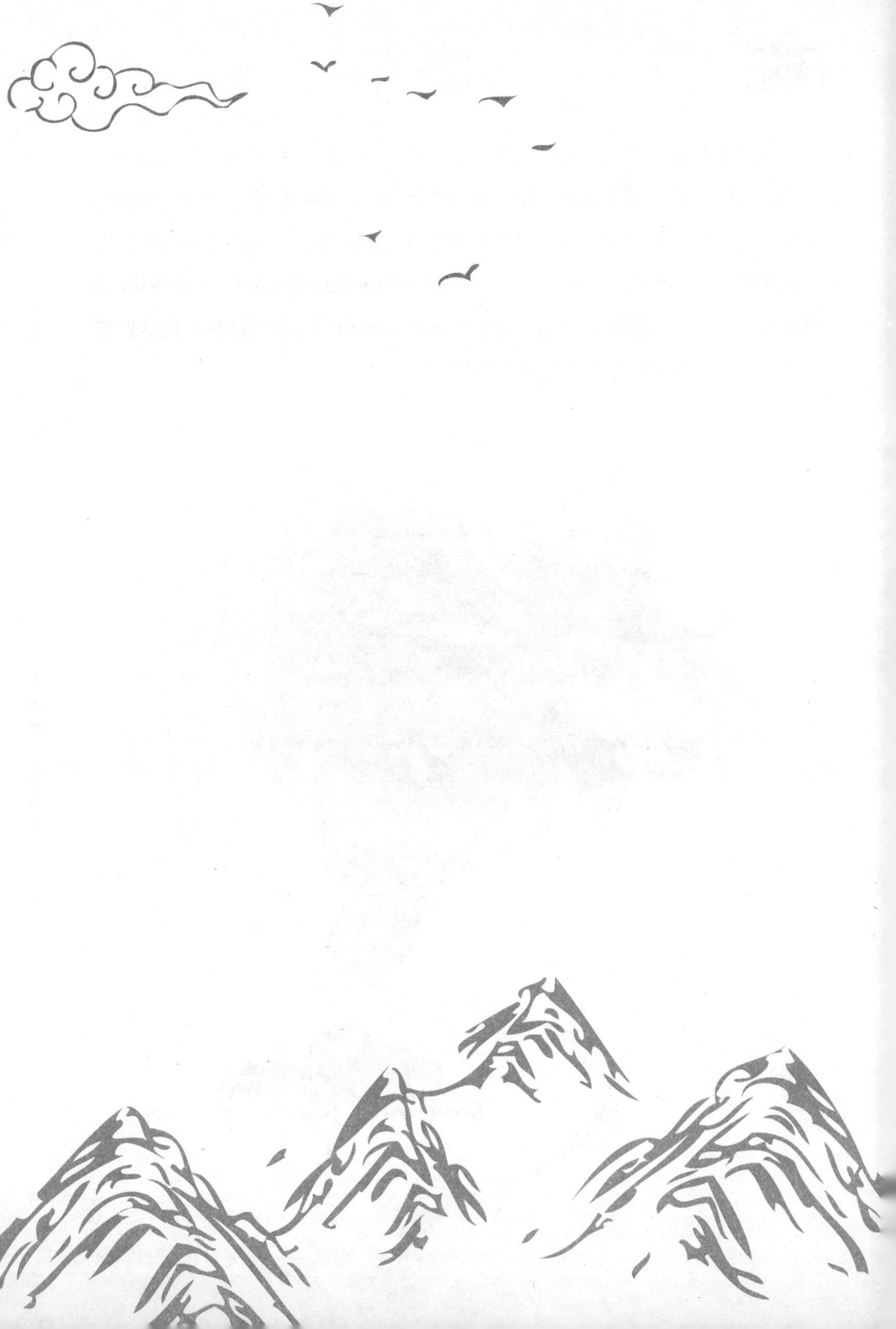

卷十五 大荒南经

《大荒南经》中记载的山川、国家等大致位于我国的南方，其中保留了许多古代氏族传说和相关的神话传说。大荒以南的范围非常广，既有南海之中的氾天山，也有帝舜死后埋葬之地苍梧之野。显然，苍梧之野还位于大陆之上。

关于帝舜妻子娥皇生了三身国等记载，除去神话传说的成分，其中很可能包含了上古时期部落间的血缘关系和民族迁移的历史等。《大荒南经》中，也记载了蚩尤丢弃桎梏化为枫木的神话。

原文

南海之外，赤水之西，流沙之东，有兽，左右有首，名曰跊踢（传说中怪兽的名字。跊，chù）。有三青兽相并，名曰双双。

有阿山者。南海之中，有氾天之山，赤水穷焉。

赤水之东，有苍梧之野，舜与叔均（传说中帝舜的儿子，又叫商均）之所葬也。爰有文贝、离俞、鸱久、鹰、贾、委维、熊、罴、象、虎、豹、狼、视肉。

有荣山，荣水出焉。黑水之南，有玄蛇，食麈（zhǔ，鹿类，俗称四不像）。

有巫山者，西行黄鸟。帝药，八斋（房舍）。黄鸟于巫山，司此玄蛇。

译文

南海之外，赤水之西，流沙之东，生长着一种左右两侧各有一个头的野兽，名字叫跊踢，这附近还有三只青色的野兽交相合并，名字叫双双。

有一座山，名字叫阿山。南海之中有一座山，名曰氾天山，这座山是赤水的尽头。

在赤水东岸，有一个叫苍梧野的地方，是帝舜和叔均的埋葬之地。这个地方有长着花纹的贝壳、离朱鸟、鹞鹰、鹰、乌鸦、两头蛇、熊、罴、大象、老虎、豹子、狼、视肉兽。

有一座荣山，是融水的发源地。黑水的南岸有一条黑蛇，这条蛇吞食驼鹿。

有一座山名叫巫山，这座山的西面有黄鸟。天地的仙药有八个屋子那么多，就藏在这座巫山上。巫山上的黄鸟负责监视黑水南岸的那条大黑蛇。

原文

大荒之中，有不庭之山，荣水穷焉。有人三身，帝俊（这里指帝舜）妻娥皇（帝舜的妻子，是尧的女儿），生此三身之国，姚姓，黍食，使四鸟。有渊四方，四隅皆达，北属（连接、汇通）黑水，南属大荒。北旁名曰少和之渊，南旁名曰从渊（深渊名。从，zòng），舜之所浴也。

又有成山，甘水穷焉。有季禺之国，颛顼之子，食黍。有羽民之国，其民皆生毛羽。有卵民之国，其民皆生卵。

译文

大荒中有一座不庭山,是荣水的尽头。这个地方的人都长着三个身子。娥皇是帝俊的妻子,这里三身国的人就是他们所生的后代。三身国的人都姓姚,以黄米饭为食,能驯化驱使四种野兽。在这个地方,有一个四方形的渊潭,四个角都连通着其他水系,北边与黑水相连,南边和大荒相连。北边的深渊称作少和渊,南侧的深渊名叫从渊,是帝舜洗澡的地方。

又有一座成山,是甘水的尽头。这里有一个季禺国,国中的人是颛顼帝的子孙后代,以黄米饭为食。还有一个羽民国,国中的人都生长着羽毛。还有一个卵民国,国中的人都产卵,所有的人都是从卵中孵化出来的。

原文

大荒之中,有不姜之山,黑水穷焉。又有贾山,汔水(水名。汔,qì)出焉。又有言山。又有登备之山。有恝恝(山名。恝,jiá)之山。又有蒲山,澧水(水名。澧,lǐ)出焉。又有隗山(山名。隗,wěi),其西有丹,其东有玉。又南有高山,漂水出焉。有尾山。有翠山。

有盈民之国,於姓,黍食。又有人方食木叶。

有不死之国,阿姓,甘木(不死树)是食。

译文

大荒之中,有一座不姜山,不姜山是黑水的尽头。又有一座贾山,是汔水的发源地。又有一座言山。又有一座登备山。还有一座恝恝山。又有一座蒲山,是澧水的发源地。又有一座隗山,这座山的西面盛产丹雘,山的东面盛产玉石。再向南方是高山,这座山是漂水的发源地。又有一座尾山。还有一座翠山。

有盈民国，这个国中的人都姓於，以黄米饭为食。还有人正在吃树叶。

有不死国，这个国中的人都姓阿，以不死树为食。

原文

大荒之中，有山名曰去痓。南极果，北不成，去痓果（可能是巫师咒语。痓，chì，指筋脉拘挛强直一类疾病）。

南海渚中，有神，人面，珥两青蛇，践两赤蛇，曰不廷胡余。

有神名曰因因乎——南方曰因乎，来风曰乎民——处南极以出入风。

有襄山。又有重阴之山。有人食兽，曰季釐（lí，据传为高辛氏帝喾之子，又叫帝狸）。帝俊生（这里指帝喾）季釐，故曰季釐之国。有缗渊（深渊名。缗，mín）。少昊生倍伐，倍伐降处缗渊。有水四方，名曰俊坛。

有蒇民之国（国名。蒇，音zhí）。帝舜生无淫，降蒇处，是谓巫蒇民。巫蒇民盼（bān，这里是姓氏，头大貌）姓，食谷，不绩（这里泛指纺织）不经（这里泛指织布一类的行为），服也；不稼不穑（sè，收获庄稼），食也。爰有歌舞之鸟，鸾鸟自歌，凤鸟自舞。爰有百兽，相群爰处。百谷所聚。

译文

在大荒当中，有一座去痓山。有巫师留下"南极果，北不成，去痓果"的咒语。

有神居于南海的岛屿上，长着人的面孔，耳朵上穿挂着两条青蛇，脚下踩着两条红蛇，这个神的名字叫不廷胡余。

有一个名叫因因乎的神。南方人称之为因，从南方吹来的风称作民。这位神就居于大地的最南边，掌管着风起风停。

有一座襄山。又有一座重阴山。有人正在吞食野兽肉,那人名字叫季厘。季厘是帝俊所生,因此这个国又称为季厘国。有一个缗渊。倍伐是少昊所生,被贬,居于缗渊。有一个四方形的水池,名叫俊坛。

有一个载民国。无淫是帝舜所生,被贬,居于载这个地方,他的子孙后代就是巫载民。巫载民都姓朌,以五谷粮食为食,不从事纺织,却自然有衣服穿,不从事耕种,却自然有粮食吃。这里有一种能歌善舞的鸟,鸾鸟自由自在地歌唱,凤鸟自由自在地跳舞。这个地方有着各种各样的野兽,都能群居相处,而且这里还是各种农作物汇聚的地方。

四海八荒考

尧在位时期,没有王位世袭制,而是选择贤能之人为自己的继任人。据《墨子·尚贤上》云:"尧举舜于服泽之阳,授之政,天下平。"《孟子·万章》记载:"舜相尧二十有八载,非人之所能为也。"尧看到了舜身上的卓越品质和领导才能,决定将自己的两个女儿娥皇和女英嫁给舜,并考验了他二十八年才把帝位禅让给他。舜为人民做了许多好事,特别是他命禹治好了天下的大洪水,使人民过上了安定的日子。

可是,到了舜晚年的时候,南方的九嶷山一带有几个部落发生了战乱。他便决定亲自到那里巡察一下,以解除那里的战乱。舜一向尊重两位夫人,就把自己的打算对她们说了。不料娥皇和女英担心他的身体,都不赞同他到九嶷山去。没有办法,在一个夜晚,舜带上几位随从,不辞而别,悄悄地出发了。

几天不见舜帝回宫,娥皇和女英心中着急了,舜到什么地方去了?后来找到侍从一问,这才知道舜帝已经动身去九嶷山好几天了。她们放心不下,立即收拾行装,准备车马,随后追赶上去。

追赶了十几天,这一天来到了扬子江边,但遇到了大风,幸亏有位老渔夫知道她们是舜帝的夫人,用船把她们送到了洞庭山,让她们在一座小庙中住了下来。大风一直刮了一个多月，她们出不了湖，只好焦急地盼望着风早些停止。她们登上山顶向远方张望，心中暗暗祝福舜帝身体安康。

这两位多情的夫人，迎来无数次日出，送走无数次落日，她们盼啊盼啊，望眼欲穿、愁肠万断，但也没有见到舜帝的归帆。

渐渐地，风停了。在一个风平浪静的中午，她们突然看到从南方漂来一只插有羽毛旗帜的大船，这是宫廷里的船，便急忙跑去迎接。但是，一看到船上的侍从和士兵一个个愁眉苦脸、满面哀容，她们立刻知道发生了什么事情。

侍从们一边把舜帝的遗物交给她们，一边说："舜帝驾崩于九嶷山下，已经埋葬在那里了。"娥皇和女英虽然已预料凶多吉少，但这情况一旦被证实，她们便哭昏在地。

从此，娥皇和女英每天都要爬上洞庭山顶，抚摸着身边的一株株翠竹遥望九嶷山，流淌着伤心的泪水。就这样，日复一日，年复一年，她们的泪水洒遍了青山竹林。那满山的翠竹也与她们一起悲伤，一起流泪，株株翠竹上都沾上了她们悲伤的泪水，竟在上面留下了永远擦不掉的斑斑泪痕。这种有花纹的竹子，后来就被人们称为湘妃竹，其实就是斑竹。

后来，娥皇和女英由于过分地想念舜而投到湘水中自杀了，她们成了湘水之神，被称为"湘妃"或"湘夫人"。

原文

大荒之中，有山名曰融天，海水南入焉。

有人曰凿齿，羿杀之。

有蜮（yù，鬼名，据说是一种像鳖的动物，能够含沙射人的影子，被射中影子的人会生病）山者，有蜮民之国，桑姓，食黍，射蜮是食。有人方扜（yū，挽、张）弓射黄蛇，名曰蜮人。

有宋山者，有赤蛇，名曰育蛇。有木生山上，名曰枫木。枫木，蚩尤所弃其桎梏，是为枫木。

有人方齿虎尾，名曰祖状之尸。

有小人，名曰焦侥之国，幾（jī，这里指姓氏）姓，嘉谷是食。

译文

大荒当中，有一座融天山，海水就从南面流经这座山。

这里有一个神叫凿齿，被羿射杀。

有一座蜮山，附近有一个蜮民国。这个国中的人都姓桑，以黄米饭为食，也以蜮为食。在这个国家，有人正在挽着弓箭射杀黄蛇，这个人的名字叫蜮人。

有一座宋山，山中有一种名叫育的红色蛇。山上还有一种名叫枫木的树。枫木原本是蚩尤所丢弃的手铐脚镣等刑具化成的。

有一位神人正咬着老虎的尾巴，神的名字叫祖状之尸。

有一个焦侥国，由小人组成。这个国中的人都姓幾，以优良的谷米为食。

原文

大荒之中，有山名朽涂（山名。朽，xiǔ）之山，青水穷焉。有云雨之山，有木名曰栾。禹攻云雨，有赤石焉生栾，黄本，赤枝，青叶，群帝焉取药。

有国曰伯服。颛顼生伯服，食黍。有鼬（yòu，这里指姓氏）姓之国。有苕山（山名。苕，sháo）。又有宗山。又有姓山。又有壑山。又有陈州山。又有东州山。又有白水山，白水出焉，而生白渊，昆吾之师所浴也。

有人名曰张弘，在海上捕鱼。海中有张弘之国，食鱼，使四鸟。

译文

在大荒当中，有一座朽涂山，是青水的尽头。这里还有一座云雨山，山上生长着一棵叫作栾的树。大禹治水时，来到云雨山伐树，发现红色石头上突然长出这栾树。这棵树茎干为黄色，枝条为红色，叶子为青色。诸帝就到这里来采药。

有一个伯服国。伯服国的人是颛顼帝的后代，这个国中的人以黄米饭为食。有一个鼬姓之国。有一座苕山。有一座宗山。又有一座姓山。又有一座壑山。又有一座陈州山。又有一座东州山。还有一座白水山，是白水的发源之地，水流继而汇聚成为白渊，白渊是昆吾的师父洗浴的地方。

有一个叫张弘的人正在海上捕鱼。海中有一个张弘国，这个国中的人以鱼为食，能驯化和驱使四种野兽。

四海八荒考

神农氏本是五氏之一，出生在烈山的一个石洞里，传说身体透明，头上长有两角，即牛头人身。他因特殊外形和勤劳勇敢的品质，长大后被人们推为部落首领。因为他的部落居住在炎热的南方，称炎族，大家就称他为炎帝。

有一次，他见鸟儿衔种，由此发明了五谷农业。因为这一卓越的贡献，大家又称他为神农。他看到人们得病，又到都广之野登建木上天帝花园取瑶草而遇天帝赠神鞭。神农拿着这根神鞭，从都广之野走一路鞭一路，回到了烈山。神农尝百草多次中毒，都多亏了茶解毒。

因誓言要尝遍所有的草，神农最后因尝断肠草而逝世。人们为了纪念他的恩德和功绩，奉他为药王神，并建药王庙四时祭祀。我国的川、鄂、陕交界传说是神农尝百草的地方，被称为神农架山区。

原文

有人焉，鸟喙，有翼，方捕鱼于海。大荒之中，有人名曰驩头（古神话中又叫谨头、谨朱、丹朱，名称很多，事迹也众说纷纭。驩，huān）。鲧（gǔn，传说是大禹的父亲）妻士敬，士敬子曰炎融，生驩头。驩头人面鸟喙，有翼，食海中鱼，杖翼而行。维宜芑、苣（都是黑色的谷物。芑，qǐ；苣，jù）、穋（lù，后种先熟的谷物）、杨是食。有驩头之国。

帝尧、帝喾、帝舜葬于岳山。爰有文贝、离俞、鸱久、鹰、贾需廷维、视肉、熊、罴、虎、豹；朱木、赤枝、青华、玄实。有申山者。

卷十五 大荒南经

339

驩头

译文

　　有一种长着鸟嘴、生有翅膀的人，正在海上捕鱼。

　　大荒当中，有一个叫䨹头的人。鲧的妻子叫作士敬，士敬所生的儿子叫作炎融，䨹头就是炎融所生。䨹头长着人的面孔，有一张鸟嘴，有翅膀，可以捕食海中的鱼，也能凭借翅膀的支撑在地上行走。将苞、苣、穋、杨树叶当作食物来吃。于是，就有了䨹头国。

　　岳山是帝尧、帝喾、帝舜死后的埋葬之地。这个地方有花斑贝、三足乌、鹞鹰、鹰、乌鸦、两头蛇、视肉兽、熊、罴、老虎、豹子。另外，还有朱木树。这种树长着红色的枝干，开青色的花朵，结黑色的果实。有一座申山。

四海八荒考

　　相传，雷泽神刚烈威猛，专司行雷布雨，人首龙身，神通广大，居于昆仑山东南吴国西陲大泽之内，只要以手拍腹，便会发出惊天动地的雷声，经久不绝，震耳欲聋。雷泽神得知女娲造人时按自己的模样造了圣女华胥，便怀抱好奇之心，苦心打探华胥一族所在，终于在昆仑东南相见。为试探心意，在圣女华胥行进的前方，雷泽神用脚踏出了一个巨大的脚印。最终，华胥走进雷泽神的脚印，有情人终成眷属，诞下天帝伏羲。

　　伏羲在闲暇之余，时常盘坐卦台山巅，苦思宇宙的奥秘。他仰观日月星辰的变化，俯察山川风物的法则，不断地反省自己，追年逐月，风雨无阻。他的精诚感动了天地。有一天，他的眼前出现了一派美妙的幻境。一声炸响之后，渭河对岸的龙马山豁然中开。但见龙马振翼飞出，悠悠然顺河而下，直落河心分心石上，通体分明，闪闪发光。这时，分心石亦幻化成为立体太极，阴阳缠绕，光辉四射。

　　此情此景骤然震撼了伏羲的心胸，太极神图深切映入他的意识之中。

他顿时目光如炬，彻底洞穿了天人合一的密码。原来，天地竟是如此简单明了——唯阴阳而已。

为了让人们世世代代享受大自然的恩泽，他便将神圣的思想化作最为简单的符号，以"—"表示阳、以"– –"表示阴，按四面八方排列而成了八卦。伏羲一画开天，打开了人们理性思维的闸门，将困苦中挣扎的人们送上了幸福的彼岸，从而赢得了人们的怀念和尊崇。

原文

大荒之中，有山名曰天台，海水南入焉。

有盖犹之山者，其上有甘柤，枝干皆赤，黄叶，白华，黑实。东又有甘华，枝干皆赤，黄叶。有青马。有赤马，名曰三骓。有视肉。

有小人，名曰菌人（一种矮小的人。菌，jùn）。

有南类之山。爰有遗玉、青马、三骓、视肉、甘华，百谷所在。

译文

大荒当中，有一座天台山，海水从南边流进这座山。

有一座盖犹山。这座山上生长着一种枝条和茎干都是红色、叶子为黄色、花朵为白色、果实为黑色的甘柤树。这座山的东面生长着甘华树，这种树的枝条和树干都是红色的，叶子是黄的。这座山栖居着青色的马。有红色的马，名字叫作三骓。这座山中还有视肉兽。

有一种身材十分矮小的人，名字叫作菌人。

有一座南类山，山上有遗玉、青色马、三骓马、视肉兽、甘华树，各种农作物都在这里生长。

解析

　　《大荒南经》中记载的许多国家在《海外南经》中也出现过，如不死国、羽民国、焦侥国等，也记载了许多奇异的内容，如卵民国产卵繁衍后代等。同时，《大荒南经》中对所记载的各国人的形貌描述较为详细，对各国的物产及动植物分布情况也有详细记载，体现了古代先民在认知不足的情况下所展现出的丰富想象力。

四海八荒考

　　江苏无锡的舜柯山，传说是尧、舜、禹三王中舜的故乡。舜柯山一带保留了许多帝舜的遗迹。在舜柯山上，人们发现了不少石器时代的石锅、石斧、石犁等。传说这些工具是舜使用过的生产生活用品。

　　据考证，距今约5000年前，太湖流域发展成较发达的地区，农业相对先进，稻谷是主要农作物。传说中的舜，生性敦厚，宽厚仁爱，村民们都愿意和他接近。做完日常工作，舜有空就在舜柯山一带指导乡亲们怎样插秧种稻。

　　在舜柯山上有一座舜皇庙，规模宏大，历史久远，门前两棵银杏树，树围需要四人合抱才行。舜皇庙前面立着一块巨石，上面残留两只脚印。当地老人纷纷说，这两只脚印是帝舜看到太湖水泛滥，心中烦躁，连连跺脚而留下来的。

后来，舜因故出走山西。相传舜少年丧母，父亲迎娶后母。谁知后母为人阴毒，生下一个孩子后，便处心积虑想害死舜。有一次，后母在舜住的茅屋顶上放了一把火，企图烧死他。舜为了不让后母背上杀子的恶名，更为了不让父亲为难，他毅然决然离开家乡，辗转来到黄河流域，这才有了后来尧、舜、禹禅让的故事。

卷十六 大荒西经

《大荒西经》中记载的国家与山川现今大致位于我国西部，与《海外西经》中记载的部分国家相同。其中，关于从西北角开始这段文字虚实难辨。

《大荒西经》中记载了以农耕为主的西周国，也介绍了周族的起源，同时还记述了神话传说中的名山不周山，对夷、狄两个民族的起源也有提及。另外，《大荒西经》中对西王母的记载较为详细，关于夏启《九辩》《九歌》的来历也有说明，这些内容可以与屈原的《离骚》相互印证。

《大荒西经》中，还记载了帝俊的妻子生了十二个月亮，并给月亮洗澡的神话传说，与上文相印证，说明神话传说也是有逻辑的。通过对太阳和月亮运行轨迹的描述，去除神话部分，也反映出古代人类对天体运行的实际观测与制定相应历法有着密不可分的关系。

> 原文

西北海之外，大荒之隅，有山而不合，名曰不周，有两黄兽守之。有水曰寒暑之水。水西有湿山，水东有幕山。有禹攻共工国山。

有国名曰淑士，颛顼之子。

有神十人，名曰女娲之肠，化为神，处栗广之野，横道而处。

有人名曰石夷——西方曰夷，来风曰韦——处西北隅以司日月之长短。

有五采之鸟，有冠，名曰狂鸟。

有大泽之长山。有白民之国。

> 译文

在西北海以外，大荒的一个角落里，有一座断裂而合不拢的山，名字叫作不周山，不周山有两头黄色的野兽守护着。附近有一条水，名叫寒暑水。寒暑水的西面是湿山，寒暑水的东面是幕山。另外，还有一座禹攻共工国山。

有一个淑士国，这个国中的人都是颛顼帝的子孙后代。

有十个名叫女娲肠的神，是女娲的肠子变化而成的神。他们就像肠子一样，横在栗广原野的道路上居住。

有一位名叫石夷的神，西方单称他为夷，从北方吹来的风叫作韦。这位神就居住在大地的西北角，掌管太阳和月亮升起落下的时间，也就是掌管着黑夜与白天的时间长短。

有一种鸟叫作狂鸟，身上长着五彩缤纷的羽毛，头上有冠。

有一座大泽长山。有一个白民国。

四海八荒考

上古时期流传着诸多传说，都以神话形式存在。如果将这些神话成分去掉，就会看到真实存在的一些事实依据。黑海的水下考古证实了《圣经》之中记载的"世纪大洪水"，"大禹治水"虽然没有准确的文字记载，也普遍被认为是事实。

比"大禹治水"更为古老的神话传说"女娲补天"是否也存在着事实基础呢？相关研究人员指出，"女娲补天"传说的事实可能是一次陨石雨灾害，这种说法的研究依据是白洋淀区域地貌的特殊性。全新世中晚期，这个地区发生过一次规模巨大的陨石雨撞击，从任丘、河间到保定、望都一带，一直到完县、满城附近，都存在着大量碟形洼地及其群体。这种碟形洼地形成的原因，经过地形图和航空照片及实地考察等研究工作，将这种洼地的原始地形复原，再与年代相近的国内外其他陨石撞击地区进行对比，发现白洋淀地区碟形洼地和其群体乃是史前规模巨大的陨石雨撞击后形成的。

经过推测，这次陨石撞击发生的地域非常广，从晋北一直延伸到冀中，甚至可能延伸到渤海湾附近，发生的时间是距今四千至五千年间。当时的情景可能是一颗小型彗星进入地球轨道，在地球大气层中爆炸，在极短的时间内，落入晋北、冀中地区，形成了规模宏大的陨石雨。后经地面流水的侵蚀和古人的改造，最终形成了现在的地形地貌。河床间的高地上还保留了大量的撞击坑遗迹，也就是碟形洼地群。因此，相关学者分析"女娲补天"的传说内容，与这次陨石雨撞击事件十分类似。

原文

西北海之外，赤水之东，有长胫之国。

有西周之国，姬（周王朝的姓氏）姓，食谷。有人方耕，名曰叔均。帝俊生后稷（一般认为后稷是帝喾的儿子），稷降以百谷（把各种谷物从天界带到人间）。稷之弟曰台玺（人名），生叔均。叔均是代其父及稷播百谷，始作耕。有赤国妻氏。有双山。

西海之外，大荒之中，有方山者，上有青树，名曰柜格之松（树名。柜，jǔ），日月所出入也。

译文

长胫国位于西北海以外，赤水的东岸。

有个西周国，这个国中的人都姓姬，以谷米为食。有正在耕田的人，他的名字叫叔均。后稷是帝俊所生，后稷从天上将各种谷物的种子带到了人间。台玺是后稷的弟弟，叔均就是台玺所生。叔均在这里代替父亲和后稷播种各种谷物，创造各种耕田的方法。有一个赤国的妻氏。有一座双山。

方山位于西海外，大荒当中，这座山上有棵名叫柜格松的青色大树，是太阳和月亮出入的地方。

四海八荒考

民间关于台玺的传说故事有很多，其中就有这样一个。话说在很久以前，有一个姓台名玺的老渔翁，每天靠出海捕鱼为生。有一天，老渔翁像往常那样摇着小船出海，撒了一网又一网，网网都是空的，什么都没有捕到。

眼看天色渐渐地黑了，风浪又大，再不回去就会有危险。但想到一家老小还在挨饿，台玺迟疑了。正在他为难的时候，看见不远处的海面上，有一群海鸥在盘旋翻飞。凭着多年捕鱼的经验，有海鸥出没的地方必定有鱼群。台玺连忙驶船过去，撒了一网，谁知又是空的。

台玺不由得皱起眉头，正想收网回家，突然发现网袋里有一件闪闪发光的东西。掏出来一看，竟然是一颗雕刻精致的玉石印章，印面刻着一些弯弯曲曲的字，不知是什么意思。一条金龙盘绕在印章周围，光彩夺目。龙头从上端伸出来，嘴里含着一粒雪亮的珠子。大海经珠光一照，霎时风平浪静，船在海里平平稳稳地停住，这颗珠子即是定风珠。

台玺非常高兴，看来这印章还是一件宝贝，于是便将印章揣进怀里，兴冲冲回了家。第二天一早，台玺搭了一座棚，将印章挂在棚里。顿时，茅草岗周围的海面风平浪静。渔民们发现了这块好地方后，纷纷来安家落户，这个叫茅草岗的地方也就有了生气。

这枚印章原来是玉皇大帝赐给龙王镇海的印章。一天，龙三太子私带宝印出宫游玩，不小心失落了，恰巧被台玺捞到。龙王不见了宝印，又惊又怕，担心被玉帝得知，下狱治罪。他连忙一边派遣虾兵蟹将四处找寻，一边把惹祸的龙太子捆绑起来，听候处置。龙王手下将东海的每个角落都找遍了，还是不见宝印的踪影。

有一个细心的蟹将军在大海里转来转去，发现茅草岗周围的海面有点不同寻常。探头一看，只见茅草岗上有一颗金光四射的宝印。于是，蟹将军连忙回报龙王。龙王闻报，立即点召三军，带了青龙三太子，亲自前去取印。水族们踩波踏浪向茅草岗拥来，霎时天昏地暗，恶浪滚滚。台玺看情势不对，立即邀集众乡亲攀上岗顶，将挂着宝印的草棚团团围住。仗着镇海宝印的神威，才压制住海水。

龙王震怒，跳出海面来喝道："何方刁民，胆敢取我龙宫宝物，还不快快献上来！"台玺朗声答道："东海龙王！你平时兴风作浪，毁我渔船，伤我乡亲，不让大家过安定日子。今日宝印落在我们手里，岂能轻易还你？"龙王听后，气得胡须都翘起来："好哇！你不还印，我叫你们一个个葬身大海！"

说罢，龙王大口一张，开始向众人喷水。台玺不慌不忙地取宝印在手，高高举起，大声道："你再不讲理，我就把宝印砸了！"这一下，直接将龙王吓住了。龙王连忙摆手道："不要砸！不要砸！都是我一时鲁莽，你不要见怪。只要你还我宝印，水晶宫里的珍宝由你挑选。"

台玺冷笑一声道："我们捕鱼人，不稀罕你龙宫珍宝！"龙王急忙追问："那你要什么？"台玺不紧不慢地说道："还你宝印不难，须依我三件事情。"龙王无可奈何，只得拱着手道："哪三件，请讲。"

台玺说："第一件，从今以后，不准兴风作浪，祸害渔家。"龙王答：

"依得依得。"台玺说："第二件，潮涨潮落须有定时，不能反复无常。"龙王答："依得依得。"台玺说："第三件，每日献出万担海鲜给我们渔家。"每日献万担海鲜，龙王实在心痛，但为了取印，只得点头道："也依得，也依得。"龟丞相立即拟就圣旨一道，当众宣布："从今以后，每天在乌沙门和洋鞍海面送海鲜万担给渔家；每日早晚两潮，每月初二、十六起大潮，但潮水不得涨过老渔翁家的门槛。"龙王宣旨后，即令龟丞相上前取印。

台玺用手一挡，问道："既然如此，有何为凭？"龙王冷笑道："我堂堂东海龙王，言出如山，还会失信于你吗？真是太小看我了！"台玺想了想，说："小看也好，大看也好，我看就以定风珠为凭吧！"说罢，从龙嘴里取出定风珠，把印章交还给龟丞相。龙王取印心切，只得忍痛割爱，于是就恶狠狠地瞪了他一眼。这一瞪把青龙三太子吓坏了。他心惊肉跳，只怕以后的日子难过，便偷地蹿上天去，吼叫一声，招来它的拜把兄弟白虎。青龙和白虎张牙舞爪地扑向台玺，欲夺回定风珠。

台玺见他们来势凶猛，急忙拿出定风珠，狠狠地朝向青龙和白虎打去。只听"扑通"一声，那青龙被定风珠打落在茅草岗东边，化作一座小山，也就是现在的青龙山；白虎被打落在茅草岗西边，也化作一座小山，也就是现在的白虎山。那颗定风珠掉落在南边海中，变作一座小岛，也就是现在的鲁家峙。

从此，茅草岗左有青龙、右有白虎，前面又有鲁家峙做屏障，成了天然的渔港。为了纪念台玺，渔民就将这个地方叫作"台玺门"。

实际上，台玺姓姬，是我国古代帝王帝喾的第五个儿子，也是周部族的首领。据周史记载，后稷因疼爱他而把王位传给了他，他又传位给自己的儿子叔均，叔均最后将王位传给了后稷的儿子不窋，不窋的子孙才能够世代传继王位。

原文

西北海之外，赤水之西，有天民之国，食谷，使四鸟。

有北狄之国。黄帝之孙曰始均，始均生北狄。

有芒山。有桂山。有榣山。其上有人，号曰太子长琴。颛顼生老童，老童生祝融，祝融生太子长琴，是处榣山，始作乐风。

有五采鸟三名：一曰皇鸟，一曰鸾鸟，一曰凤鸟。

有虫状如菟，胸以后者裸不见，青如猿状。

译文

天民国位于西北海以外、赤水的西岸。这个国中的人以谷米为食，能驯化和驱使四种野兽。

有北狄国。始均是黄帝的孙子，北狄国中的人就是始均的后代子孙。

有一座芒山。有一座桂山。有一座榣山。榣山上有一个号称太子长琴的人。老童是颛顼所生，老童又生了祝融，而太子长琴就是祝融所生。太子长琴居住在榣山上，始创了音乐，而且风行于世间。

有三种长着五彩斑斓羽毛的鸟：一种叫皇鸟；一种叫鸾鸟；一种叫凤鸟。

有一种与兔子形状很相似的野兽，胸脯后面的部分全露着，而又无法分辨，因为它青色皮毛很像猿猴，将裸露的部分遮住了。

原文

大荒之中，有山名曰丰沮玉门，日月所入。

有灵山，巫咸、巫即、巫盼、巫彭、巫姑、巫真、巫礼、巫抵、巫谢、巫罗十巫，从此升降，百药爰在。

有西王母之山、壑山、海山。有沃民之国，沃民是处。沃之野，凤鸟之卵是食，甘露是饮。凡其所欲，其味尽存。爰有甘华、甘柤、白柳、视肉、三骓、璇瑰（xuán guī，美玉名）、瑶碧、白木、琅玕、白丹、青丹、多银、铁。鸾凤自歌，凤鸟自舞，爰有百兽，相群是处，是谓沃之野。

有三青鸟，赤首黑目，一名曰大鵹（lí，一种青鸟的名字），一名少鵹，一名曰青鸟。

有轩辕之台，射者不敢西向，畏轩辕之台。

译文

丰沮玉门山在大荒当中，是太阳和月亮落下的地方。

有一座山叫灵山，巫咸、巫即、巫盼、巫彭、巫姑、巫真、巫礼、巫抵、巫谢、巫罗十个巫师，他们就从这座山往返于天界和人间。这座山中，生长着各种各样的药物。

有西王母山、壑山、海山。有沃民国，国中的人就居住在这个地方。在沃野生活的人，以凤鸟产的蛋为食，以天降的甘露为饮。只要是他们心中所想的美味，自己的国家中都能产出。这里还有甘华树、甘柤树、白柳树、视肉兽、三骓马、璇玉瑰石、瑶玉碧玉、白木树、琅玕树、白丹、青丹、银、铁的产量也非常丰富。鸾鸟自由自在地歌唱，凤鸟自由自在地跳舞，各种野兽群居相处，也因此得名沃野。

有三只红脑袋、黑眼睛的青色大鸟，一只叫作大鵹，一只叫作少鵹，一只叫作青鸟。

有一座轩辕台，因为敬畏轩辕台上黄帝的威灵，人们都不敢向西方射箭。

四海八荒考

在我国古老的巴渝文化中，首推巫文化，巫文化中最古老的神话传说就是灵山十巫。灵山十巫是指巫咸、巫即、巫盼、巫彭、巫姑、巫真、巫礼、巫抵、巫谢、巫罗。

巫咸。《世本·作篇》中记载为："巫咸作筮。"《路史·后记三》中记载，巫咸是炎帝神农时主持占卜的巫师。《太平御览》中记载为："昔黄神与炎神争斗涿鹿之野，将战，筮于巫咸，曰：果哉而有咎。"也就是占卜的结论是果真交战，就有灾祸。《太平御览》中记载为："巫咸，尧臣也，以鸿术为帝尧医。"《御览》引《外国图》为："昔殷帝大戊使巫咸祷于山河，巫咸居于此，是为巫咸民，去南海万千里。"

巫即与巫抵都属于神巫或神医，没有具体事迹记载。

巫盼是巴人廪君的远祖。

巫彭。《书·序》中记述为"伊陟赞于巫咸。"《说文解字》中记述为："古者巫彭初作医。"《吕氏春秋·勿躬》中记述为："巫彭始作治病工。"根据古字推测，在古代，巫、医属于同一种职业。

巫姑是"十巫"中唯一的一位女巫，有盐水女神的传说。

巫真被认为是巴子"五姓"中的郑氏，"真"与"郑"同音。

巫礼主要司职巫教中的祭祀礼仪。

巫谢是主卜、筮、礼、赞的巫师。

巫罗被认为是巴族的首长。

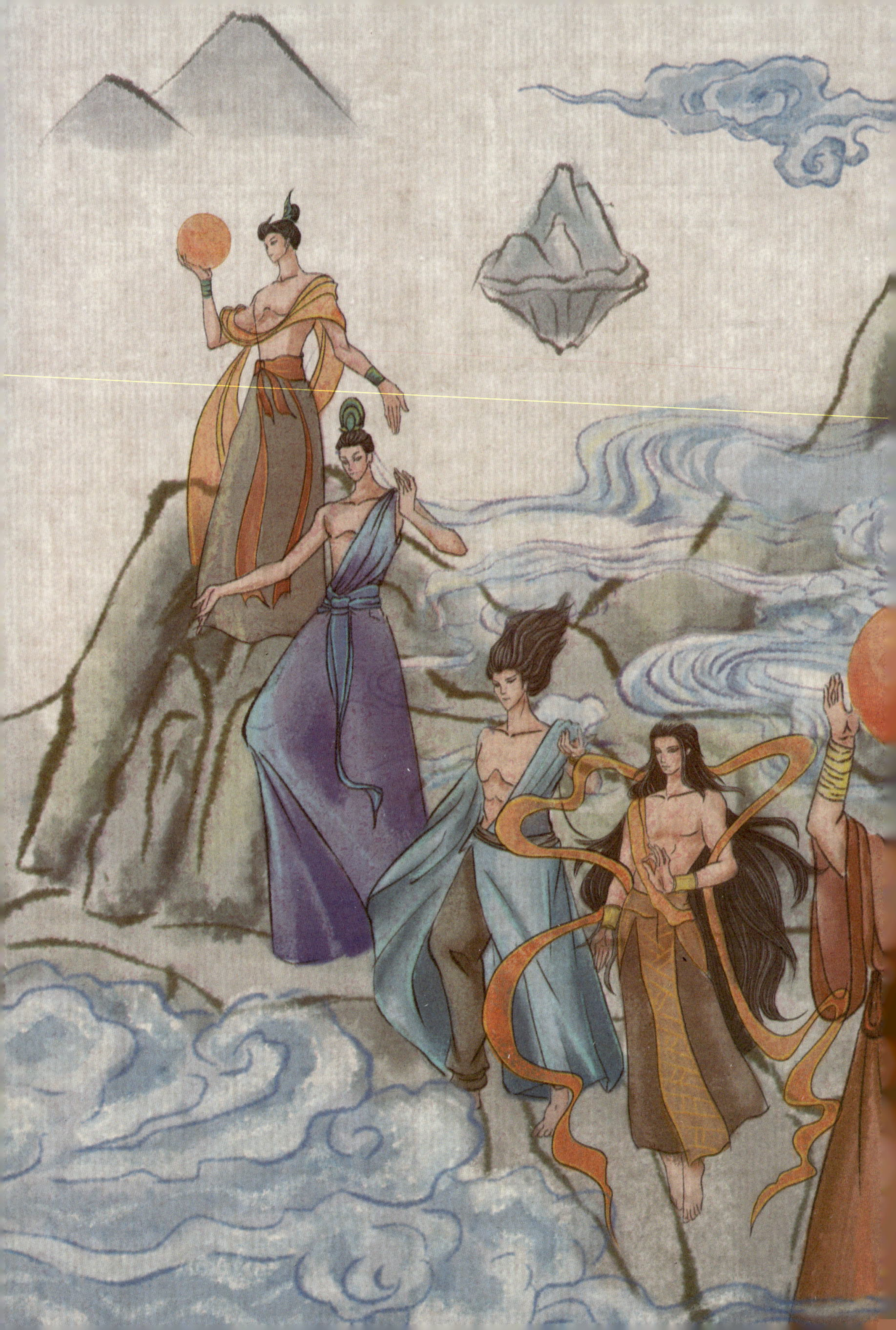

灵山十巫

原文

大荒之中，有龙山，日月所入。

有三泽水，名曰三淖（sān nào，传说中的水泽名），昆吾（传说是上古时的一个部落）之所食也。

有人衣青，以袂（衣服的袖子）蔽面，名曰女丑之尸。

有女子之国。

有桃山。有䝞山（山名。䝞，méng）。有桂山。有于土山。

有丈夫之国。

有弇州之山（传说中的山名。弇，yǎn），五采之鸟仰天，名曰鸣鸟。爰有百乐歌儛之风。

有轩辕之国。江山之南栖为吉。不寿者乃八百岁。

西海陼中，有神，人面鸟身，珥两青蛇，践两赤蛇，名曰弇兹。

译文

大荒当中有一座龙山，是太阳和月亮落下的地方。

昆吾族人取得食物的地方是三片沼泽，名字叫作三淖。

有一个穿着青色衣服，用袖子遮住脸面的人，名字叫作女丑之尸。

有女子国。

有一座桃山。有一座䝞山。有一座桂山。又有一座于土山。

有一个丈夫国。

有弇州山，这座山中生长着一种名叫鸣鸟的禽。这种鸟身上长着五彩的羽毛，仰头向天鸣叫。各种各样的乐曲和歌舞在这个地方很流行。

有轩辕国，这个国中的人将居住在江河山岭的南边看作非常吉利的事情，这个国中短命的人也能活到八百岁。

有一位名叫弇兹的神住在西海的岛屿上。他长着人面鸟身，耳朵上穿挂着两条青蛇，脚下还踩着两条红蛇。

弇兹

四海八荒考

　　女儿国在我国历史上是真实存在过的。经历史研究考证，四川甘孜州一带就是《旧唐书》中所记载的东女国中心。《南蛮西南蛮传》中记载为："东女国，西羌之别称，以西海中复有女国，故称东女焉。俗以女为王。东与茂州、党项接，东南与雅州接，界隔罗女蛮及百狼夷。其境东西九日行，南北二十日行。有大小八十余城。"

　　史料记载，东女国的建筑都是碉楼，女王住在九层的碉楼上，普通百姓住在四五层的碉楼上。女王穿青布毛领的绸缎长裙，裙摆拖地，贴上金花。东女国的特点是重女、轻男，国王和官吏都是女人。男人不能在朝廷做官，只能在外面服兵役。女王的旨意通过女官传达到外面。东女国还设有女王和副女王，由族群内推举有才能的人担当。女王去世后，

卷十六　大荒西经

由副女王继位。东女国的家庭也是以女性为主导,没有夫妻关系,以母亲为尊,主导一切家中事务。

现在,某些地区还保留有走婚习俗,也就是通过男女集会,男方如果看上了女方,就从女方身上抢来一样东西,如手帕、坠子等。如果女方不要回信物,就表示同意了。晚上,女方会在窗户边点一盏灯,等男方出现。碉楼有十多米高,小伙子必须用手指头插在石头缝中,一步一步爬上碉楼。而且房间的窗户非常小,中间还竖着一根横梁。小伙子爬上碉楼,还要侧着身子才能钻进去。这个过程要求体力好,身体灵活,实际上也是一种优胜劣汰的选择。

第二天鸡叫时,小伙子就必须离开。从此,两人互相没有任何关系。男方可以天天来,也可以几个月来一次,也可以从此就不来了。男女之间的关系叫作"甲依",就是伴侣的意思。女方可以同时有很多"甲依",也有极少姑娘一辈子只有一个"甲依",两个人走婚到老。

女方生小孩后,"甲依"一般都不去认养,也不用负任何责任,小孩由女方家庭抚养。但当地小孩一般都知道自己的父亲是谁。这种习俗就是母系社会的残余,经过现代文明的冲击,也已经与原始社会的母系氏族不完全相同了,只是还保留一些类似的特点。

原文

大荒之中,有山名曰日月山,天枢(天的枢纽)也。吴姖天门(山名。姖,jù),日月所入。有神,人面无臂,两足反属(反转着与其他东西相连。属,zhǔ)于头上,名曰嘘。颛顼生老童,老童生重及黎,帝令重献(托举)上天,令黎印(通"抑",向下压,向下按)下地。下地是生噎,处于西极,以行日月星辰之行次。

有人反臂,名曰天虞。

有女子方浴月。帝俊妻常羲,生月十有二,此始浴之。

行玄丹之山。有五色之鸟，人面有发。爰有青鸢（传说中神鸟的名字。鸢，wén）、黄鹜（传说中神鸟名。鹜，áo），青鸟、黄鸟，其所集者其国亡。

有池，名孟翼之攻颛顼之池。

译文

大荒当中有一座日月山，这座山是天的枢纽。主峰叫作吴姖天门山，是太阳和月亮降落的地方。有一位名叫嘘的神，形貌与人相似，但没有胳膊，两只脚反转着连在头上。老童是帝颛顼所生，老童又生重和黎。颛顼帝命令重托着天用力向上举起来，又命黎撑着地，使劲按下去。黎来到地下，生了噎。噎就居住在大地的最西面，掌管着太阳、月亮及星辰的运行次序。

有一个反长着臂膀的人，名叫天虞。

有一个女子正在给月亮洗澡。帝俊的妻子常羲生了十二个月亮，并开始给月亮洗澡。

有一座玄丹山，山上有一种长着五彩羽毛的禽鸟。这种鸟有一副人的面孔，也长着头发。这座山中还有青鸢、黄鹜。这种青色的鸟和黄色的鸟在哪个国家聚集栖息，哪个国家就会很快灭亡。

有一个水池，名字叫作孟翼攻颛顼池。

四海八荒考

常羲在我国古代神话传说中被称为月神，为月御，也就是为月亮驾车的神，与日御，也就是为太阳驾车的神帝俊是夫妻。月神生了十二个月亮，也就是一年的十二个月。因此，传说在上古时期，常羲是制定时历的人。

传说常羲生了十二个月亮，所以被称为"女和月母"。"女和"的称谓大概是因为她还担当着调和阴阳的重任。这应该是由我国古代历法的特点决定的。我国传统历法是阴阳合历，也就是参照太阳和月亮运行规律制定出历法，根据太阳的周而复始的公转，寒暑冷暖的循环制定了四季，月相的阴晴圆缺可以记日子，由此就形成了典型的阴阳合历。

阴阳合历方便百姓使用，据阳历的节气务农，据阴历的月相知时日。但太阳和月亮的运行周期不同，太阳公转一周大约需要365天，月亮绕地一周大约需要28天，一年的十二个月还会多出十几天。如果不加调整的话，季节和月份很快就会发生错位。比如，2012年的惊蛰在二月，过几年可能就到了三月，这就是日月运行不同步造成的。

解决这个问题的办法就是置闰，也就是每间隔三年就在十二个月外增加一个月，这个月就叫闰月。常羲负责制定阴历月份，又必须保证阴历月份能够与阳历季节相协调，也就是阴阳调和，也就有了"女和月母"的称谓。

原文

大荒之中，有山名曰鏖鏖钜（áo ào jù，山名），日月所入者。

有兽，左右有首，名曰屏蓬。

有巫山者。有壑山者。有金门之山，有人名曰黄姖之尸。有比翼之鸟。有白鸟，青翼、黄尾、玄喙。有赤犬，名曰天犬，其所下者有兵。

西海之南，流沙之滨，赤水之后，黑水之前，有大山，名曰昆仑之丘。有神——人面虎身，有文有尾，皆白——处之。其下有弱水之渊环之，其外有炎火之山，投物辄（zhé，副词）然（通"燃"，燃烧）。有人戴胜，虎齿，有豹尾，穴处，名曰西王母。此山万物尽有。

西王母

译文

大荒之中有一座山，名字叫作鏖鏊钜山，是太阳和月亮降落的地方。

有一种名叫屏蓬的野兽。这种野兽左边和右边各长着一个脑袋。

有一座山叫作巫山。有一座山叫作壑山。还有一座金门山，这座山上有一个叫黄姖尸的人。有比翼鸟。有一种长着青色翅膀、黄色尾巴、黑色嘴壳的白鸟。有一种红颜色名叫天犬的狗，它降临的地方都会有大的战争发生。

昆仑山是屹立在西海南面、流沙之边、赤水之后、黑水之前的一座大山。昆仑山上居住着一个长着人面、虎身的神。这位神长有尾巴，全身都有花纹，且是白色斑点。弱水汇聚而成的深渊环绕着昆仑山，深渊之外有一座炎火山。东西扔到这座山上，就会燃烧起来。有人头上戴着玉制首饰，嘴中长着老虎的牙齿，还有一条豹子的尾巴，名字叫作西王母。西王母就居住在昆仑山的洞穴中。天下所有物产在昆仑山中都能找到。

四海八荒考

巫山有神女。在我国神话传说中，巫山神女是炎帝的女儿。还有一种说法认为，巫山神女是王母娘娘的女儿，本名叫瑶姬，未嫁而死，葬于巫山之阳，精魂化为灵芝。战国时楚国的宋玉有《高唐赋》，称"先王"游高唐时，白天梦见女神愿荐枕。神女临去时，称自己"旦为朝云，暮为行雨，朝朝暮暮，阳台之下"。此后，"巫山神女"常用以比喻美女，"巫山云雨"也被传为男女欢好之典。

巫山神女的传说也引出历代文人墨客一系列的诗赋词曲，人们常用"曾经沧海难为水，除却巫山不是云"来比喻忠贞的爱情。按照原始宗教神话观念，楚王与神女交合是天地的相会，能达到政治清明、民族振兴、国家富强的目的。因此，巫山神女实际上应该是楚国人的保护神。

三峡民间流传着许多关于巫山神女的神话故事,最早的则出自《山海经》。另外,在屈原的《九歌·山鬼》、宋玉的《高唐赋》《神女赋》中都有描述。巫山在唐朝时期就有了神女庙,历史上曾多次重建,至今仍有遗址存在。《巫山县志》中记载,每年的农历七月初七是神女节,远近的妇女都会到神女庙祭祀。随着抗日战争爆发,神女庙被毁,神女节也渐渐从民间消失。但是,巫山神女的传说故事却一代代流传下来。

原文

大荒之中,有山名曰常阳之山,日月所入。

有寒荒之国。有二人女祭、女薎(人名。薎,音miè)。

有寿麻之国。南岳娶州山女,名曰女虔。女虔生季格,季格生寿麻。寿麻正立无景(通"影"),疾呼无响。爰有大暑,不可以往。

有人无首,操戈盾立,名曰夏耕之尸。故成汤伐夏桀于章山,克之,斩耕厥(这里代指夏桀)前。耕既立,无首,走(zǒu,是"走"的本字,逃跑、逃避的意思)厥咎(罪责、责任),乃降于巫山。

有人名曰吴回,奇(jī,单数,这里指两只胳膊只剩下一只)左,是无右臂。

有盖山之国。有树,赤皮、枝、干,青叶,名曰朱木。

有一臂民。

译文

大荒之中有一座常阳山,是太阳和月亮落下的地方。

有一个寒荒国。这个地方有两个分别叫女祭、女薎的人。

有一个寿麻国。南岳娶了州山的女儿女虔为妻,女虔生下了季格,寿麻就是季格所生。寿麻即便端端正正地站在太阳下面,也看不到任何

卷十六 大荒西经

影子；向四面大声喊叫，也听不到一点回声。这个地方非常炎热，人不能够前往。

有一个手拿着一把戈和一面盾牌立着，却没有了脑袋的人名叫夏耕尸。以前，成汤在章山讨伐夏桀的时候，击败了夏桀，将夏耕尸斩杀在他的面前。夏耕尸站立起来后，发觉自己没有了脑袋。为了逃避战败的罪名，他就逃到了巫山。

有一个只有一只左胳膊，没有了右胳膊的人，名叫吴回。

有一个盖山国。这个国中生长着一种树皮、树枝、树干都是红色，叶子是青色的树木，名叫朱木。

有只长了一条胳膊的一臂民。

夏耕尸

原文

　　大荒之中，有山，名曰大荒之山，日月所入。有人焉三面，是颛顼之子，三面一臂，三面之人不死。是谓大荒之野。

　　西南海之外，赤水之南，流沙之西，有人珥两青蛇，乘两龙，名曰夏后开。开上三嫔（bīn，通"宾"，这里指到天帝那里做客）于天，得《九辩》与《九歌》以下。此天穆之野，高二千仞，开焉得始歌《九招》。

　　有氐人之国。炎帝之孙名曰灵恝，灵恝生氐人，是能上下于天。

　　有鱼偏枯，名曰鱼妇。颛顼死即复苏。风道北来，天乃大水泉，蛇乃化为鱼，是为鱼妇。颛顼死即复苏（颛顼将生命寄托在鱼的身体中，借助鱼蛇变化的机会复生）。

　　有青鸟，身黄，赤足，六首，名曰𪃋鸟（鸟名。𪃋，chù）。

　　有大巫山。有金之山。西南，大荒之隅，有偏句、常羊之山。

译文

　　大荒当中有一座大荒山，是太阳和月亮落下的地方。这里有一种脑袋的前边、左边及右边都长着一张面孔的人，这种人是颛顼的后代，有三张面孔和一只胳膊，永远不死。这里就是所说的大荒野。

　　西南海之外、赤水南岸、流沙西边，有人耳朵上穿挂着两条青蛇，乘驾着两条龙，名字叫作夏启。天帝曾经三次邀请夏启去他那里做客，夏启得到天帝的乐曲《九辩》和《九歌》，随后回到人间。此处就是高达二千仞的天穆野，夏启也就在这个地方第一次演奏《九招》乐曲。

　　有一个氐人国。灵恝是炎帝的孙子，灵恝又生了氐人。这个国中人能乘云驾雾，自由往返于天界、人间。

　　有一种名叫鱼妇的鱼。这种鱼的身子有半边是干枯的，据说是帝颛顼死后苏醒过来，变化而成的。风从北方吹来，泉水从地下涌出，蛇在这个时候变化成鱼，颛顼趁机将生命寄托在鱼中，死而复生，这便是鱼妇的由来。

有一种名叫䴅鸟的青鸟，身子为黄色，爪子是红色的，长有六个脑袋。

有一座大巫山。有一座金山。在大荒西南方的一个角落，有偏句山、常羊山。

鱼妇

解析

《大荒西经》中记载了丈夫国、一臂民、轩辕国等国家，也记录了很多神话传说，如共工怒触不周山、女娲之肠化神等，极具神秘色彩。另外，《大荒西经》中还记载了华夏文明的起源，如后稷降百谷、叔均耕作百谷，指出了农业的起源；太子长琴作乐，指出了音乐的起源。细细品味之下，发人深思。

四海八荒考

《九歌》原本是我国神话传说中天帝所做的歌曲名称。战国时期，楚人屈原据汉族民间祭神乐歌，经过加工和再创作，写成《九歌》，共十一篇，分别是《东皇太一》《云中君》《湘君》《湘夫人》《大司命》《少司命》《东君》《河伯》《山鬼》《国殇》《礼魂》。除了《国殇》是悼念和颂赞为楚国战死的将士，大多数篇章都是描写神灵间的眷恋。现代学者经过研究认为，屈原的《九歌》作于放逐之前，供祭祀之用。

《九歌·东皇太一》有云："吉日兮辰良，穆将愉兮上皇；抚长剑兮玉珥，璆锵鸣兮琳琅；瑶席兮玉瑱，盍将把兮琼芳；蕙肴蒸兮兰藉，奠桂酒兮椒浆；扬枹兮拊鼓，疏缓节兮安歌；陈竽瑟兮浩倡；灵偃蹇兮姣服，芳菲菲兮满堂；五音纷兮繁会，君欣欣兮乐康。"

《九歌·云中君》有云："浴兰汤兮沐芳，华采衣兮若英；灵连蜷兮既留，烂昭昭兮未央；謇将憺兮寿宫，与日月兮齐光；龙驾兮帝服，聊翱游兮周章；灵皇皇兮既降，猋远举兮云中；览冀洲兮有余，横四海兮焉穷；思夫君兮太息，极劳心兮忡忡。"

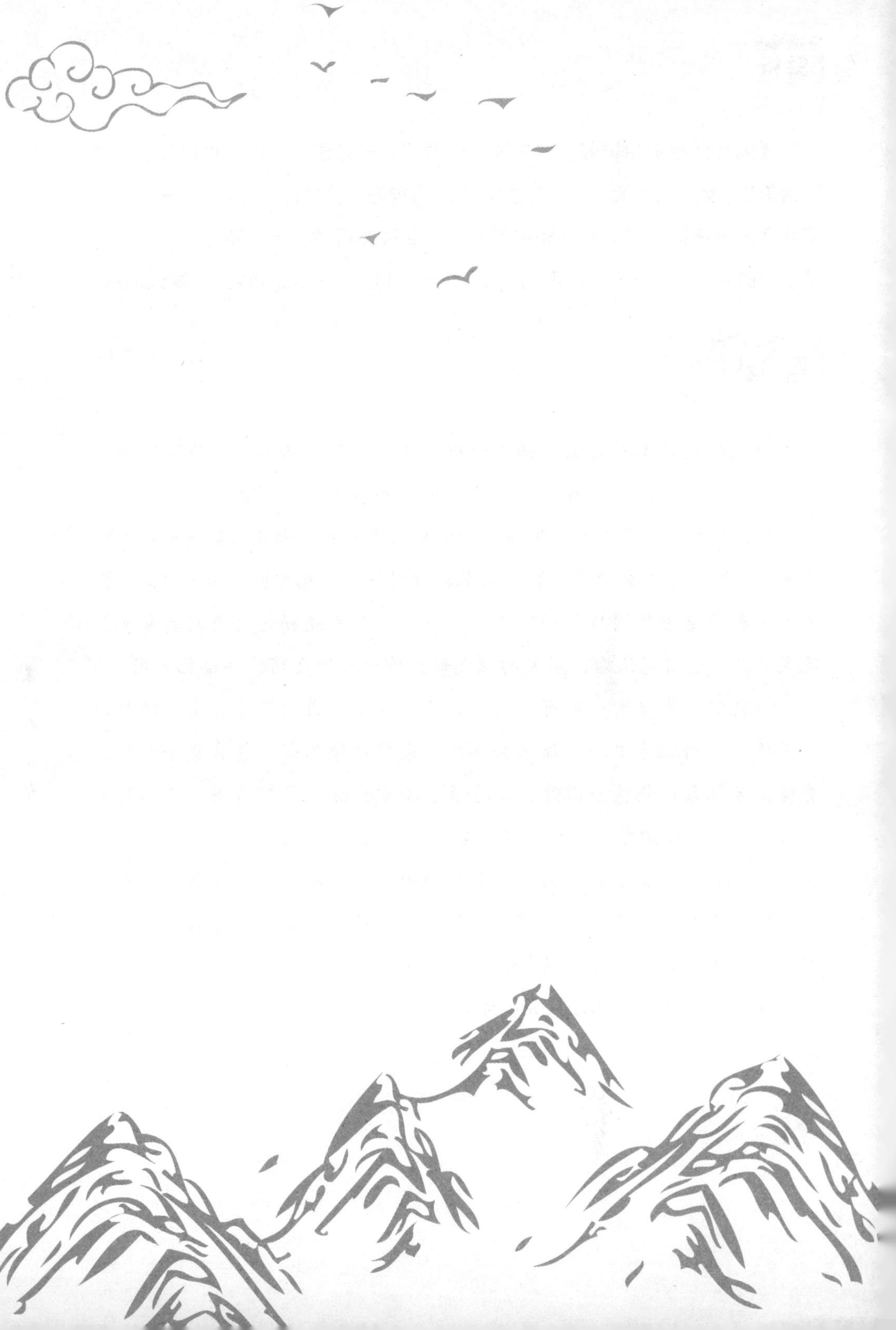

卷十七 大荒北经

《大荒北经》中所记述的国家大致位于我国的北部，与《海外北经》中的记述有很多相似之处，也从侧面呼应了《大荒东经》中的相关记载。《大荒东经》篇幅很长，神话素材非常丰富。

《大荒北经》中记载了黄帝和蚩尤的涿鹿之战，这也是炎黄神话中非常重要的一个神话故事，同样也记载了夸父逐日的神话故事，体现出上古时期人们和自然环境抗争的精神。同样，《大荒北经》也记载了许多氏族血统渊源，如犬戎是黄帝的后代等。前文提及的一些国家和神灵，在这里也出现过。

原文

东北海之外，大荒之中，河水之间，附禺之山，帝颛顼与九嫔葬焉。爰有鸱久、文贝、离俞、鸾鸟、凤鸟、大物、小物（大物、小物指的是颛顼帝和妃子们陪葬的物品）。有青鸟、琅鸟、玄鸟、黄鸟、虎、豹、熊、罴、黄蛇、视肉、璇、瑰、瑶、碧，皆出于山。卫丘方员三百里，丘南帝俊竹林在焉，大可为舟。竹南有赤泽水，名曰封渊。有三桑无枝，皆高百仞。丘西有沈渊，颛顼所浴。

有胡不与之国，烈姓，黍食。

译文

在东北海以外的大荒中，黄河流经的地方，有一座附禺山，帝颛顼和他的九个嫔妃死后就埋葬在这里。这座山中有鸱鹰、花斑贝、离朱鸟、鸾鸟、凤鸟，以及颛顼帝的各种陪葬之物。青鸟、琅鸟、燕子、黄鸟、老虎、豹子、熊、罴、黄蛇、视肉兽、璇瑰玉、瑶碧玉等，也都出产于这座山中。卫丘方圆三百里，南边是帝俊的竹林，竹子非常大，可以造船。竹林的南面，有一个名叫封渊的红色深潭。有三棵高达百仞，不生长枝条的桑树。

卫丘西面有一个沈渊,这里是帝颛顼沐浴的地方。

有一个胡不与国,这个国中的人都姓烈,以黄米为食。

四海八荒考

在神话故事里,青鸟传说是为西王母取食传信的神鸟。《艺文类聚》卷九一引旧题汉·班固《汉武故事》:"七月七日,上(汉武帝)于承华殿斋,正中,忽有一青鸟从西方来,集殿前。上问东方朔,朔曰:'此西王母欲来也。'有顷,王母至,有两青鸟如乌,夹侍王母旁。"后来便以"青鸟"为信使的代称。南朝·陈·伏知道《为王宽与妇义安主书》:"玉山青鸟,仙使难通。"唐·李商隐《无题》诗:"蓬山此去无多路,青鸟殷勤为探看。"

《左传·昭公十七年》一文中提到:少暤氏以鸟司时,并设置了以五种神鸟命名的官职。其中司启的官就是青鸟。启,即启发、启动、开启的启。司启青鸟立春鸣而立夏止,负责立春到立夏的节气和物候,此时正是万物生发之时。所以青鸟应该是在春天出现且活跃的鸟儿。它的到来,代表着春天和生机。青鸟飞来,万物生发。

按照《山海经》的说法,西王母有三只青鸟,住在三危山,头上的羽毛是红色的,眼睛是黑色的。作为西王母的贴身侍从,青鸟主要负责为食肉的西王母娘娘取餐。用现在的话说,青鸟是西王母专属送餐的服务员。

给西王母取食送餐是件艰难的工作。因为西王母住的昆仑虚地势险恶,昆仑虚外面不只有弱水三千,还有烈烈炎山,青鸟要赴汤蹈火出去为王母取食。可想而知,这样的路途,没有强大的耐力很难走过去。

青鸟的工作地在西王母的昆仑虚,居住地在三危山。三危山,光听名字就透着重重危险,那里可能山势陡险,遍布猛兽、荆棘。

能在这样的险境中居住，青鸟没有超强的能力是很难坚持下去的。也许正是这样的险境造就了青鸟卓越的本领，让它得以成为西王母的助手。

原文

大荒之中，有山，名曰不咸，有肃慎氏之国。有蜚蛭（fěi zhì，神话传说中一种有四翼，能飞的虫子），四翼。有虫，兽首蛇身，名曰琴虫。

有人名曰大人。有大人之国，釐（xī，通"僖"）姓，黍食。有大青蛇，黄头，食麈。

有榆山。有鲧攻程州之山。

译文

大荒之中，有一座不咸山。有一个肃慎氏国。有一种长着四只翅膀能飞的蛭。有一种名字叫作琴虫的蛇，它长着野兽的脑袋、蛇的身子。

有人名叫大人。有一个大人国，这个国中的人都姓釐，以黄米为食。有一种长有黄色脑袋的大青蛇，能吞食大鹿。

有一座榆山。又有一座鲧攻程州山。

原文

大荒之中，有山名曰衡天。有先民之山。有槃（pán，通"盘"，盘旋、扭曲）木千里。

有叔歜国（国名。歜，chù），颛顼之子，黍食，使四鸟：虎、豹、熊、罴。有黑虫如熊状，名曰猎猎。

有北齐之国，姜姓，使虎、豹、熊、罴。

译文

大荒之中，有一座衡天山。有一座先民山。有一棵盘旋弯曲，方圆多达千里的大树。

有一个叔歜国。这个国中的人都是颛顼帝的后代，以黄米为食，能驯化和驱使老虎、豹子、熊、罴四种野兽。有一种名叫猎猎的黑色野兽，形貌与熊非常相似。

有一个北齐国。这个国中的人都姓姜，能驯化和驱使老虎、豹子、熊、罴四种野兽。

四海八荒考

颛顼是上古时期"三皇五帝"中的帝王，前承炎黄，后启尧舜，奠定华夏基根，是华夏民族的共同人文始祖。

颛顼本名乾荒，号高阳氏，别称颛顼、帝颛顼、玄帝、黑帝、顼帝，后人尊为帝，列入五帝。颛顼始自穷桑，而迁都于商丘，后居于帝丘（今河南濮阳）。颛顼征服九黎族、制历法、创制九州、作曲《承云》，为华夏文明的发展做出巨大贡献。

传说颛顼居住的地方有个黄水怪，经常口吐黄水淹没农田、冲毁房屋。颛顼听说后就决心降服它。可黄水怪神通广大，二人激战九九八十一天不分胜败。颛顼便上天请求女娲娘娘出手协助。女娲借来天王宝剑交给颛顼并教他使用方法。后来，颛顼便使用天王宝剑打败了黄水怪。

为了给人间造福，颛顼用天王剑把大沙岗变成一座山，取名付禺山；又用剑在山旁划出一道河，取名硝河。从此，人间有山有水，林茂粮丰，人们过上了好日子。

颛顼生育后代二十四人，名老童、伯服、中骗、骧头、淑士、三面、季禺、魍魉、虐鬼、小儿鬼、穷鬼、梼杌、穷蝉、苗民、苍舒、数颓、梼戭、大临、龙降、庭坚、仲容、叔达、称等。

国学大师范文澜先生在《中国通史简编》中写道："汉以前人相信轩辕黄帝、颛顼、帝喾三人为华族祖先，当是事实。"

关于"三皇五帝"，在不同的著作中有不同的说法。"三皇"有五种说法，在《尚书大传》中"三皇"指的是燧人（燧皇）、伏羲（羲皇）、神农（农皇）。"五帝"也有三种不同的说法：第一种说法指黄帝、颛顼、帝喾、尧、舜；第二种说法指大皞（伏羲）、炎帝、黄帝、少皞（少昊）、颛顼；第三种说法指少昊（皞）、颛顼、高辛（帝喾）、尧、舜。在秦国，有白帝、青帝、黄帝、炎帝四帝，加上黑帝，为"五帝"。

"三皇五帝"并非真正的帝王，而是原始社会中后期出现，为人类发展做出卓越贡献的部落首领或部落联盟首领，被后人尊称为"皇"或"帝"。后来，人们将他们敬为神灵，用各种神话传说宣扬他们的伟大业绩。

"三皇五帝"还代表着历史时期，也就是"三皇五帝时代"，又被称为"上古时代"或"远古时代"。"三皇五帝"率领民众，开创了华夏的上古文明。现代考古也发现了与这个时期相对应的文化遗址，证明了"三皇五帝"的存在。

《世本》《大戴礼记》《史记·五帝本纪》中，列黄帝、颛顼、帝喾、尧、舜为"五帝"。《礼记·月令》中，以大皞（伏羲）、炎帝、黄帝、少皞（少昊）、颛顼为"五帝"。《尚书序》《帝王世纪》中，以少昊（皞）、颛顼、高辛（帝喾）、尧、舜为"五帝"。

原文

大荒之中，有山名曰先槛大逢之山，河济所入，海北注焉。其西有山，名曰禹所积石。

有阳山者。有顺山者，顺水出焉。有始州之国，有丹山。

有大泽方千里，群鸟所解。

有毛民之国，依姓，食黍，使四鸟。禹生均国，均国生役采，役采生修鞈（gé），修鞈杀绰人。帝念之，潜为之国，是此毛民。

有儋耳之国（国名。儋，dān），任姓，禺号子，食谷。北海之渚中，有神，人面鸟身，珥两青蛇，践两赤蛇，名曰禺强（前文作"彊"）。

译文

大荒之中，有一座先槛大逢山。黄河水和济水都流经这个地方，海水从北面注入到山中。它西边有一座禹所积石山。

有一座阳山。有一座顺山，是顺水的发源地。有始州国，国中有一座丹山。

有一个方圆千里的大泽，各种禽鸟在这里脱去旧羽毛，换生新羽毛。

有一个毛民国，国中的人都姓依，以黄米为食，可以驯化和驱使四种野兽。均国是大禹所生，均国又生了役采，役采又生了修鞈，修鞈将绰人杀掉了。大禹哀念绰人无辜被杀，就暗地里帮助绰人的子孙后代重新建立国家，这就是毛民国。

有一个儋耳国，这个国中的人都姓任，是神禺号的后代，以谷米为食。有一位名叫禺强的神居住在北海的岛屿上。他长着人的面孔、鸟的身子，耳朵上还穿挂着两条青蛇，脚下踩踏着两条红蛇。

四海八荒考

济水发源于我国河南省济源市王屋山上的太乙池。《禹贡》中对古济水的记载为："导水东流为济，入于河，溢为荥，东出于陶邱北，又东至于菏，又东北会于汶，又北东入于海。"济水流经河南、山东两省后，最终注入大海。

随着时间的推移和地貌的变迁，济水在东汉时期曾经出现旱塞，唐高宗时通而复枯，黄河又多次改道南侵，冲入济水河床，进而入海。如今的济宁市就是原济水中间北上的方位，黄河下游地段及大清河、小清河就是原济水的故道，济阳县和济南市也是最好的证明。济水流域贤相名将、文人墨客层出不穷，司马懿、李商隐、韩愈、白居易等都曾游观济水。

相传在远古时代，黄帝与蚩尤曾在河北作战。因蚩尤能十里吐雾，黄帝打了败仗，退到太乙池王屋山的主峰天坛山上。黄帝"清斋三日，登山至顶，于琼林台祷上帝破蚩尤。帝遂救王母降于天坛""王母乃召东海青童君，召九天玄女，授破蚩尤之策"。

原文

大荒之中，有山名曰北极天柜，海水北注焉。有神，九首人面鸟身，名曰九凤。又有神，衔蛇操蛇，其状虎首人身，四蹄长肘，名曰强良。

九凤

译文

　　大荒之中有一座山，名叫北极天柜山，海水从北面注入此山中。有一位神，生有九个头颅，每个头颅都长着一副人的面孔，但他长着孔鸟的身子，名叫九凤。还有一位神，嘴里叼着蛇，手中抓着蛇，形貌为虎头人身，长着四只蹄子和很长的臂肘，这位神的名字叫作强良。

原文

　　大荒之中，有山名曰成都载天。有人珥两黄蛇，把两黄蛇，名曰夸父。后土生信，信生夸父。夸父不量力，欲追日景，逮（追上、赶上）之于禹谷（地名）。将饮河而不足也，将走大泽，未至，死于此。应龙已杀蚩尤，又杀夸父，乃去南方处之，故南方多雨。

　　又有无肠三国，是任姓。无继（前文中的无启国）子，食鱼。

　　共工之臣名曰相繇，九首蛇身，自环，食于九山。其所歍（wū，恶心呕吐）所尼（止息），即为源泽，不辛乃苦（不是辛辣就是苦），百兽莫能处。禹湮洪水，杀相繇，其血腥臭，不可生谷，其地多水，不可居也。禹湮之，三仞三沮，乃以为池，群帝因是以为台。在昆仑之北。

　　有岳之山，寻竹生焉。

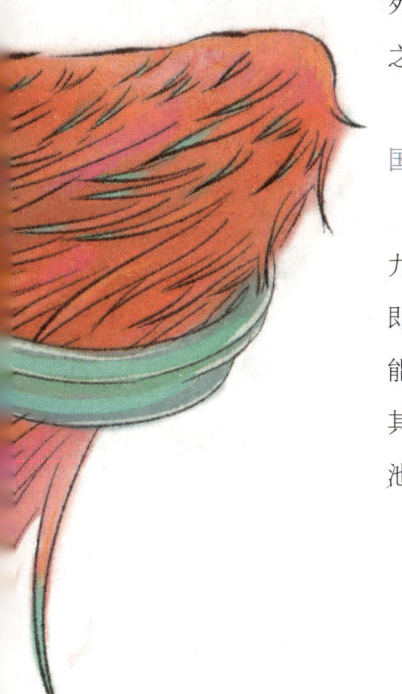

强良

> ### 译文

  大荒之中有一座成都载天山。有一个人的耳上穿挂着两条黄蛇，手中也抓握着两条黄蛇，名字叫作夸父。夸父是信所生，信是后土所生。夸父不自量力，想要追赶太阳的影子，打算在禺谷追上太阳。夸父用黄河水解渴，黄河水不够喝，就想到北方去喝大泽的水。结果还没跑到大泽，就渴死在这里。应龙杀了蚩尤之后，又杀了夸父，因为神力耗尽，最终回不了上天，于是就到南方居住。因此，南方雨水很多。

  又有无肠国。这个国中的人都姓任。这些人是无继国人的后代，以鱼类为食。

  共工有一位叫作相繇的臣子，长了九个脑袋、蛇的身子，将身体绕成一团，贪婪地霸占九座神山中的食物。他呕吐或停留的地方，就会立即变成大沼泽，沼泽的气味不是辛辣就是苦涩。野兽没有能够在这里居住的。大禹治水的时候，将相繇杀死。相繇的血又腥又臭，沾染了它血的地方，谷物都无法生长，而且还会发生水涝灾害，人都无法居住。大禹多次填塞，又多次塌陷，于是只好将它挖成了大池子。诸帝利用挖出的土，建造了几座高台，这些高台就位于昆仑山的北面。

有一座岳山，这座山上生长着寻竹。

四海八荒考

蚩尤是我国神话传说中上古时代九黎部落的首领，十分骁勇善战，被视为兵主战神。相传蚩尤为牛首，背生双翅，是牛图腾和鸟图腾氏族的首领。他有九九八十一个兄弟，都是铜头铁额，八条胳膊，九只脚趾，本领非凡。据说，他是苗族的祖先，在神话中是武战神。

蚩尤曾与炎帝大战，将炎帝打败。后来，炎帝与黄帝联手一起大战蚩尤。蚩尤率八十一个兄弟与黄帝争夺天下，在涿鹿展开激战。蚩尤有八只脚，三头六臂，铜头铁额，刀枪不入，善使用刀、斧、戈作战，勇猛无比。黄帝力战不敌，于是邀请天神相助，杀得天昏地暗，血流成河。最终，蚩尤被黄帝斩杀，首级化为血枫林。黄帝尊蚩尤为"兵主"，也就是战争之神。黄帝将蚩尤的形象画在军旗上来鼓励自己的军队勇敢作战。其他部族见到蚩尤像，立即不战而降，可见蚩尤其勇无比。

春秋时期以来，古籍中关于蚩尤的传说记录非常丰富，但也有许多矛盾之处。根据相关典籍记载，蚩尤是上古时代九黎部落的领袖。根据《逸周书》《盐铁论》来推测，蚩尤应属于太昊、少昊氏族集团，蚩尤的八十一个兄弟可能是当时的八十一个骁勇善战的部落。

轩辕黄帝战蚩尤在我国传说中占据了非常重要的地位。黄帝胜利之后，一统中原，逐渐成为华夏正统。因此，在史书中对蚩尤多有恶评也属正常，但未必公允。直至后来蚩尤的形象逐渐被恶俗化，才逐渐成为具有"铜头铁额""八肱八趾""人身牛蹄，四目六手"并"食沙石子"的形象。

原文

大荒之中，有山名曰不句，海水北入焉。

有系昆之山者，有共工之台，射者不敢北乡。有人衣青衣，名曰黄帝女魃（传说中的秃头女神，所过之处会有大旱。魃，bá）。蚩尤作兵（兵器、兵刃）伐黄帝，黄帝乃令应龙攻之冀州之野。应龙畜水，蚩尤请风伯雨师，纵大风雨。黄帝乃下天女曰魃，雨止，遂杀蚩尤。魃不得复上，所居不雨。叔均言之帝，后置之赤水之北。叔均乃为田祖（主管田地农耕的神）。魃时亡之（指女魃被人们所厌弃，经常四处逃亡），所欲逐之者，令曰："神北行！"先除水道，决通沟渎（dú，沟渠）。

有人方食鱼，名曰深目民之国，盼（fēn）姓，食鱼。

有钟山者。有女子衣青衣，名曰赤水女子魃。

译文

大荒当中有一座不句山，海水从北面注入到这座山中。

有一座系昆山，山的上面有共工台。射箭的人都不敢向北方拉弓射箭，因为敬畏共工的威灵。有一个人名叫黄帝女魃，穿着青色的衣服。蚩尤制造了各种兵器来攻打黄帝，黄帝派应龙到冀州的原野去攻击蚩尤。应龙积蓄了很多水，蚩尤就请来风伯和雨师制造了一场大风雨。黄帝降下一名叫作魃的天女来主战，风雨立即止住，应龙得以击杀蚩尤。女魃因为神力耗尽，再也无法回到天上，而女魃在人间居住的地方，一滴雨都不会下。叔均将此事报告给黄帝，后来黄帝就将女魃安置在赤水的北面。叔均便做了掌管农田的神。女魃经常到处逃亡，所过之处都会出现大的旱情。当地的人都要驱赶她，祷告说："神啊，请向北去吧！"祷告之前，要事先清除水道，疏通大小沟渠。

有人正在吃鱼，此国名叫深目民国，这个国中的人都姓盼，以鱼类为食。

有一座钟山。有一个名叫赤水女魃的女子，喜欢穿青色的衣服。

原文

大荒之中，有山名曰融父山，顺水入焉。有人名曰犬戎。黄帝生苗龙，苗龙生融吾，融吾生弄明，弄明生白犬，白犬有牝牡（pìn mǔ，牝，公兽；牡，母兽），是为犬戎，肉食。有赤兽，马状无首，名曰戎宣王尸。

有山名曰齐州之山、君山、鬵山（山名。鬵，xín）、鲜野山、鱼山。

有人一目，当面中生。一曰是威姓，少昊之子，食黍。

有继无民，继无民任姓，无骨（一个部族）子，食气、鱼。

西北海外，流沙之东，有国曰中𦎗（国名。𦎗，biàn），颛顼之子，食黍。

有国名曰赖丘。有犬戎国。有神，人面兽身，名曰犬戎。

西北海外，黑水之北，有人有翼，名曰苗民。颛顼生驩头，驩头生苗民，苗民釐姓，食肉。有山名曰章山。

苗民

译文

　　大荒之中有一座融父山，顺水就流进这座山中。有人名叫犬戎。苗龙是黄帝所生，苗龙又生了融吾，融吾又生了弄明，弄明又生了白犬。白犬一雄一雌，自相匹配，于是就繁衍出犬戎一族。犬戎族以肉类为食。有一种名叫戎宣王尸的红色野兽，形貌类似普通的马，却没有脑袋。

　　有齐州山、君山、鸑山、鲜野山、鱼山。

　　有一种人只长着一只眼睛，这只眼睛长在脸面的正中央。一种说法认为，他们是少昊的后代，威姓，以黄米为食。

　　有一种人称为无继民。无继民是无骨民的后代，擅长吐纳，以鱼为食，任姓。

　　在西北方的海外，流沙的东边，有一个中𬨎国，以黄米为食，是颛顼帝的后代。

　　有一个赖丘国。有一个犬戎国。有一种长着人面兽身的人，名字叫作犬戎。

　　苗民居住在西北方的海外、黑水北岸，苗民都长着翅膀。骊头是颛顼所生，骊头又生了苗民。苗民都姓釐，以肉类为食。另外，还有一座名叫章山的高山。

四海八荒考

　　叔均原名姬均，"叔"字放在名字前表示尊敬，或是表示长幼次序。叔均是帝喾的孙子、台玺的儿子，也是周部族杰出的首领，与父亲共同被周王奉为先祖。叔均聪敏智慧，威信很高。北到现今的河北省，南到南岭以南，西至甘肃省一带，东至东海中的一些岛屿，都是他的统治地域。

　　叔均曾下过一条律令，规定女子在路上与男子相遇，必须避让一旁。如果不这样做，就要被拉到十字路口打一顿。虽然这条法律只是传说，但也从侧面说明，叔均时期，因生产方式的变化，男子逐渐成为氏族中的主导力量，女子的地位开始低于男子，父系氏族社会取代了母系氏族社会，男子在社会上的权威开始确立。

叔均时期，有一个部落领袖名叫共工氏。传说他人首蛇身，长着满头的赤发，坐骑是两条龙。虽然神话传说只是后人的臆想和艺术加工，但也在一定程度上反映出原始社会部落首领开始被神化，原来服务于部落的首领开始拥有高居于社会之上的权力。因此，去掉神话传说的成分，就能推测出原始社会末期开始有了阶级分化，为奴隶社会的形成创造了阶级基础。

原文

大荒之中，有衡石山、九阴山、灰野之山，上有赤树，青叶，赤华，名曰若木。

有牛黎之国。有人无骨，儋耳之子。

西北海之外，赤水之北，有章尾山。有神，人面蛇身而赤，身长千里，直目（眼睛是立起来的）正乘（"乘"是"朕"的假借字。朕，缝隙），其瞑乃晦，其视乃明，不食，不寝，不息，风雨是谒（同"噎"，吞食，吞咽）。是烛（照亮）九（表示程度的副词）阴（阴暗的地方），是谓烛龙。

译文

大荒之中有衡石山、九阴山、灰野山。这种山上生长着一种名叫若木的红颜色树木。这种树长着青色的叶子，开红色的花朵。

有一个牛黎国。这个国中的人都不长骨头，是儋耳国人的子孙后代。

章尾山位于西北方的海外，赤水北岸。有一位名叫烛龙的神，形貌人面而蛇身，全身红色，身体长达一千里，竖立生长的眼睛正中有合成一条缝的眼皮。他闭上眼睛就是黑天，张开眼睛就是白天。这位神不吃饭、不睡觉，也不呼吸，以风雨为食，他能照亮所有阴暗的地方。

解析

《大荒北经》中记载了许多奇珍异兽，也记载了帝颛顼和他的九个嫔妃埋葬在附禺山的故事，让神话故事变得有依有据。同时，本经还记录了上古时期黄帝与蚩尤大战的事。抛开神话夸张部分，揭示了上古时期部落之间斗争的真实历史。《大荒北经》不仅有令人神往的神话传说，而且记录了部落间为争夺生存空间的惨烈战争。

四海八荒考

关于烛龙，最古老的传说就是太阳说。《易纬乾坤凿度》中首开先河，《癸巳存稿·烛龙》中引古书烛龙之文，指出"烛龙即日之名"。《楚辞通故·烛龙》中的说法也大致相同，认为"烛龙"就是"祝融"的音意，烛龙传说就是"祝融传说之分化"，又说："古人束草木为烛，修然而长，以光为热，远谢日力，而形则有似于龙。龙者，古之神物，名曰神，曰烛龙。"

袁珂在《山海经校注》中，将烛龙与开天辟地的盘古画了等号，说："说者谓此神当即是原始的开辟神，征于任昉《述异记》：'先儒说：盘古氏泣为江河，气为风，声为雷，目瞳为电。古说：盘古氏喜为晴，怒为阴。'《广博物志》卷九引《五运历年纪》：'盘古之君，龙首蛇身，嘘为风雨，吹为雷电，开目为昼，闭目为夜。'信然。盘古盖后来传说之开辟神也。"先秦与两汉的典籍中所记录的烛龙，都出自《山海经》。

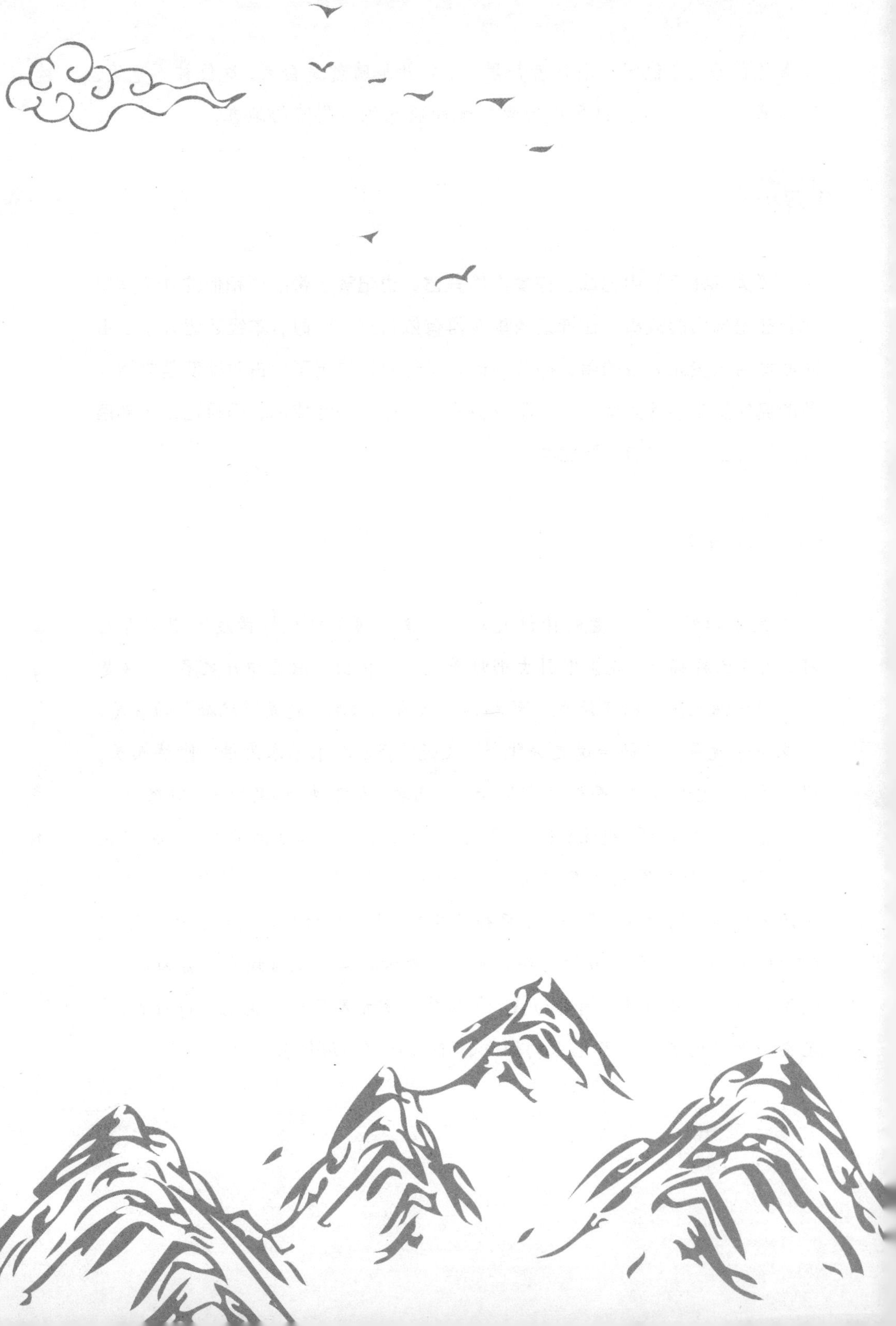

卷十八 海内经

《海内经》中记载的国家、山川几乎遍布了中华大地，海内各个方位的地理、物产、部族都有所涉及，而且记载较为杂乱。《海内经》一开始就将朝鲜与天毒国并列，其地理位置的记述明显出现谬误，恐怕就是记述过于随便所导致的。

《海内经》还记载了南方的地理风貌和山川河流，记述顺序大致为由西向东，前文提及的赣巨人、苍梧之丘等都再次出现，之后又跳到了北方。值得关注的是，《海内经》中出现了关于中华文明起源的神话传说，如帝俊生晏龙、晏龙发明琴瑟、帝俊八子创制歌舞等。

《海内经》中记载了洪水创世神话，最终以大禹平治洪水划定九州而结束，不仅充满了神话色彩，而且蕴藏着大量史实。

原文

东海之内，北海之隅，有国名曰朝鲜、天毒（古人记载是天竺国，天竺国就是现代的印度，印度与朝鲜并不相邻，可能是记载有误），其人水居（在水边居住），偎人爱人。

西海之内，流沙之中，有国名曰壑市。

西海之内，流沙之西，有国名曰氾叶。

流沙之西，有鸟山者，三水出焉。爰有黄金、璿瑰、丹货（具体所指不详，可能是朱砂一类的矿物质）、银铁，皆流于此中。又有淮山，好水出焉。

流沙之东，黑水之西，有朝云之国、司彘之国。黄帝妻嫘祖，生昌意，昌意降处若水，生韩流。韩流擢首（此处指物体因牵拉变形的样子。擢，zhuó，拔）、谨耳、人面、豕喙、麟身、渠股（两条腿长在一起）、豚止（这里指猪蹄），取淖子曰阿女，生帝颛顼。

韩流

译文

在东海之内、北海的角落，有一个国家名叫朝鲜。还有一个国家名叫天毒。天毒国的人民在水边居住，性格善良慈爱，喜欢怜悯人。

西海以内，流沙的中央，有一个壑市国。

西海以内，流沙的西边，有一个氾叶国。

流沙以西有一座鸟山，总计有三条河流从这座山发源。这些河流的沿岸蕴藏着大量黄金、璿瑰玉、丹货、银铁等。又有一座淮山，是好水的发源地。

流沙以东、黑水西岸，有朝云国、司彘国。昌意是黄帝的妻子嫘祖所生。昌意从天上降到若水居住，又生下了韩流。韩流长着长长的脑袋、小小的耳朵、人的面孔、猪的嘴、麒麟的身子、罗圈腿、猪一样的蹄子。他娶淖子族人中名叫阿女的女子为妻，生下了颛顼帝。

四海八荒考

相传黄帝在战胜蚩尤之后，被推选为部落联盟的首领。他带领大家发展生产，种植五谷，驯养动物，冶炼铜铁，制造生产工具。他的妃子嫘祖负责做衣冠的事。嫘祖经常带领妇女上山剥树皮、织麻网，还将男人们猎获的各种野兽的皮毛剥下来，进行加工。很快，各部落的大小首领都穿上了衣服和鞋子。

有一天，嫘祖患病，不想吃东西。几个女人悄悄商量，决定上山摘些野果回来给嫘祖吃。她们一早进山，摘了许多果子。可是，尝一口，不是涩的，便是酸的，都不可口。直到天快黑时，突然在一片桑树林中发现满树都结着白色的小果。

她们以为找到了好鲜果，就忙着去采摘，谁也顾不上尝一小口。等各人把筐摘满后，天已渐渐黑了。她们怕山上有野兽，就匆匆忙忙下山。

回来后，这些女子尝了尝白色小果，结果什么味道也没有；又用牙咬了咬，怎么也咬不烂。大家你看我，我看你，谁也不知道是什么果子。

这些女子将上山摘回白色小果的事说给嫘祖听。嫘祖是一个非常聪明的女人，仔细看了白色小果后，从小果上拉出一根丝线，然后高兴地对周围的女子说："这不是果子，不能吃，却有大用处，你们为黄帝立下大功了。"

嫘祖自从看了这白色丝线后，天天都提起这件事，病情也一天比一天减轻，开始想吃东西了。很快，嫘祖的病就全好了。她不顾黄帝的劝阻，亲自带领妇女上山要看个究竟。嫘祖在桑树林里观察了好几天，才弄清这种白色小果，是一种虫子口吐细丝缠绕而成的，并非树上的果子。她回来后将这件事报告给黄帝，要求黄帝下令保护山上所有的桑树林，黄帝同意了嫘祖的请求。从此，在嫘祖的倡导下，开始了栽桑养蚕的历史。后人为了纪念嫘祖的功绩，尊称她为"先蚕娘娘"。

我国历史上，黄帝的元妃嫘祖是世界上蚕桑丝绸的伟大发明家，在中华和世界文明发展史上写下了极其光辉灿烂的篇章，受到历代人民的尊崇。北宋建隆元年疏文称嫘祖："教民养蚕治丝，无须树叶蔽体；令地产桑育蚁，遂教人力回天。脱渔猎以事农耕，制衣裳而兴教化。德配黄帝，辅成怀柔统一之功；恩重元孔，垂教以农立国之本。几千年来，芸芸众生，悉赖生存，数千万泱泱民众，咸归德化。功高共日月同辉，英灵与天地共寿。"

后人敬祀嫘祖，由祖先崇拜发展为神灵崇拜，由民族共祖演进为人格神，具有二重身份。她和炎帝、黄帝都是伟大的科学家、发明家、政治家和军事家。

原文

流沙之东，黑水之间，有山名不死之山。

华山青水之东，有山名曰肇山。有人名曰柏子高，柏子高上下于此，至于天。

译文

流沙以东，有一座不死山，黑水流经这座山。

华山青水以东有一座肇山，山上住着一位名叫柏子高的仙人。柏子高就从这座山上上下下，可以直达天界。

四海八荒考

目前，华山上巨石林立。相传华山以前周围都覆盖着茂密的树林，而在一次"水漫华山"之后，树林才消失不见了。山西面那一片石林，传说就是当年的树林变成的。

相传在很久以前，华山的景色非常秀丽。东海龙王的儿子听闻后来到华山，见到华山的景色果然非常秀丽，就想霸占山前直通海眼的华泉，但华山的山神和山民不同意。这让龙王的儿子非常生气，发誓要进行报复。

于是，他趁东海龙王到天宫做客的机会，私自发号施令，水漫华山。正在巡游的吕祖算知华山将有一场大劫，便施法将滚滚而来的洪水阻挡在了山腰，然后迅速赶往灵霄宝殿，奏明玉皇大帝。玉皇大帝得知后，立即命东海龙王将水退走，并严惩龙子。

吕祖回到华山后非常疲惫，就找了一个地方休息。龙子还不知道自己已经大难临头，变做酒保，用酒将吕祖灌醉。吕祖施法想要挽救树林，想将山前的树都移到华阳宫中。然而，此时酒劲上来了，用法过度，结果大片的树林变成了石林。山东边、北边的树林还没来得及搬动，吕祖就迷迷糊糊地睡着了。这些树林也就全被水冲毁。从此，围绕华山的树林就消失了。

吕祖醒来后非常生气，想找龙子问罪。但龙子已经被玉皇大帝投入大牢，吕祖也没有办法。于是，吕祖就在山的东面将一块顽石变成龙子的形状，并作服罪认错状，让人们登山时进行唾骂。从此之后，华山就有了"龙石"。山民们得知是玉皇大帝和吕祖救了他们，就在山上建了玉皇宫和吕祖祠来祭祀他们。

原文

西南黑水之间，有都广之野，后稷葬焉。其城方三百里，盖天地之中，素女所出也。爰有膏菽（豆类的总称）、膏稻、膏黍、膏稷，百谷自生，冬夏播琴（播种）。鸾鸟自歌，凤鸟自舞，灵寿（上文提到的椐树）实（结果子）华（开花），草木所聚。爰有百兽，相群爰处。此草也，冬夏不死。

南海之内，黑水青水之间，有木名曰若木，若水出焉。

有禺中之国。有列襄之国。有灵山，有赤蛇在木上，名曰蝡蛇（一种赤色的蛇。蝡，rú），木食。

译文

在西南方黑水流经的地方，有一处名叫都广之野的地方，后稷死后就埋葬在这个地方。这里方圆三百里，是天与地的中心，神女素女就出现在这里。这个地方出产膏菽、膏稻、膏黍、膏稷，各种各样的谷物都能自然生长，无论冬夏，都能播种。鸾鸟在这里自由自在地歌唱，凤鸟在这里自由自在地舞蹈，灵寿树在这里开花结果，各种草树生长得非常繁茂，各种禽鸟野兽在这里群居相处。此处的草木，无论寒冬还是炎夏，都不会枯萎而死。

南海以内，黑水与青水流经的地方生长着一种若木，若木的产地也是若水的发源地。

有一个禺中国。有一个列襄国。有一座灵山，山中树木上有一种叫作䖤蛇的红蛇，以树木为食物。

原文

有盐长之国。有人焉鸟首，名曰鸟氏。

有九丘，以水络之：名曰陶唐之丘、叔得之丘、孟盈之丘、昆吾之丘、黑白之丘、赤望之丘、参卫之丘、武夫之丘、神民之丘。有木，青叶紫茎，玄华黄实，名曰建木，百仞无枝，上有九欘（zhú，一种弯弯曲曲的树枝），下有九枸（gōu，盘根错节的树枝），其实如麻，其叶如芒。大皞（就是太昊，神话传说中的上古帝王，风姓。皞，hào）爰过，黄帝所为。

有窫窳（yà yǔ），龙首，是食人。有青兽，人面，名曰猩猩。

译文

有一个盐长国。这个国中的人都长着鸟的脑袋，因此又叫作鸟民。

有九座被水环绕着的山丘，名字分别是陶唐丘、叔得丘、孟盈丘、昆吾丘、黑白丘、赤望丘、参卫丘、武夫丘、神民丘。有一种树干高达百仞，名字叫作建木的树，长着青色的叶子、紫色的茎干，开黑色的花朵，结黄色的果实，树干上没有枝条，仅在树顶有九根蜿蜒曲折的丫枝，这种树下有九条盘旋交错的根节，果实与麻子类似，叶子与芒树叶相像。大皞凭借建木爬上了天界，那就是黄帝用建木制作的天梯。

有一种长着龙脑袋，能吃人的野兽叫窫窳兽。还有长着人的面孔的野兽，名字叫作猩猩。

四海八荒考

建木在我国神话传说中是沟通天地人神的桥梁，伏羲、黄帝等众帝都通过建木天梯来往于人间和天庭。广汉三星堆中出土的青铜神树很可能就是传说中的建木原型，青铜树上有枝叶、花卉、果实、飞禽、走兽、悬龙、神铃等。

《吕氏春秋·有始》中这样记述："白民之南，建木之下，日中无影，呼而无响，盖天地之中也。"《淮南子·墬形训》中则记述为："建木在都广，众帝所自上下。"建木是上古时期巴蜀先民崇拜的圣树，位于天地的中心。后来，"建木"也常用来泛指高大的树木。

传说某天朝歌城内正在狂欢。纣王端坐在王座上，看着脚下朝贺的群臣和子民，有些兴味索然。北方刚刚传来了捷报，太师闻仲率大军攻克了北海，大地上最后一块势力已经被他征服，也意味着他已然荡平四海，成为人间至高无上的君王。

纣王作为商朝第三十代君主、六百年基业的传人，力能扛鼎，平生最大的志向就是征服万邦，成就万世不拔的基业。如今，志向达成，本应该是最得意的时刻，纣王却忽然觉得乏味。当一切可以征服的都被征服时，还有什么值得挑战的呢？充满野心的纣王生出了一丝怅然若失与不甘。

大夫比干在此时上表，请纣王祭天，感谢神明赐福大商兼平四海。纣王听到后，感到愤怒和厌烦。成功是他的，天下是他的，关神明什么事！难道自己不是这世上最伟大的存在吗？纣王恼怒地拒绝了比干的提议，拂袖而去。

纣王回到宫中闷闷不乐，比干的提议让他意识到，在自己之上，还有更高的存在，而对于他们，自己似乎无能为力。为此，他喝了许多酒，在不快中沉沉睡去。然后，他做了一个梦。梦中，他站在极高的山顶，极目望去，率土之滨莫非王土，四周传来如雷般的朝贺，只有苍穹悬在头顶，遥不可及，仿佛蔑视着人间这个渺小的存在。

纵然是在梦中，纣王仍然感到羞耻和愤怒。他大声地叫骂和挑衅，然而却无人理睬。此时，一个女神悄然出现，如梦中之梦，美丽而神秘。就在纣王惊诧于她的容光时，她对纣王表示了臣服和尊敬，并对纣王说出了一个秘密："在商朝国土的中心，大荒山的南隅，一个叫作天造谷的地方，生长着一棵建木。建木是沟通天地的桥梁，伐掉它，以其为柱梁，造高台一座，便可向天地彰显纣王的不世功业，让神明折服在大商的威严之下。"

女神说中了纣王的心事，她绝世的容颜更让纣王心醉神迷。就在纣王想一亲芳泽的时候，那女神粲然一笑，将手一挥。纣王悚然一惊，大梦猛醒。纣王醒后，召来自己的宠臣费仲和浑尤。从他们的口中，确认了建木的存在，并在两人的蛊惑下，对梦中女神的点化坚信不疑。于是，他决定伐掉建木，建造高台。

然而，纣王并不知道，这个梦境以及梦中的女神并不是神明示予的吉兆，而是一个仇敌施加于他的诅咒，也最终让成汤六百年基业毁于一旦。

原文

西南有巴国。大皞生咸鸟，咸鸟生乘厘，乘厘生后照，后照是始为巴人。

有国名曰流黄辛氏，其域中方三百里，其出是尘。有巴遂山，渑水出焉。

又有朱卷之国。有黑蛇，青首，食象。

译文

西南方有一个巴国。咸鸟由大皞所生,咸鸟又生了乘厘,乘厘又生了后照,巴国人的先祖就是后照。

有一个流黄辛氏国,国家疆土面积方圆三百里,这个地方出产麈。附近还有一座巴遂山,是渑水的发源地。

有一个朱卷国。这个地方有一种长着青色脑袋的黑色大蛇,能吞食大象。

四海八荒考

巴国是先秦时期我国西南地区,嘉陵江中上游的一个国家,国都是江州,也就是现今重庆市的江北区。巴国在夏朝初期加入夏王朝,成为一个诸侯国。巴人在周武王伐纣时有功,被封为子国。巴国因其首领名叫巴子而得名巴子国,又称巴国。

巴国在鼎盛时期疆域辽阔,囊括了今重庆市全境、川东北、川东南、湖南省西北、湖北省西南、陕西省南、贵州省北等地。公元前316年,巴国为秦国所灭。秦国在江州筑城,设置巴郡,将巴地纳入秦国的郡县体制。

宋代罗泌在《路史·后记》中记载:"伏羲生咸鸟;咸鸟生乘厘,是司水土,生后照;后照生顾相,降处于巴,是生巴人。"据考古发掘指出,巴国文化发源于旧石器时代早期,巴人世世代代在现今的重庆地区繁衍生息,并创造了灿烂的巴文化。

《后汉书·南蛮西南夷列传》中记述:"巴郡南郡蛮,本有五姓:巴氏、樊氏、曰覃氏、相氏、郑氏。皆出于武落钟离山。其山有赤黑二穴。巴氏之子生于赤穴,四姓之子皆生黑穴,未有君长,俱事鬼神。乃共掷剑于石穴,约能中者奉以为君。巴氏子务相乃独中之,众皆叹。又令各乘土船,约能浮者当以为君,余姓悉沉,惟务相独浮。因共立之,是为廪君。

乃乘土船，从夷水至盐阳。盐水有神女谓廪君曰：'此地广大，鱼盐所出，愿留共居。'廪君不许，盐神暮辄来取宿，旦即化小虫，与诸虫群飞，蔽掩日光，天地晦冥，积十余日。廪君伺其便因射杀之，天乃开明。廪君于是乎君于夷城，四姓皆臣之。"

也就是说，最早的巴国是由五个氏族部落联合形成的大型部落集团，巴人以武力和船技优势获得集团领导权，巴人首领成为该集团的首任领袖，称为廪君，也就是以白虎为图腾的巴人首领。这个部落集团凭借武力和船技战胜了原住民，控制了清江流域及巫溪河流域的盐业生产，在夷城建立了巴国第一个首都。

《辞源》中记述为："巴国，古国名，位于今重庆、湖北、四川、贵州一带。"夏朝时称为"巴方"，商朝时称为"巴奠"。后来，巴人不甘商朝的压迫，参与了武王伐纣。由于巴人英勇善战，迫使纣王军队阵前倒戈，终于打败商纣王，西周建立。西周初期，分封了七十一个诸侯国，巴氏被封为子国，首领为姬姓宗族，子爵，因此又称为巴子国，简称巴国。

原文

南方有赣巨人（传说中的怪人。赣，gàn），人面长唇，黑身有毛，反踵，见人则笑，唇蔽其面，因即逃也。

又有黑人，虎首鸟足，两手持蛇，方啖之。

有赢（yíng，古代姓氏）民，鸟足。有封豕。

有人曰苗民。有神焉，人首蛇身，长如辕，左右有首，衣紫衣，冠旃（zhān，红色）冠，名曰延维，人主得而飨（xiǎng，祭祀时向神祭献）食之，伯（bà，即霸，诸侯的主宰）天下。

延维

译文

南方有一种赣巨人。他们长着人的面孔，嘴唇很长，黢黑的身体上长满了毛，脚跟朝前，脚尖朝后，看到人就发笑，一笑嘴唇就会遮住他的脸面。人一靠近，它就立即逃跑。

有一种黑人，形貌是虎头鸟爪，两只手中都抓着蛇，正要吞食它们。

有一种人被称为嬴民。他们长着禽鸟一样的爪子。还有大野猪。

有一种人被称为苗民。苗民居住的地方有一位神。这位神人头蛇身，身躯犹如车辕长短，左边和右边都长着一个脑袋，戴着红色帽子，穿着紫色衣服，名字叫作延维。君主如果得到它，用厚礼祭祀，就能够称霸天下。

四海八荒考

《山海经》是最早记载赣巨人的典籍。晋朝时郭璞为《山海经》做注时，将赣巨人的活动地点明确注为当时的交州南康郡深山，称其："长丈许，脚跟反向，健走、披发、好笑，雌者能做汁，洒中人即病，土俗呼为山都。南康今有赣水，因有此人，因以名水。"

晋朝以来，赣南就已经设立了行政区，称为南康郡，隋代改称虔州，南宋改为赣州，治所赣县。关于赣巨人，许多学者提出质疑。首先，《山海经》虽然成书于战国时期，但其中一部分内容是魏晋以后才增补进去的，尤其是关于长江以南的记载，后世增补的情况较为突出。其次，战国时期的典籍多由中原士人编撰，因为受到交通等自然现状的掣肘，对长江以南的地理情况不甚了解，直到秦始皇统一岭南后，中原汉人才陆续迁徙到赣南，成为客家人。因此，后来陆续迁徙至赣县的中原汉人，才又相继沿袭了赣巨人的说法。

郭璞，字景纯，河东郡闻喜县人，建平太守郭瑗之子，是两晋时期著名的文学家、训诂学家、风水学者，喜欢古文、奇字，精通天文、历算、卜筮，擅长诗赋，是游仙诗的祖师。郭璞除家传易学外，还承袭了道教的术数学，也是两晋时期著名的方术士，相传他擅长预卜先知和诸多奇异的方术。郭璞与王隐共撰《晋史》，曾为《尔雅》《方言》《山海经》《穆天子传》《葬经》作注，传于世，明代有辑本《郭弘农集》。

原文

有鸾鸟自歌，凤鸟自舞。凤鸟首文曰"德"，翼文曰"顺"，膺文曰"仁"，背文曰"义"，见则天下和。

又有青兽如菟，名曰㕙（jùn，是"菌"的古字）狗。有翠鸟。有孔鸟。

南海之内，有衡山，有菌山，有桂山。有山名三天子之都。

南方苍梧之丘，苍梧之渊，其中有九嶷山（山名，传说中帝舜的葬地。嶷，yí），舜之所葬。在长沙零陵界中。

译文

有鸾鸟在自由自在地歌唱，有凤鸟在自由自在地跳舞。凤鸟头上花纹呈现的是一个"德"字，翅膀上花纹呈现的是一个"顺"字，胸脯上的花纹呈现的是一个"仁"字，脊背上的花纹呈现的是一个"义"字，凤鸟出现则天下太平。

有一种形貌类似兔子，名叫㕙狗的青色野兽。还有翡翠鸟。又有孔雀鸟。

南海之内有一座衡山，有一座菌山，有一座桂山，还有一座三天子都山。

南方有一片山丘名叫苍梧丘，有一个深渊名叫苍梧渊。九嶷山就在苍梧丘与苍梧渊的中间，也是帝舜死后的埋葬之地。九嶷山位于长沙零陵境内。

原文

北海之内，有蛇山者，蛇水出焉，东入于海。有五采之鸟，飞蔽一乡，名曰翳鸟（凤凰。翳，yì）。又有不距之山，巧倕（传说是尧时的巧匠。倕，chuí）葬其西。

北海之内，有反缚盗械、带戈常倍（通"背"，背叛）之佐（一类人），名曰相顾之尸。

伯夷父生西岳，西岳生先龙，先龙是始生氐羌，氐羌乞姓。

北海之内，有山，名曰幽都之山，黑水出焉。其上有玄鸟、玄蛇、玄豹、玄虎、玄狐蓬尾（尾巴上的毛发蓬松）。有大玄之山。有玄丘之民。有大幽之国。有赤胫之民（膝盖以下为红色的一种人）。

有钉灵之国，其民从䣙（xī，通"膝"，即膝盖）以下有毛，马蹄善走（长着马一样的蹄子，善于奔跑）。

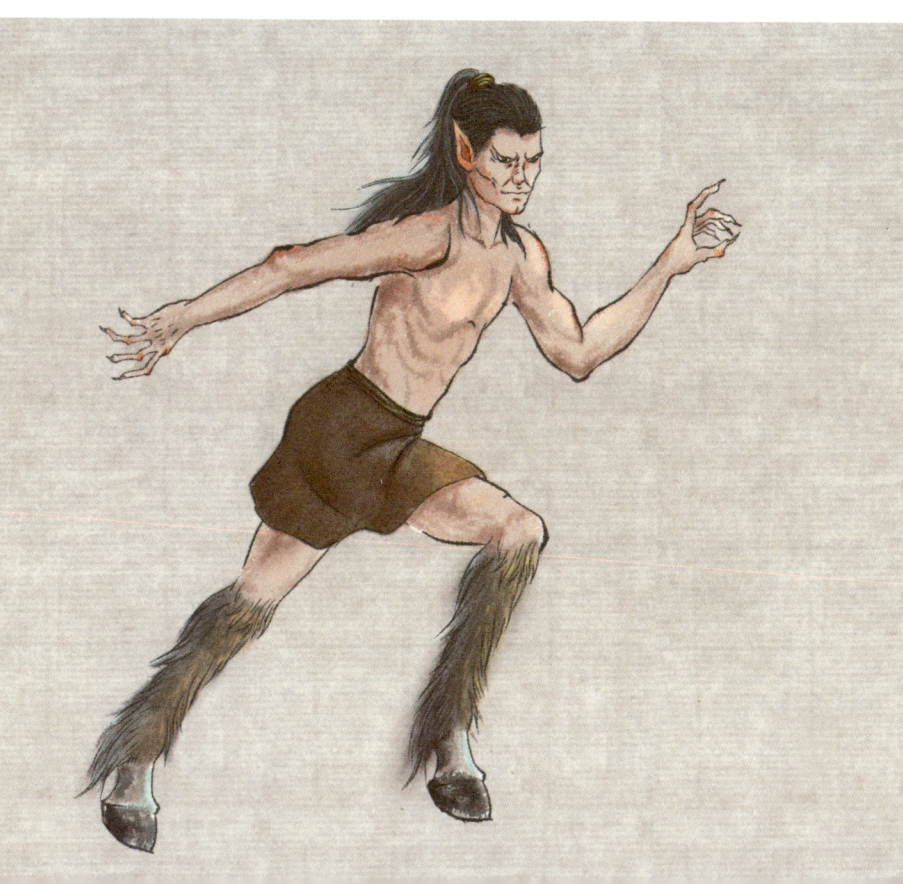

钉灵国人

译文

　　北海之内有一座蛇山,是蛇水的发源地,蛇水继而向东流入大海。有一种长着五彩羽毛的鸟,成群飞起的时候,能够遮住一个乡村的天空,这种鸟的名字叫作翳鸟。有一座不距山,巧倕就埋葬在不距山的西边。

　　北海以内有一个被反绑着、戴着刑具、带着兵刃意图谋反的叛逆臣子,名字叫作相顾尸。

　　西岳是伯夷父所生,西岳又生了先龙,氐羌人便是先龙的子孙后代,氐羌人姓乞。

　　北海内有一座幽都山,是黑水的发源地。这座山上有黑鸟、黑蛇、黑豹、黑虎,有尾巴蓬松的黑色狐狸。有一座大玄山。有玄丘民。有大幽国。还有一种小腿是赤红色的人。

　　有钉灵国。这个国中的人从膝盖以下的腿部都长着毛,还有马一样的蹄子,非常善于奔跑。

原文

　　炎帝之孙伯陵,伯陵同(通"通",私通的意思)吴权之妻阿女缘妇,缘妇孕三年,是生鼓、延、殳(shū,人名)。殳始为侯(箭靶),鼓、延是始为钟,为乐风。

　　黄帝生骆明,骆明生白马,白马是为鲧。

　　帝俊生禺号,禺号生淫梁,淫梁生番禺,是始为舟。番禺生奚仲,奚仲生吉光,吉光是始以木为车。

　　少暤(传说中的上古帝王)生般,般是始为弓矢。

　　帝俊赐羿彤(tóng,红色)弓素(白色)矰(zēng,一种用白色羽毛装饰并系着丝绳的箭),以扶下国,羿是始去恤下地之百艰(体恤人间的各种艰难)。

帝俊生晏龙，晏龙是为琴瑟。

帝俊有子八人，是始为歌舞。

帝俊生三身，三身生义均，义均是始为巧倕，是始作下民百巧。后稷是播百谷。稷之孙曰叔均，是始作牛耕。大比（应该是对女性始祖的敬称）赤阴，是始为国。禹、鲧是始布土，均定九州。

炎帝之妻，赤水之子听訞（人名。訞，yāo）生炎居，炎居生节并，节并生戏器，戏器生祝融。祝融降处于江水，生共工。共工生术器，术器首方颠，是复土穰，以处江水。共工生后土，后土生噎鸣，噎鸣生岁十有二。

洪水滔天。鲧窃帝之息壤（传说中，一种能够不断自我生长的土壤）以堙洪水，不待帝命。帝令祝融杀鲧于羽郊。鲧复生禹。帝乃命禹卒布土以定九州。

译文

伯陵是炎帝的孙子，与吴权的妻子阿女缘妇私通。阿女缘妇怀孕了三年，生下鼓、延、殳三个孩子。殳发明了箭靶，鼓、延二人发明了钟，创制了乐曲和音律。

骆明是黄帝所生，骆明又生了白马，白马也就是鲧。

禺号是帝俊所生，禺号又生了淫梁，淫梁又生了番禺，番禺发明了船。番禺又生了奚仲，奚仲又生了吉光，吉光最早用木头做出了车子。

少皞生了般，般发明了弓箭。

帝俊将红色的弓和带有白色缯的箭赏赐给后羿，让他用箭术去帮助下界的各个国家。从此，后羿便开始救济世间人们的各种艰难困苦。

晏龙是帝俊所生，晏龙发明了琴和瑟两种乐器。

帝俊有八个儿子，他们创制了歌曲和舞蹈。

三身是帝俊所生，三身又生义均，义均也就是巧倕。巧倕将各种工艺技巧传递给人间。后稷播种各种农作物。叔均是后稷的孙子，他发明

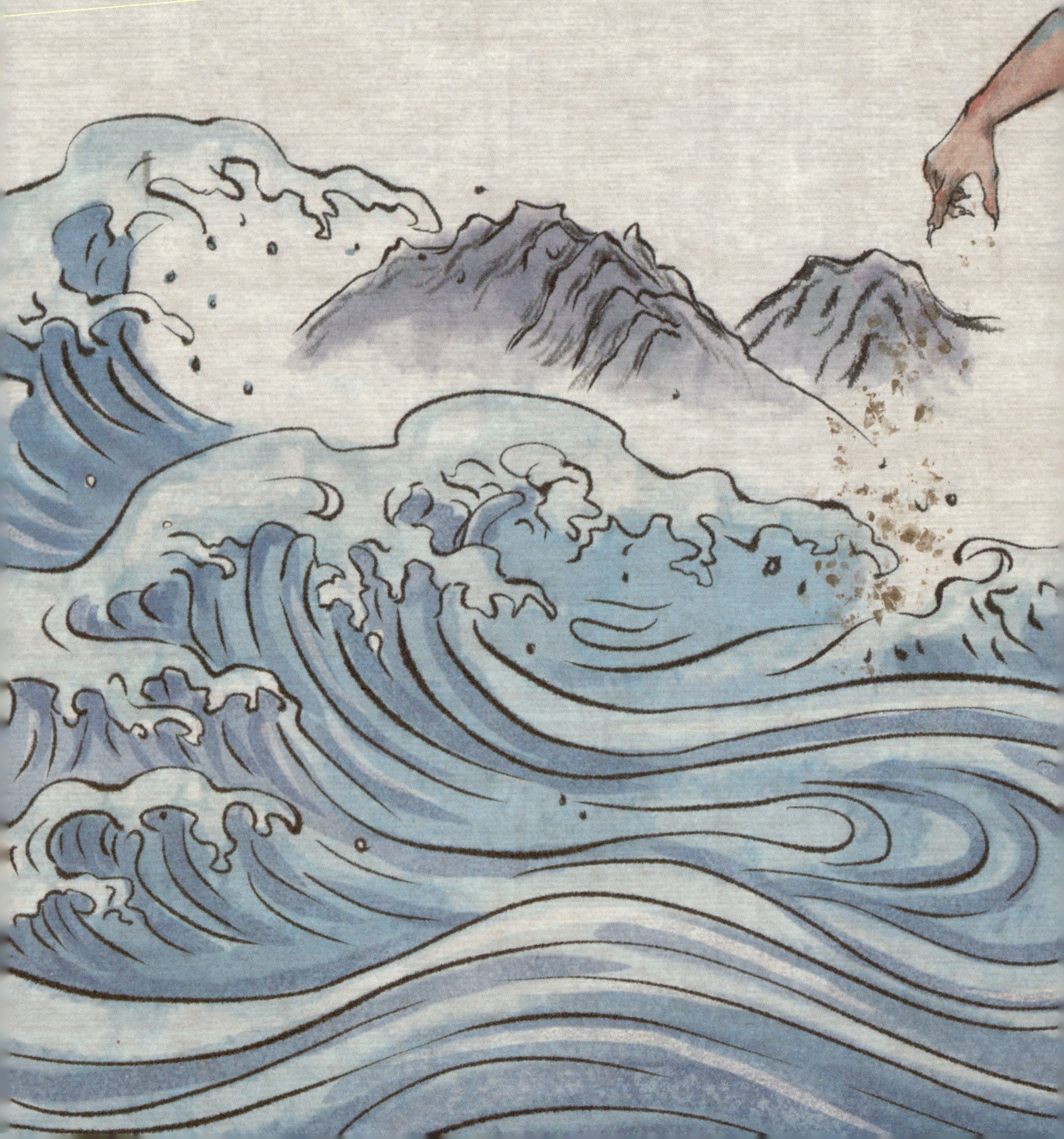

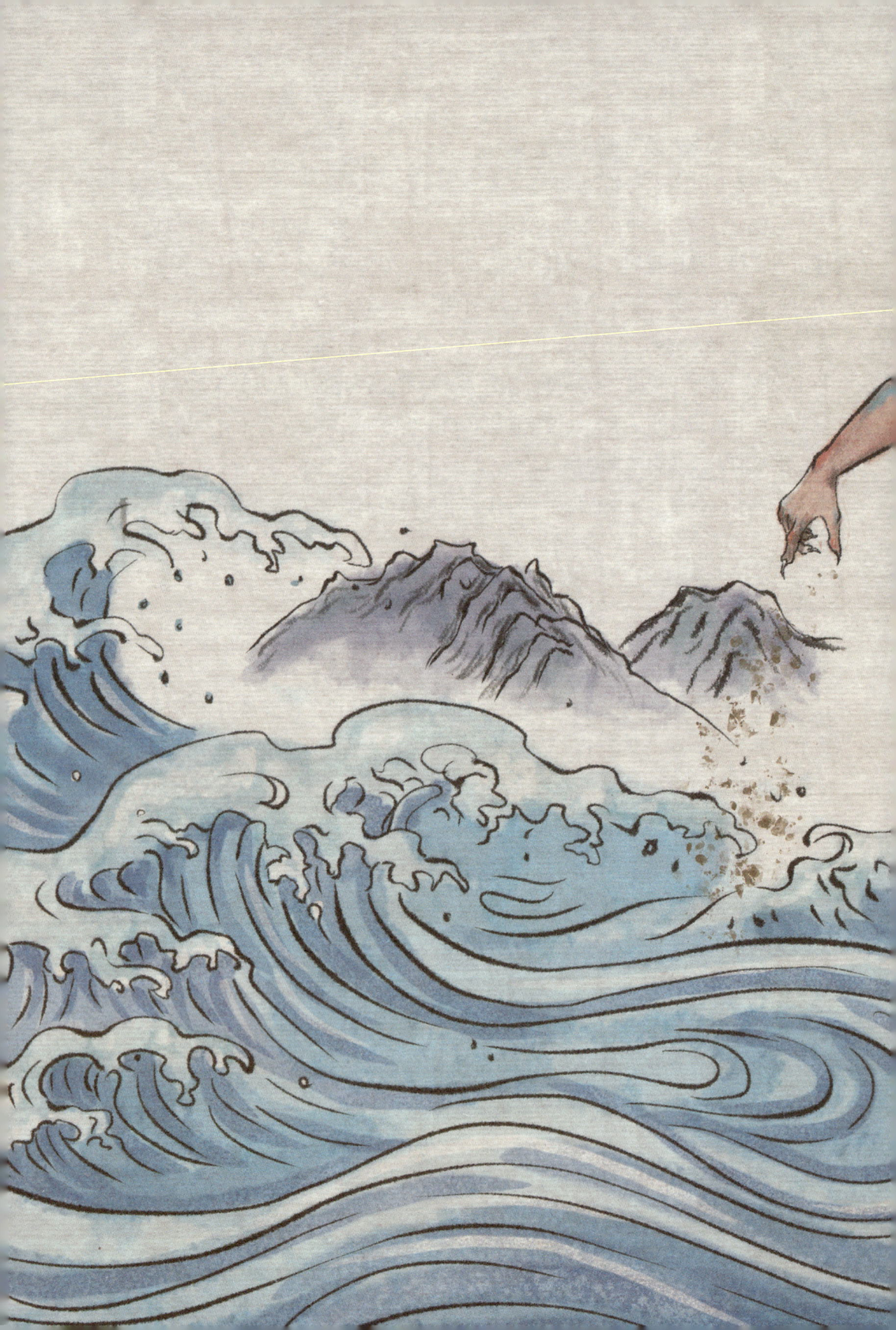

鲧窃息壤

了用牛来耕田的技巧。后稷的母亲最初建立了国家。大禹和鲧最初整治国土，规划度量九州，治理洪水。

炎帝的妻子也就是赤水氏的女儿听訞所生的炎居，炎居生了节并，节并生了戏器，戏器生了祝融。祝融从天界降临到人间的江水居住，生下了共工。共工又生了术器。术器头顶是方形的，他恢复了先祖的土地，居住在长江。共工生了后土，后土生了噎鸣，噎鸣把一年划分为十二个月。

大荒时代，洪水漫天。鲧在没有得到天帝允许的情况下，擅自偷盗了天帝的息壤来阻塞洪水。天帝命令祝融将鲧处死在羽山的郊野。禹是从鲧遗体的肚腹中生出来的。后来，天帝命令禹整治国土，治理洪水，并最终划定九州的疆域。

解析

《海内经》中记载了许多神话传说，如华胥踏巨人足迹生伏羲的故事等，最后以大禹治水、分定九州的故事作为《山海经》的结尾，其文用历史现实向人们展示了这部作品不仅是充满想象力的神话著作，同时还是一部反映上古时期真实历史及地理的巨著，对现今人们研究上古历史具有非常重要且特殊的价值。

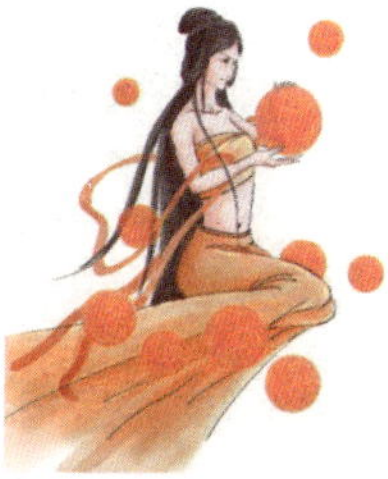
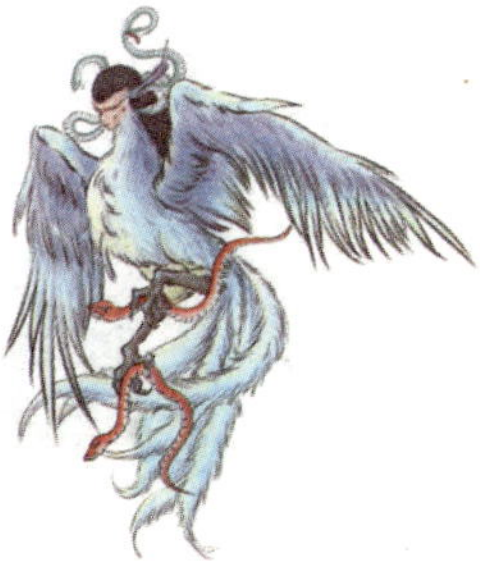
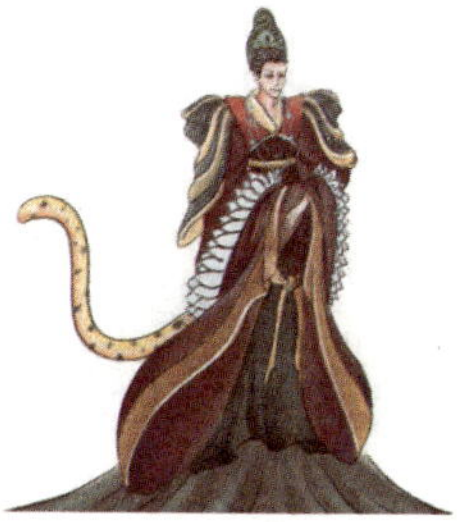
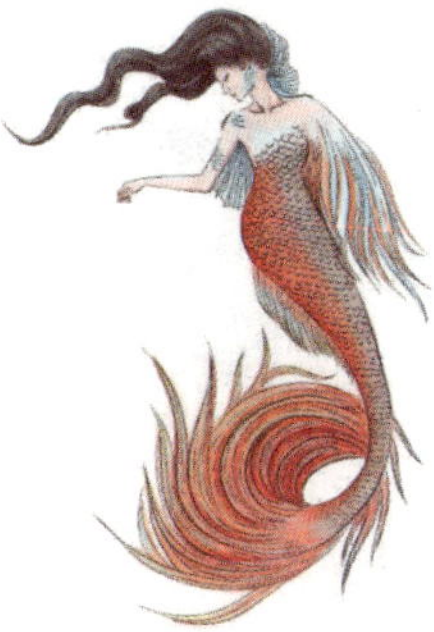
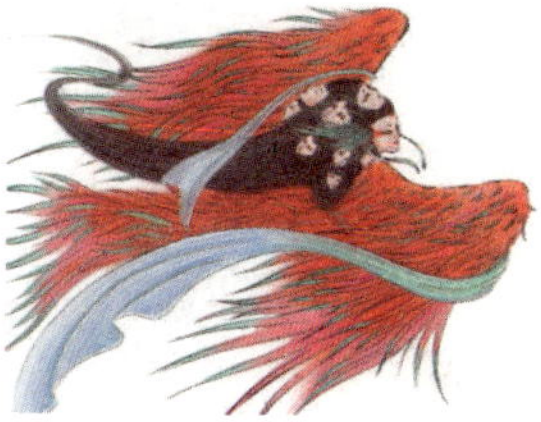
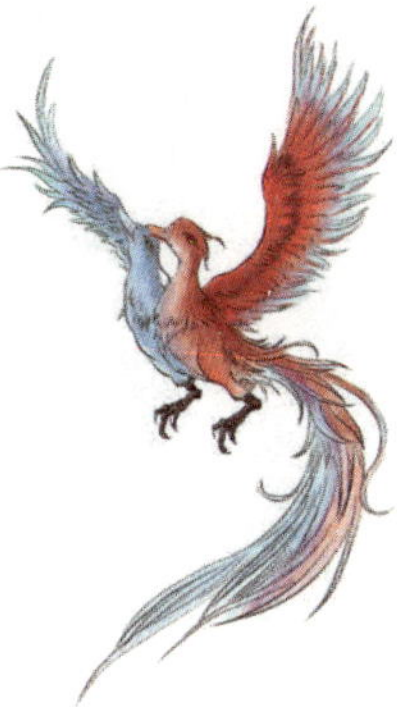

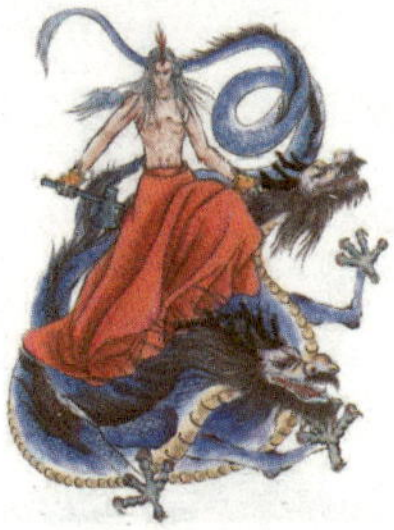
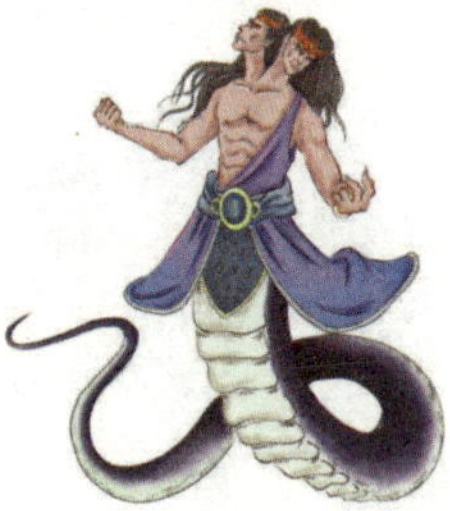
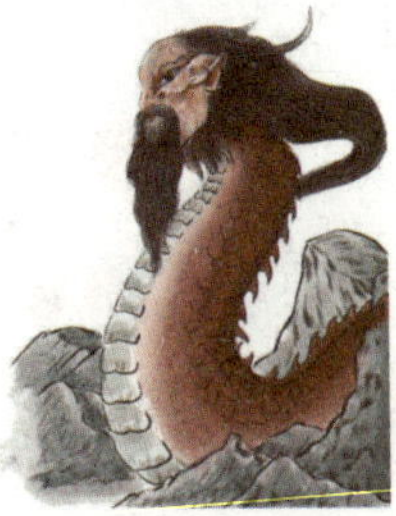
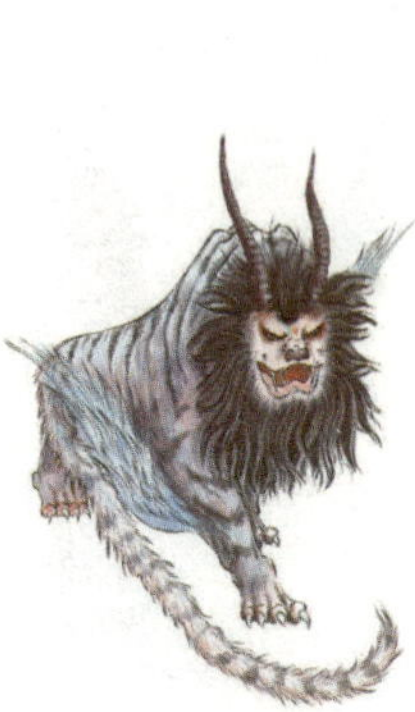
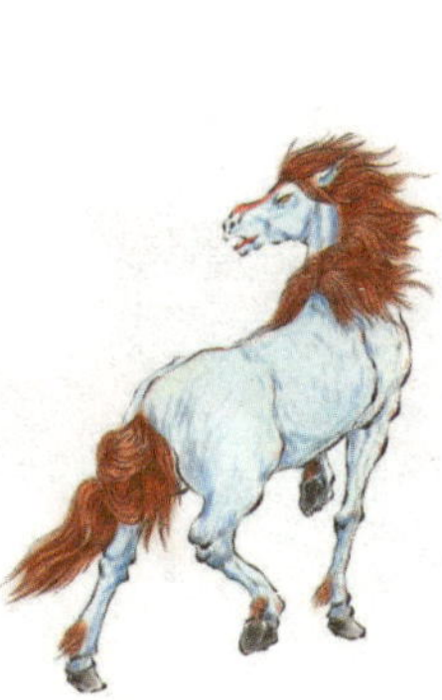
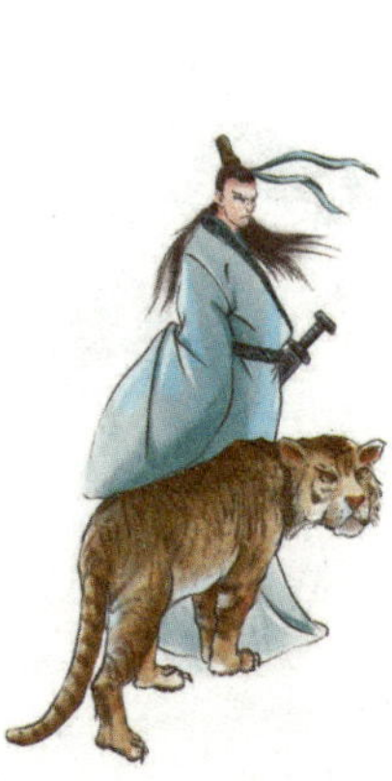